강수돌 교수의 '나부터' 교육혁명

강수돌 교수의 '나부터' 교육혁명 20주년 기념 개정판

개정판1쇄 펴냄 2023년 4월 19일
개정판2쇄 펴냄 2023년 12월 12일

지은이 강수돌
펴낸이 유재건
펴낸곳 (주)그린비출판사
주소 서울시 마포구 와우산로 180, 4층
대표전화 02-702-2717 | **팩스** 02-703-0272
홈페이지 www.greenbee.co.kr
원고투고 및 문의 editor@greenbee.co.kr

편집 이진희, 구세주, 송예진, 김아영 | **디자인** 이은솔, 박예은
마케팅 육소연 | **물류유통** 류경희 | **경영관리** 윤혜수

ISBN 978-89-7682-821-7 03370

독자의 학문사변행學問思辨行을 돕는 든든한 가이드 _(주)그린비출판사

강수돌 교수의 '나부터' 교육혁명

강수돌 지음

그린비

20주년 기념 개정판 서문

'88올림픽'이 한국에서 열린 1988년, 첫아이 한결이가 세상에 태어났다! 아이의 탄생은 우리 부부가 처음으로 부모가 된 인생사건(!)이었다. 남녀가 부부가 된 것도 놀라운 일이지만, 부부가 부모가 되는 건 더 놀라운 일! 마침내 우리에게도 2세가 태어나다니, 고마워서 눈물이 났다.

세상에 둘도 없는 소중한 아이! 핏덩이에 불과한 아이지만 사랑의 결실이자 사랑의 징표다. 신기한 일이다. 고향의 부모 형제 역시 새 아가의 탄생을 축복해 주었다. 그렇게 집집마다 대가 이어지고 그렇게 역사가 만들어진다.

친구와 친지, 이웃도 모두 아이를 사랑의 눈으로 보아주었다. 아이를 유모차에 태우고 길거리를 걷거나 놀이터와 공원을 산책해도 사랑스러운 눈빛과 얼굴로 환영해 주었다. 고맙고도 고마운 일이다. 그렇게 사회가 돌아간다. 이것이 삶의 기쁨이라는 생각이 들었다.

나는 1985년 대학원 진학 이후 학문의 길을 걷기로 결심한 터라, 군 복무 뒤 나와 아내는 10개월 된 한결이를 안고 독일 유학을 떠났다. 5년의 세월은 순식간에 흘러갔고, 박사 논문 심사를 앞두고 있던 1994년 여름, 둘째 아롬이가 태어났다. 영구 귀국 후인 1995년 가을, 막내 한울도 태어났다. 첫째 탄생 때 우리 부부가 경험했던 경이로움과 감사함을 두 배, 세 배로 느꼈다. 고맙다, 얘들아! 너희들이 우리에게 와 주어서!

물론 역경도, 스트레스도 많았다. 그럼에도 아이들이 자라는 과정은 힘듦과 기쁨의 연속이었고 행복이었다. 나와 아내는 종종 이렇게 말한다. "우리 둘이 인생에서 가장 잘한 일은 아이 셋을 낳은 것이다."

평생 하나를 키우기에도 버거운 이 한국 사회에서 무려 셋이라니? 그렇다. 앞의 이야기는 아가의 탄생과 존재가 주는 기쁨에 대한 것이지, 실제 대한민국 현실에서 아이를 키우는 과정이 얼마나 고생인지는 말할 나위가 없다. 그래서다.

『'나부터' 교육혁명』, 이 책은 부모들이 세상에서 가장 소중한 '내 아이' 하나 키우는 데도 왜 이렇게 힘든지, 아이를 왜 부모 마음대로 키울 수 없는지, 어떻게 해야 아이를 좀 제대로 키울 수 있는지에 대해 나름의 답을 찾아보려 한 결과다. 물론, 이 책 하나가 모든 답을 줄 순 없다. 하지만, 나와 아내는 인생을 걸고 '다른 길'을 걷고자 했고, 큰아이가 이제 30대 중반이 된 지금 그 '다른 길'에 대해 자평한다면 한마디로 "참 잘했다"고 자부한다.

과연 무엇이 잘한 일인가?

2003년 6월 『'나부터' 교육혁명』 초판본에서 나는 한결이를 초등학교에 입학시키러 가던 1995년 봄을 떠올린 바 있다. 처음으로 부부가 부모로, 다시 부모에서 '학부모'가 되는, 가슴 설레는 날, 이상하게 내 마음속에는 '송아지를 끌고 도살장으로 가는 듯한' 기이한 느낌이 솟구쳤다. 뒷머리도 쇳덩이를 올린 것처럼 무거웠다.

가만히 생각하니, 그 원인은 '경쟁 교육'이라는 현실에 있었다. 나는 1968년 초등 입학 이후 초중고 12년을 거치는 동안 갈수록 더 많이 경쟁적으로 변해갔다. 나보다 좀 덜 했지만 아내 역시 경쟁력 마인드로 성장했고 교육대를 나와 초등 교사로 일했다.

그러나 나는 1981년에 대학생이 된 뒤로 가치관의 전환을 경험했다. 경쟁에서 승리한 자들, 그 잘나고 많이 배운 자들이 다스리는 세상이 잘못된 것 같다는 느낌이 왔다. 대학원에 진학하고 독일 유학을 하면서 그런 나의 의심이 옳았다는 확신이 갈수록 강해졌다. 나와 아내가 내린 결론은, 경쟁이 아니라 '연대'가 사람 사는 세상이라는 것! 말만 할 게 아니라 실제로 그리 살아야 하고, 그런 세상을 만들기 위해 의식과 제도를 몽땅 바꾸어야 한다고 믿는다.

그렇게 초중고 12년과 학사, 석사, 박사 공부까지 다 마친 내가 다시 아이의 손을 잡고 더 격렬해진 경쟁 교육 시스템 안으로 넣기 위해 입학식에 간 것이다. 그렇다고 "내 아이 교육은 내가 한다"며 홈 스쿨링을 할 수도 없었다. 게다가 학교는 친구를 사귀는 공간이기도 하지 않은가? 그래서 아내와 나는 마주 앉아 아이 교육에 대한 나름의 줏대를 세웠다.

첫째, 시험 성적보다 아이가 건강하게 자라는 과정에 초점을 두자.
둘째, 또래 친구들과 잘 지내기(관계)를 중시하자.
셋째, 나중에 아이에게 꿈이 생기면 조건 없이 지지하자.

현실에 재빨리 적응해서 남보다 앞서 나가려는 '경쟁 교육'이 아니라 아이의 건강이나 사회성을 키우면서도 그 꿈이 무엇이든 아이를 무한 지지해 주자는 우리의 '줏대 교육'은 한 세대가 지난 지금, "참 잘했다"고 자임하게 된 기본 바탕이다.

그러나 이게 어디 말처럼 쉬운가? 나나 아내 역시 노동(시장)의 현실, 즉 일터에서 받는 스트레스를 아이에게 쏟아붓기도 하고 사소한 것들에 부부 싸움도 하며 일명 '옆집 아줌마'인 이웃, 친구, 친지 등으로부터 애정 어린 잔소리를 들으며 몹시 흔들리기도 했다. 그러나 그럴 때마다 우리 부부는 오뚝이처럼 다시 줏대를 세우고 일어났다.

물론, 큰 차원에서는 아이 셋을 '조건 없는 사랑'으로 일관되게 키웠지만, 그래도 간간이 화를 내며 아이들에게 상처 주는 일도 있었을 터. 얘들아, 미안하다. 혹시라도 아빠 때문에 너희 마음속에 맺힌 게 있다면 지금이라도 풀어 주렴. 정말 미안해!

동시에 고맙고도 고맙다, 얘들아! 너희들이 이렇게 건강하게 잘 성장했고, 하고 싶은 공부를 하고, 또 하고 싶은 일을 하니까 정말 좋구나. 게다가 평생을 함께할 짝까지 찾았으니, 부모로서 뭘 더 바라겠느냐? 사랑한다, 얘들아!

어느덧 20년이라는 세월이 흘러 개정판을 내지만 초판본 서문에서 제시한 기본 관점은 변함없다. 압축하면 크게 세 가지다.

첫째, 교육 문제를 교육 문제로만 풀지 말고 '교육-노동-경제-사회'를 총체적으로 살피고 바꾸자는 것이다. 흔히들 대학입시만 바꾸어도 좋겠다고 하지만, 입시 문제만 바꾸어선 안 된다. 졸업 이후의 취업 문제, 즉 노동의 문제를 바꾸지 않으면 헛발질이다. 나아가 노동 문제조차 경제 시스템과 연동돼 있다. 그리고 그 모든 시스템은 역시 사람이 움직인다. 사람과 사람의 관계, 사람과 자연의 관계, 개인과 사회의 관계 등이 문제 해결의 핵심이다. 그래서 교육을 제대로 풀기 위해서라도 총체적 관점이 필요하다. 특히 대학입시나 노동시장이라는 양대 장애물을 의식하지 않은 채 부분적이고 단기적인 처방만 내면 과오를 반복한다.

둘째, 교육 영역에 국한해 접근하더라도 어른들 입장이 아니라 철저히 '아이들 입장에서' 접근하자는 것. 부모는 부모의 인생을 살면서도 아이 역시 자기 인생을 살게 하는 것, '같이 또 따로, 따로 또 같이', 이런 눈으로 교육에 접근하기! 어른들의 이해관계나 어른들의 고정관념으로 아이들 교육 문제를 보면 도리어 문제의 실타래를 더욱 엉기게 한다. 특히 부모의 '대리 만족'이나 '한 풀이' 차원에서 아이 교육 문제를 보면 아이는 물론 부모의 인생도 꼬인다.

셋째, '나부터 바꾼다!'는 자세의 중요성이다. 철학도 바꾸고 삶의 방식도 바꾸어야 한다. 제아무리 좋은 분석과 대안이 나오더라도 모든 해결의 실마리를 '저 멀리'에서만 찾으려 한다면 '말짱 도루묵'이다. 언뜻 보기에 객관적인 구조들조차 우리의 주체적인 동조와 협력 없이는 돌아갈 수 없다. 묵인이나 무관심조차 우리가 취하는 흔한 행위다. 이 모든 행위가 바로 객관적인 것처럼 보이는 구조들을 지탱하거나 존속시키는 토대다. 따라서 잘못된 구조의 파악과 함께 그 구조의 유지와 존속, 강화에 음양으로 기여하는 나의 역할은 무엇인지 찬찬히 찾아내야 한다. 그 위에서 '나부터' 철저히 변하기 시작한다면 그 잘못된 객관적 구조조차 오래가지 못한다. 물론 현실의 벽(자본주의, 특히 대학입시와 노동시장)은 두껍고도 높다.

하지만 그 벽조차 바로 우리가 만들기도 하고 깨기도 하는 것이라는 점을 잊어선 안 된다.

요컨대, 교육 문제와 경제 문제 또는 삶의 방식을 함께 보자는 것, 아이들 입장에서 문제를 보자는 것, '나부터' 바꾸는 자세로 단호히 가자는 것, 이것이 5천만의 관심사, 교육 문제에 대한 내 나름의 접근법이다.

『'나부터' 교육혁명』 초판본을 낸 뒤 꼬박 20년이 흐르는 사이 많은 학부모와 교사들이 이 책을 읽고 공감해 주었다. 감사하다. 특히 공감한 부분은 크게 두 가지다. 하나는 '나부터' 실천이 중요하다는 것, 다른 하나는 '옆집 아줌마'가 무섭다는 점이다.

어른들 스스로 자본주의 사회에 살면서 자녀 교육을 2세대 '노동력' 관점이 아니라 '사랑'의 관점 또는 '인격체' 관점으로 일관성 있게 해나가기는 정말 쉽지 않다. 아무리 좋은 교육 철학을 가져도 '옆집 아줌마'를 만나고 나면 온통 흔들린다. 게다가 엄마와 아빠가 아무리 일심동체라 해도 교육과 관련해서는 날마다 다투게 된다. 노동력 관점과 인격체 관점, 돈벌이 관점과 살림살이 관점, 통제의 관점과 사랑의 관점이 늘 충돌한다.

그렇다. 자본주의가 바라는 인간상은 일 잘하고 말 잘 듣는 노동력이다. 그래서 가능하면 일류대에 진학하고 그 뒤 대기업이나 공무원 취업을 하면 인생 성공처럼 보인다. 그러나 그것은 겉모습만 그럴 뿐, 당사자의 사연을 들어 보면 결론은 '그리 행복하지 않다'!

이런 사태에 대한 『'나부터' 교육혁명』의 해법은 크게 보면 세 가지였다.

첫째는 일류대 강박증을 버리는 것, 진짜 중요한 것은 아이들이 진정으로 하고 싶은 공부를 스스로 선택하는 것, 그 공부를 하고 싶은 곳이 일류대건 아니건 좋은 스승이 있는 곳을 선택하라는 것, 껍데기보다 알맹이를 중시하라는 것이다.

둘째는 조급증을 버리는 것, 아이들마다 삶의 속도와 색깔이 다르니 그것을 있는 그대로 인정하고 천천히 가도 된다는 것이다. 인생은 속도나 높이가 아니라 과정과 느낌이다. 천천히 가더라도 과정과 느낌에 의미를 새긴다면 그것이 나중에 큰 보람이 된다.

셋째, '옆집 아줌마'를 조심하는 것! 때로는 아내가, 때로는 남편이 바로 그 '옆집 아줌마'다. 때로는 학교가, 때로는 담임이 옆집 아줌마 역을 한다. 내 강연에 참여한 어느 학부모가 "어쩌면 나 자신이 '옆집 아줌마'인 것 같아요"라고 고백한 적도 있다. 솔직히 말하면, 대학입시와 노동시장에 우리 인생을 거는 그 모든 행위자들이 곧 '옆집 아줌마'다. 그렇다면 '옆집 아줌마'를 조심하라는 말의 진의는? 자녀 인생을 대학입시와 노동시장의 잣대로 판단하지 말고, 인격체 그 자체의 성장과 행복에 집중하라는 얘기다.

그래도 참 쉽지 않다. 대다수가 자기도 모르는 사이에 빠진 일류대 강박증, 그리고 하루가 멀다고 변하는 기술과 자본의 속도전, 옆집 아이는 족집게 과외나 유명 학원가를 통해 발 빠르게 달려가는데 우리 집 아이만 남보다 뒤처지고 있는 듯한 불안감, 이 모두가 '옆집 아줌마'로부터의 해방을 가로막는다.

나와 아내 역시 흔들리며 살아왔고, 흔들리는 가운데 세 아이를 '나부터 교육혁명' 정신으로 키웠다. 그리고 수십 년 뒤 지금 '참 만족스럽다'고 느낀다.

물론 이는 결과만 가리키는 게 아니다. 하루하루의 과정이 모두 좋았다. 우리는 흔들리면서도 일관성을 유지하려 애썼다. 울다가 웃고, 웃다가 울었다. 힘들다가 좋았고, 좋다가 힘들었다. 흔들리다 바로 섰고, 바로 가다 흔들렸다. 그러나 늘 일관되었던 것은 '아이가 자기 삶의 주인공'이라는 근본 철학이었다. 아이는 부모를 대신해서 살아줄 수 없고, 부모 역시 아이 대신 살아줄 수 없다. 같이 살면서도 따로 가야 하고, 따로 살면서도 같이 가야 한다. '같이 또 따로, 따로 또 같이'가 정답이다!

『'나부터' 교육혁명』 개정판은 초판본과 크게 세 가지가 다르다.

첫째는 너무 낡은 통계나 내용을 대폭 고쳤다. 그 사이에 강산이 두 번이나 바뀌었으니.

둘째는 그간 한국 교육을 바꾸려는 운동이 공교육 밖(대안학교)은 물론, 안(혁신학교)에서도 많았기에 그런 변화를 담았다. 다만, 나는 이 변화의 물결이 더 왕성하게 교차하며 고양되길 빈다.

셋째는 최근에 우리가 경험한 코로나19 사태나 기후 위기 문제를 포함, 복합적인 삶의 위기가 오직 경제 가치(돈)만 추구하는 자본주의 경제 방식에 토대함을 강조했다. 이 맥락에서 '탈 자본 교육'을 강조하고 당장 필요한 구조혁신 대안으로 '경쟁력' 아닌 '삶의 질' 구조조정을 제시했다.

이 책의 표지 그림처럼 『'나부터' 교육혁명』 물결이 민들레 홀씨처럼 전국 곳곳에 번지길 빈다. 그리하여 모든 아이들과 부모들이 입시나 취업의 두려움으로부터 해방되어 날마다 삶의 기쁨을 음미하면서 알콩달콩 살면 좋겠다. 우리네 짧은 인생, 즐거움으로 충만

20주년 기념 개정판 서문

히 살아도 잠깐인데, 만날 두려움과 불안감의 노예로 산다면 그 언제 행복할 수 있겠는가?

아 참, 1988년생 한결이 역시 2021년, 처음으로 아빠가 되었다. 나의 3세, 손자 선율이가 탄생한 것! 이 또한 인생의 큰 기쁨이다. 우리 부부가 그러했듯, 한결이 내외가 선율이를 '나부터 교육혁명'으로 잘 키워 내리라 믿는다.

20년 전, 부족한 원고를 멋진 책으로 만들고, 이번 개정판까지 기꺼이 펴낸 도서출판 그린비의 유재건 대표님과 편집진께 깊은 감사를 드린다. 모쪼록 이 책과 더불어 전국의 학부모와 아이들이 좀 더 행복한 삶을 엮어나가길 소망한다.

2023년 봄

고려대 명예교수 강수돌

차례

1부 · 21세기의 아이들

2부 · 엄마 아빠가 달라져야 교육이 살아요

낡은 패러다임, 뒤틀린 교육 시스템

전혀 다른 길

5부 · 나는 어떻게 하고 있나?

불편함 속에 행복감이 함께 있다

시골 생활과 아이 교육 문제

다르게 산다는 것의 의미

1부
21세기의 아이들

인터넷 농담 하나

어떤 학부형이 한탄했다. "아이들 중간고사가 '가정의 달' 5월에 있고 '내신'이라는 거대한 괴물 때문에 함께 밖으로 나갈 수 없다." 모처럼의 연휴가 와도 가족들이 소중한 정을 나눌 기회를 박탈당한다는 것이다. 그러니 "일선 교육자들은 청소년 탈선을 걱정하기 전에 오히려 시험으로 인한 가족공동체의 대화 단절을 걱정하라"는 말이다.

그리하여 한국의 교육 문제와 관련하여 인터넷에 이런 농담이 떠다닐 법하다. 정부가 교육 문제를 해결하기 위해 인터넷 설문조사를 했다. 그 질문은 이렇다.

"학생들이 입시 지옥에 시달리는 현실에 대해 건강한 해결책이 있다면 솔직한 의견을 말해 주십시오."

그런데 이 조사는 비참한 실패로 끝났다고 한다. 왜? 그것은 응답자들이 제각기 이 설문 자체를 제대로 이해하지 못했기 때문이다.

즉, '일류대 강박증'을 가진 부모들은 '입시 지옥에 시달리는 현실'이 무엇을 뜻하는지를 몰랐고, 명령조로 찍어 내리기 좋아하는 관료들은 '건강한 해결책'이라는 말을 몰랐다. 또 대세를 어찌할 수 없고 좋은 게 좋다고 생각하는 많은 선생님들은 '솔직한 의견'이란 말을 몰랐고, 항상 시기상조를 외치는 기업들은 '현재'라는 말을 몰랐다. 마지막으로 아침부터 저녁까지 공부와 시험에 파김치가 된 학생들은 솔직한 의견을 '말할 시간'이 없었다고 한다.

이런 문제들에 대해 우리는 온오프라인에서 많은 논의를 펼쳤다. 그런데 수많은 토론이 오가도, 다음날이면 여전히 어제처럼 무거운 가방을 메고 학교와 학원을 왕래하는 학생들을 본다. 학생들은 날마다 학교를 두 군데 다닌다. 학교가 학원이고 학원이 학교다. 학부모 또한 아이들이 큰 사고 당하지 않고 공부 잘하고, 시험 잘 치고 오길 빌 뿐이다. 선생님들 역시 입시 교육에 동원되어 학생들이 높은 점수를 받게끔 온 신경을 쏟는다. 또 선생님들은 교육청이 내려 주는 끝없는 공문을 처리하다가 볼일 다 본다.

문제는 많은데 해답이 없고, 비판은 많은데 대안이 없다. 사건은 많은데 책임자는 없고, 말은 많은데 실천이 없다. 자기가 하면 옳고 남이 하면 엉터리다.

이제부터는 아무리 작은 것이라 할지라도 문제의 핵심을 잘 짚은 뒤에, '내가 할 일과 하지 않아야 할 일은 무엇인가'라는 관점에서 새 출발을 해 보면 어떨까? 우리 아이들에게 거액의 돈보다 더 소중한 '희망'을 선사하기 위하여!

희망은 있다?

변화하는 아이들, 불변하는 현실

1997년의 IMF 경제 위기를 나는 이렇게 해석한다. 그것은 단순한 외환 위기가 아니라 한국의 사회경제 패러다임의 근본 전환이 절실하다는 신호라는 것. 지금까지 한국의 사회경제적 발전 패러다임은 이런 것이었다. 즉, 부존자원은 없되 양질의 값싼 노동력은 풍부하니, 노동력을 효율적으로 잘 부려 외화를 많이 벌어들이면 모두 잘 살게 된다는 것. 그래서 학교는 노동력을 잘 길러냈고, 공장에서는 이 노동력을 활용해 상품을 잘 생산해 냈다.

　그러나 1980년대 이후 한국 사회는 패러다임의 전환이라는 뜻에서 참된 구조조정이 시급했다. 그것은 요컨대, 더 이상 삶의 양(돈, 지위, 권력)에 치중하는 것이 아니라 삶의 질(건강, 평등, 공동체, 생태계)을 중시하는 패러다임이다. 증가하는 노동자들의 저항을 비롯하여, 다방면으로 분출하는 시민사회 영역들이, 나아가 변화하는 청소년들의 의식이 그런 변화를 갈망했다. 지금도 그렇다.

예컨대, 국민권익위원회가 2022년에 전국의 중고생 1,925명을 대상으로 청렴 의식 조사를 한 결과, '우리 사회 부패 수준'에 대해 응답자의 49.8%가 "부패했다"고 했다(2020년 61.1%). 또 '우리 사회 공정 수준'에 대해선 45.3%가 "불공정하다"고 했다(2020년 56.7%). 2020년보다 약간 나아졌지만 여전히 한국 사회는 불공정하고 부패하다는 인식이다.

그리고 '특정인의 이득을 위해 원칙을 벗어나 개입하거나 영향을 미치도록 하는 것'에 대해서는 64.7%가 "절대 안 된다"고 했으며, '업무상으로 알게 된 정보를 이용해 개인적인 이득을 취하는 것'에 대해서도 50.6%가 "절대 안 된다" 했다. 공정성 의식이 높다. 이어 '청렴 의식을 높이기 위해 가장 노력해야 할 점'에 대해 청소년들은 "부정행위에 대한 엄격한 단속과 처벌(43.7%)"을 가장 강조했고, 이어 "어른들의 솔선수범 자세(24.9%)", "공동체 의식 함양(17.5%)"이 뒤따랐다.

비정부기구(NGO)인 '굿네이버스' 역시 2022년에 전국 청소년(만 13~24세) 1천 명을 대상으로 공공성 인식 조사를 실시한 결과, 약 56%가 "우리 사회가 공정하지 않다"고 했다. "공정하다"는 응답은 35.6%에 불과했다.

주목할 점은 가정의 사회적 배경에 따라 공정성에 대한 인식이 달랐다는 것. 가정 형편 수준이 낮다고 응답한 청소년들의 공정성 인식 점수는 9점 중 4.23점, 중간이라고 답한 청소년은 4.66점, 높다고 한 청소년은 4.88점으로 나타났다. 가정 형편이 좋을수록 사회가 공정하다고 본 것!

이런 의식 조사 결과들에 대해 여러 생각이 든다. 여기서 중요한 과제는 부정부패 타파, 공정성과 투명성 제고, 사회경제적 불평등 해소다. 그러나 대다수가 공감할 이런 과제조차 한국 교육을 지배하는 '성공과 출세' 패러다임(특히, 대학입시와 노동시장) 앞에서 좌절하고 만다.

그리스 신화에 나오는 시시포스는 저승 왕을 속인 죄로, 아무리 해도 도달할 수 없는 높은 산꼭대기 위로 무거운 바위를 반복해서 굴려야 했다. 날마다 무거운 책가방을 메고 나서는 우리 아이들에게 과연 언제까지 '시시포스 노동'을 시켜야 하는가?

아직도 야간'자율'학습을 '해야만' 한다?

오래전, 어느 어머니가 신문에 투고한 글에서 나는, 변화하는 학생 위에 군림하는 불사조를 보았다. 사연인즉, 새로 고등학생이 된 아이가 설레는 가슴으로 새 교복을 입고 학교에 다니기 시작한 지 일주일도 채 안 되어 축 늘어진 몸과 마음을 끌고 밤 11시가 다 되어 돌아온단다. '야간자율학습' 때문! 아이의 얼굴에는 학교에 대한 짜증과 실망이 잔뜩 묻어난다. 학교에 건의도 해 보고 항의도 해 보았지만 허사라고 했다. 교장 선생님 방침으로 "좋은 학교를 만들기 위한 것"이니 이해해 달라는 것. 이 어머니는 그래서 학교를 '창살 없는 감옥'이라 불렀다. 좋은 학교를 만든답시고 시행하는 방침에, 아이는 1교시 시작 1시간 전까지 등교해야 한다. 아직 잠이 덜 깬 아이는 아침 식탁에 앉지도 못하고 나간다. 또 야간자율학습을 하다 보니 평일에 못 하는 학원 수강이나 과외를 토요일과 일요일에 몰아서 하는 바람에 아이들은 주말마저 빼앗기고 만다.

이 어머니의 소망은 너무나 인간적이다. "제발 아이들을 놔주었으면 좋겠다. 저녁이면 아이에게 친구들과 선생님들은 어떤지, 학교에서 재밌는 일은 없었는지, 사귀고 싶은 여(남)학생은 없는지 등을 물어보며 아이와 함께 삼겹살을 구워 먹고 싶다."

야간자율학습, 일단 그 말은 듣기 좋다. 그러나 왜 '자율' 학습을 모두가 '해야만' 하는가? 게다가 왜 모두가 획일적으로 국영수와 같은 입시 교과목에만 매달려야 하는가? 그 어머니 말대로 "영화를 좋아하는 아이들은 영화를 보고, 만화를 좋아하는 아이들은 만화를 그리고, 아기들을 좋아하면 보육원이나 고아원이라도 기웃거려 보게" 하면 왜 안 되는가? 그리하여 "아이들이 커서 학창 시절을 생각할 때 많은 추억거리를 떠올릴 수 있게" 하면 더 좋지 않을까? 아이들이 학교생활 즐겁게 하고 일찍 돌아와 자기가 하고 싶은 활동을 하거나 "붉은 저녁 놀을 보고 '아!' 하고 탄성을 내지를 수 있는" 여유를 갖게 하는 것이 단순한 시간 낭비일까?

다행히 2010년 지방선거에서 6명의 진보 교육감 탄생과 더불어 많은 혁신학교에서 야간자율학습이 사라졌다. 하지만 여전히 약 2,400개 고교 중 1,900(80%) 곳에선 자의건 타의건 '야간자율학습'이 실시된다. 말로는 '자율'이라지만 사실상 강제다. 나아가, 자율화 분위기와 더불어 '자의로' 선택했다 하더라도 과연 이것이 진정한 자유의지의 결과일까? 대학입시와 취업시장이라는 양대 벽 앞에 모두 굴복한 결과가 아닌가? 오늘도 내일도 무거운 가방을 들고 학교와 학원을 오가는 초중고등학교 아이들, 과연 이 아이들을 어찌할 것인가?

인문계와 실업계, 너무나 다른 두 세계

우리가 어쩌다 하는 농담 중에 "너 초등학교 인문계 안 나왔니?" 하는 말이 있었다. 이 말은"너 실업계 출신이지?"라는 것이고, 그 말은 "너 '공부 못하는 친구'지?"라는 말이나 다름없었다. 최소한 내가 중등교육을 받은 시절 동안은 그런 농담이 있었다.

사실, '공부 못하는' 학생들은 실업계를 가야 했다. 지금도 크게 다르지는 않다. 물론 형편이 어려워 대학을 못 갈 사람도, 그래서 이왕이면 취업을 서둘러야 하는 사람도 실업계로 가야 했다. 지금의 70대 내외의 어른들은 성적이 좋으면서도 형편상 상업계로 가서 나중에 금융권에 종사한 분들이 많다. 나도 실은 중학교 시절에 형편상 상업고 진학을 위해 주산학원에 다닌 적도 있다.

물론 여기서 실력이나 형편을 가지고 실업계 문제를 얘기하려는 것은 아니다. 내가 짚고 싶은 것은, 한국에서는 인문계와 실업계의 격차가 하늘과 땅 차이만큼이나 크며, 일단 한번 진로가 정해지면 변화의 여지가 거의 없다는 점이다. 실업계 학생이 되고 나면 이미 미래의 인생이 상당 정도 낙인찍힌다. 2004년 대입부터 실업고 학생들의 대학 진학 문이 약간 열리기는 했지만 상황이 크게 달라지진 않았다. 그래서 누구나 가능하면 실업계로 가지 않으려 하고, 설령 가더라도 장래 비전이 어둡기에 거의 의욕을 상실하고 만다.

예전 실업고의 명칭이 전문계고 내지 특성화고로 바뀌었지만, 학생을 노동자로 쓰면서도 노동인권의 사각지대인 현실 자체는 변하지 않았다. 예컨대, 2005년 여수에선 현장 실습생이 엘리베이터 점검을 하다 추락해 사망했고, 2017년 제주의 생수공장에서는 이민

호 군이 프레스기에 끼여 사망했다. 또 2017년에는 전주 콜센터에서 일하던 홍수연 양이 업무 스트레스로 자살했고(정주리 감독의 2023년 영화 「다음 소희」 참조), 2021년에는 여수의 한 요트업체에서 실습하던 홍정운 군도 목숨을 잃었다. 이렇게 실습생들은 산업 재해에 예사로 노출된다.

이런 현실을 보면, 내가 중3 때 진로 상담에서 "형편상 인문계를 가기 어려워서 상고나 숙식 제공과 장학금까지 주는 ○○공고 진학을 목표로 한다"고 했더니, 교무실에서 어떤 선생님이 "미친놈 아냐? 너는 무조건 인문계 가야 해!"라며 벌컥 화를 내신 까닭이 백 퍼센트 이해된다. 이 가혹한 체제 안에선 정말 '순간의 선택이 평생을 좌우'한다!

그러나 이 문제를 사회 전체적으로 보면 그림이 완전히 달라진다. 예컨대, 독일의 경우 인문계와 실업계 비율이 30대 70인데 한국은 70대 30이다. 독일은 학생의 성취도 및 자기 의견을 기초로 학부모와 선생님이 상담하여 학생들의 진로를 정하지만, 한국은 성취도나 의견 자체를 따지기 전에 거의 무조건 인문계로 가려 한다. 독일은 실업계에 갔더라도 인문계로 갈 기회가 있으나, 한국은 한번 정해지면 거의 진로 변경이 힘들다. 또 독일은 인문계 나온 사람이나 실업계 나온 사람이나 직장에서 맡은 업무를 다하는 한, 대우의 차이가 한국만큼 크지 않다. 사회적 시선도 그렇게 차별적이지 않다. 한국은 학력별 대우의 격차가 심하고 사회적 시선도 선입견이나 고정관념 때문에 매우 차별적이다.

내가 1990년대 후반부터 2021년 초까지 꼬박 한 세대 가르친 대학생들 중에도 차라리 실업계에서 자기 취향에 맞게 기술과 기능을

익혔다면 자기 행복이나 사회 발전에 훨씬 나았을 경우가 많았다. 말로는 "한국 사회의 잘못된 경영 경제 구조를 뜯어고치고… 진리를 탐구하러…" 진학했다 하지만, 실은 "부모님이…" 또는 사회 분위기를 보고 진학하는 게 대부분이다.

결국은 사회적 시선이 바뀌어야 하고, 그러려면 궁극적으로는 경영과 경제의 구조가 바뀌어야 한다. 학력이나 성별과 무관하게 모든 일자리가 기본적으로는 동등한 대우를 받되, 일의 성격이나 형편에 따라 수당(예, 위험수당)이 달라지는 그런 '평등 대우' 제도가 나와야 한다.

달리 말해, '개성 있는 평등' 교육과 경제, 즉 아이들이 나름의 꿈과 개성을 살리는 공부를 하되, 나중엔 생계 걱정 없이 살 수 있도록 모두 비슷한 대접을 하는 평등 사회, 이런 걸 상상할 순 없을까? 북유럽이나 남미 등 여러 나라에선 벽돌공, 배관공의 수입과 공무원의 수입이 크게 다르지 않다. 상상이 아니라 현실이다. 이런 '평등 사회'를 만들려면 우리는 현재의 '기득권' 구조를 타파해야 한다. 그런 방향으로 사회적 공감대도 형성돼야 한다. 그래야 인문계, 일류 대학, 일류 학과만 가려고 하는 '5천만의 강박증'을 근본적으로 없앨 수 있다.

알면서도 벗어나지 못하는 '성공과 출세' 욕망

관료, 교사, 부모가 아이들을 '지옥' 같은 공부에 붙들어 매고 있는 현실, 이것은 도대체 왜 변화를 거부하고 한사코 지속되는가?

나는 여기서, 두 가지를 짚고 싶다. 하나는 이미 오래전에 낡았지만 우리 모두가 굳게 신념화하고 있는 패러다임 때문이고, 다른 하나는 개별 교육 주체들의 이해관계 때문이라는 것이다.

우선, 우리 모두가 내면화한 패러다임이란 '출세와 성공'의 패러다임인데 이것이 문제다. 왜 그럴까? 그것은 우리 눈에 잘 보이지 않는 인간 사다리를 만들어 놓고 누가 더 빨리 더 높이 올라가나 하는 경쟁을 우리가 하고 있기 때문이다. '수직적 패러다임' 위에서는 남보다 더 빨리 더 높이 올라가야 성공하고 출세하는 것으로 세상이 평가한다. 부모도, 교사도, 관료도 이런 패러다임을 내면화하고 있는 한, 지금과 같은 학교, 지금과 같은 교육 체제는 큰 변화 없이 그대로 간다. 비록 겉모양은 변하더라도 내용과 본질은 고집스럽게 변하지 않는다. 혹시 무수한 시간과 돈을 투자해서 변화하고자 하더라도, 수직적 패러다임을 수평적 패러다임으로, 위계 권력의 패러다임을 역할 분담의 패러다임으로, 수월성 패러다임을 공동체 패러다임으로 변화시키지 않는 한, 그 어떤 개혁도 효과는 없다.

다음으로, 개별 교육 주체들이 가진 이해관계 때문에 패러다임 변화가 오지 않는다. 관료들은 교육 현장을 통제하여 국가가 의도하는 바에 어긋나지 않게 하려 한다. 그래야 자신의 평가 점수도 오른다. 장학사나 교장, 교육감, 교육장 따위의 출세 자리가 눈앞에 보이는데 '예서 말 수는 없다'. 교사들도 부장 교사, 교감, 교장 따위의 출세 자리가 눈에 어른거린다. 나이가 들어도 평생 '평교사'로 있는 건, 수직적 패러다임, 위계 권력의 패러다임 안에서는 일종의 수치다. 누구에게도 밉보여서는 안 된다. 장학사 오는 날이면 '잘 보이기 위해' 아이들을 시켜 '손님'이 온답시고 대청소를 시키고, 교육청 지

시대로 수업 잘하는 듯이 보여야 하고, 깔끔한 교실에서 열심히 공부하는 듯이 보여야 한다. 물론, 진보 교육과 혁신학교 열풍으로 이런 풍경은 많이 줄었지만, 여전한 곳도 많다.

부모도 그렇다. 역시 출세의 인간 사다리 안에서 높은 위치에 있는 자들은 아이들이 적어도 자기만큼 높은 자리를 가지도록, 또 낮은 자리에 있는 자들은 아이들이 자기보다 더 높이 올라가도록 '몸과 마음을 바쳐' 뒷바라지한다. 마치 아이들이 성공하면 '모두' 행복할 것처럼. 그러나 아이들은 겉으로는 '효도'하기 위해, 부모님을 '배신'하지 않기 위해 그렇게 하는 척하지만 아이들 마음속은 다른 경우가 많다. 어차피 부모가 아이의 삶을 대신 살아 줄 것도 아닐진대, 차라리 아이들이 하고 싶은 것을 하게 고삐를 푸시라. 아이를 통해 대리로 성취감을 맛보려는 얄팍함을 버려라. 그게 진정한 행복이 아님을 인정하라.

우리의 역사를 되돌아보면, 노예제나 봉건 시대라는 역사적 특수성(한계성)이 있어서 주로 '양반' 자제들만 공부를 할 수 있었다. 그러나 그 양반들조차 한편으로 지배층으로 오르기 위한 공부(예, 충효)를 하면서도 다른 편으로는 사람됨(인간성)을 중시했다.

그러나 일제 식민지와 미군정, 박정희식 개발 독재를 거치면서 모든 것이 바뀌었다. 갈수록 경쟁 원리와 약육강식, 성과주의와 이윤 추구 등이 학습의 기본 방향으로 자리 잡게 되었다. 한마디로, 자본을 위한 공부! 특히 제2차 세계대전 뒤 초강국이 된 미국에서 이런 원리를 공부하고 온 사람들이 정치와 경제, 교육과 문화 분야의 실세로 자리 잡으면서 온 나라를 그렇게 바꾸어 나갔다. 모든 사람이 머릿속에 각인해야 했던 말은 한마디로, '남부럽지 않게 살려면

남 위에 올라서라'는 것! 그렇게 '만인의 만인에 대한 경쟁'이 치열하게 전개되어야 기득권층은 사회 전체를 효과적으로 지배할 수 있다. 한마디로, '분할 통치' 전략!

그런데 이제 우리의 아이들은 갈수록 이런 식의 교육 시스템에 '길들여지기'를 거부하고 있다. 예컨대 전국적으로 매년 5만~8만 명의 아이들이 자퇴한다. 또 그런 식으로 아이들을 '길들이기' 거부하는 학부모나 교사도 늘어나고 있다. 행정 당국조차 변화의 기운에 적극 대처하기도 했다. 일례로 서울시에서는 대안교육센터를 만들어 '학교 밖 학교'를 지원하기도 했다. 하자작업장학교나 난나공연예술학교 등도 그 증거다. 그래서 희망이 있는 것일까? 아니면 아직도 우리 안에 낡은 패러다임이 강력한 관성을 가지고 버티고 있어 절망적인가?

놀랍게도 그 힘들게 입학한 일류대생조차 자퇴를 많이 한다. 2021년엔 서울대에서 405명이 자퇴했고, 연세대와 고려대에서도 700~800명이 자퇴했다. 적성이 맞지 않거나 더 나은 곳을 찾기 위해서다.

해답은 오직 하나다. 개인적으로나 제도적으로, 아이들을 제발 가고 싶은 곳으로 가게 풀어 주라. 개성을 존중하면서 평등 대우하라(개성 있는 고교-대학-직장 평등화). 그 과정에서 아이들이 행복한지 관심의 끈을 놓지만 말라. 아이들이 지친다면 쉼터가 되어 주고 필요하다면 물이 어디 있는지 가르쳐 주라. 절대 부모가 못 간 길을 대신 가라고 하지 말라. 이런 맥락에서 과연 우리가 어떤 시스템 속에서 허우적거리고 있는지 냉정하게 성찰해 보자.

잘못하면 인생을 헛살기 쉽다!

아가의 탄생 ─ 태내에서부터 결정되는 아이의 일생

새로운 생명체인 아가의 탄생을 대개 '사랑의 결실'이라 하지만, 우리가 사는 이 사회경제 체제(시스템)는 좀 삭막하게도 '2세대 노동력'으로 본다. 왜냐하면 현재의 1세대 노동력이 사라져도 그 노동력 자리를 메워서 자본을 위한 생산에 종사할 사람이 대대손손 필요하기 때문이다. 만일 사람들이 아이를 낳지 않아 출산율이 현저히 떨어지면 국가는 2세대 노동력의 확충 차원에서 출산 보조금까지 지원한다. 지금의 한국 현실(2024년 대입 정원이 51만인데, 고3 학생은 약 39만 명)이 바로 이런 위기감을 보여 준다. 그리고 노동법에서 여러 가지 '모성 보호' 조항들을 두는 것도, 한편으론 여성과 가족을 보호하는 인간적 측면도 있으나 다른 편에선 2세대 노동력의 확충이라는 시스템의 필요를 반영한다. '사랑의 결실'로서가 아니라 '시스템의 필요'라는 시각에서 아이들이 길러진다면 진정한 인격 발전은 요원하다.

그런데 과연 우리 자신은 아이들을 진정으로 '사랑의 결실'로만 생각하고 '2세대 노동력'이란 관점은 단지 이 체제만이 강제하는 것이라 볼 수 있을까?

그 대답은 '아니다'이다. 이미 대부분의 어른들조차 아이들을 '2세대 노동력' 관점으로 보고 있기 때문이다. 많은 부모가 아이를 잉태하게 되면 "우리 아이는 수재로 키울 거야!" 아니면 "아가야, 너는 이 부모보다 훌륭한 대학을 나와서 우리가 못다 이룬 꿈을 이루어야 해!"라는 식으로 생각하는데, 바로 이것이 부모들조차 아이들을 사랑의 결실로서가 아니라 2세대 노동력의 관점으로 바라보는 것. 수재나 영재, 일류 대학, 일류 직장 등의 꿈은, 물론 아이들이 행복하기를 비는 마음에서 나온 것이지만, 실은 그런 소망조차 자본이 만든 시스템 안에서 탄생했다. 그것은 자본(돈벌이)에 도움되는 경쟁력 있는 인간!

이렇게 예비 부모가 경쟁력 있는 노동력, 취업 잘할 노동력, 높은 자리에 올라갈 노동력, 돈 많이 버는 노동력으로서 자녀를 바라보는 순간, 아이의 일생은 태내에서부터 심히 뒤틀린다. 체제의 논리를 인간 주체가 무비판적으로, 아니면 현실 조건들에 굴복, 경쟁을 '내면화'한 것, 이것이 사태의 본질이다.

유아기 성장 —눈치 보기를 반복 학습하며 터득하는 생존 전략

태어난 뒤에도 아이에게는 보호자의 절대적인 사랑이 필요하다. 엄마로부터 분리되어 나온 아이는, 아무것도 스스로 하지 못하는 '고

립무원'의 상태이기 때문. 따라서 가까운 어른들이 어린아이의 순수한 욕구를 있는 그대로 받아 주지 못하면 아이는 어릴 때부터 심한 좌절감을 겪는다. 이 경우 아이는 시간이 가면서 나름의 생존 전략으로 어른의 칭찬을 받을 만한 행동만 골라 한다. 아기들은 만 두 살 무렵이면 나름대로 옳고 그름에 대한 구분이 생긴다고 한다. 어른에게 칭찬받을 만한 행동이 무엇인지 구분하게 된다는 뜻! 그러면서 이른바 '눈치 보기'를 반복 학습한다. 결과적으로 아이는 건전한 인격체가 지녀야 할 '내면적 자율성'을 충실히 키우지 못하고 항상 외적인 상벌 메커니즘에 종속되기 쉽다. 아이들은 이렇게 해서 아주 어린 시절부터 사실상의 '성과주의'(메리토크라시) 즉 어른이 원하는 좋은 결과를 내면 칭찬받고, 반대면 벌을 받는다는 현실을 체득한다. 이 과정을 아이 입장에서 보면, 스스로 자기 내면의 욕구를 있는 그대로 느끼고 그에 기초해 생각하고 행위 하기를 배우지 못하고, 불행하게도 외부의 기대에 부응하고자 오히려 자기 욕구를 억압하게 된다.

학교교육과정 ―쓸모 있는 노동력을 양산하는 공장 시스템

다음은 가정을 떠나 학교라는 공간으로 삶의 자리가 이동한다. 앞으로 노동시장에 팔려 나갈 노동력이 체계적으로 육성되는 과정이다. 여기서 약 20년간 학교교육과 관련해서 세월을 보내는데, 현재의 학교는 한마디로 '쓸모 있는 노동력'을 만드는 공장이다. 따라서 우리 대부분은 20년의 교육과정에서 다양한 잠재력과 고유의 꿈과 소망을 가진 한 인격체가 아니라 오로지 일개 '생산 요소'로 축소되어 버린다. 그리고 그 과정에서 대부분은 마음의 상처(트라우마)를 입는다.

우선, 과연 어떤 노동력이 기업가에게 쓸모 있는 노동력인가? 그것은 신체 건강, 국어, 산수, 영어, 기술, 컴퓨터 등 '노동 능력'이 좋아야 하고 다음으로 성실성, 책임감, 복종심, 충성심 등 '노동 자세'가 좋아야 한다. 이런 것들은 학교교육 속에서 훈련되는데, 노동 능력 측면은 졸업장과 자격증, 각종 상장 등으로, 노동 자세 측면은 개근상, 정근상, 봉사상, 생활기록부 등으로 측정된다. 나아가 국가와 민족에 대한 교육을 받는다는 것이 애국가와 국기에 대한 맹세 등을 통해 자기도 모르게 배타적 민족주의나 획일적 국가주의로 경도된다. 다양하고 복합적인 가능성(잠재력)을 가진 한 인격체가 이런 식으로 오로지 일개 '생산 요소'로, 즉 쓸모 있는 노동력으로 축소된다. 나는 이것이 보통 말하는 '환경 파괴'보다 더 무서운 '인간 파괴'라 본다. 또 그 환경 파괴조차 이러한 인간 파괴를 기초로 일어나는 것이다.

인천의 이성진 선생님 같은 분은 학생들의 교재를 면밀하게 분석한 뒤 학교에서 노동 현실을 제대로 가르치고 있지 못하다고 말한 바 있다. 이 선생님이 예로 든 것처럼, 초등 5년 사회책은 노사 간 갈등을 무조건 나쁜 것으로 보게 만들며, 중3 교과서는 노동자의 권리를 간단히 언급한 데 비해 의무는 자세히 많이 나열한다. 고교 사회책도 노동자의 위상이나 역할에 대해서는 지나치게 부수적이거나 1차원적으로 묘사한 반면, 경영자는 미래 비전을 제시하고 경제를 이끄는 중추처럼 그린다. 이런 식의 학습은 현실 인식을 정확하게 하지 못하게 할 뿐 아니라 노동자나 노동조합에 대한 편견을 조장한다. 자본을 위해 톱니바퀴처럼 작동하는 노동력으로 아이들을 기르자는 생각이 교과서에 철저히 반영된 결과다.

다음으로 볼 것은 바로 이 과정에서 좋은 성적과 결과를 낸 학생은 그런 학생대로, 반대로 하찮은 결과를 낸 학생은 그런 학생대로 심한 정신적·심리적 상처를 받는다는 사실이다. 잘하는 학생은 더 잘하기 위해, 경쟁자를 물리치려고 자신을 갈수록 억압한다. 그러니 친구들의 정서와 감정, 의견과 주장에 귀 기울일 수 없다. 오로지 성적 향상만 중요하기에 공감 능력이 떨어진다. 모든 경쟁 상대를 시기하고 질투하는 라이벌 의식과 자기 억압이 심해진다. 나아가 자기 억압이 고조되면서 보상 심리도 커진다. 잘못된 공정성 의식의 원천이다. 종종 일어나는, 주위(친구나 어머니, 선생님 등)에 대한 공격성(왕따, 짜증, 폭력 등) 따위는 바로 이러한 복합적 과정의 기형적 결과다.

반대로 공부를 못 하는 학생은, 만일 자신의 다른 소질과 재주를 발견하지 못하면, 대개 만성적인 열등의식에 시달린다. 학교와 가정, 사회 모두에서 학업 성적이나 평가 점수를 잣대로 대접을 달리하기 때문. 학교 공부가 인생의 전부가 아니라든지 성적이 행복의 순서를 정해 주는 것은 아니라든지 하는 말은 익히 알면서도, 그것을 있는 그대로 껴안기에 역부족이다. 경험적 현실이 그렇지 않기 때문. 한편, 이들은 자신의 열등의식을 감추기 위해 이상하게 자신을 드러내려는 경향이 있다. 돌출 행동과 문제성 있는 행동이 그 예다. 그러나 그런 행동은 타인으로부터의 인정은커녕 오히려 낙오자의 특성이라는 부메랑이 되기 쉽다. 이는 다시 열등의식을 강화한다. 결국 이들도 만성적인 스트레스와 열등감, 죄의식과 수치심에 시달리며 마음속엔 커다란 상처가 쌓인다.

잘못하면 인생을 헛살기 쉽다!

노동시장 진출과 노동 과정 편입 —그대 과연 행복한가?

이런 식으로 학교라는 공장에서 오로지 훌륭한 노동 능력과 노동 자세를 갖춘 노동력이 대량 생산되나, 그 과정 자체가 인간적으로는 일종의 파괴 과정(내면 파괴)이므로 모두 겉모습은 멀쩡하나 대개 마음은 상처(트라우마)와 두려움에 불안하다.

이렇게 양성된 노동력이 마침내 취업하게 되면 생산과정에 참여한다. 이를 우리는 '경제발전에 기여'한다고 착각하지만, 실은 자본의 돈벌이 과정에 동참하는 것! 이 노동력은 노동 과정이나 관리 과정에 직접 참여하면서 경쟁력 있는 상품의 생산과 판매에 적극 역할한다. 그래야 먹고살기 위한 임금이 나온다.

요즘은 『경제적 공포』를 쓴 V. 포레스테의 말대로 "착취당하고 싶어도 착취당할 기회마저 잃은" 사람들이 대량 생산된다. 최근에는 대학 졸업생들이 원서를 수십 장 쓰고도 취업을 못 해 비관 자살까지 하는 사태도 있다. 해마다 수십만 명의 졸업자들이 노동시장에 나오지만 불과 20퍼센트 내외만이 정식 취업을 한다. 자본은 비용 절감을 위해 갈수록 정직원을 줄인다. '청년 실업' 문제의 배경이다. 그렇다고 취업한 이들은 행복한가? 현실의 구체적 상황은 그들도 결코 행복하지 못하다고 증언한다.

이제 공장이나 회사에 취직을 한 사람들은, 성장기에 가정과 학교에서 받은 상처들을 보상받고자 나름 노력하지만 또다시 성과주의, 생산성주의, 경쟁력 패러다임에 갇힌 채 살아가야 한다. 자본주의 경쟁 체제가 이를 강제한다. 이를 주체적으로 거부할 의사가 없는 한, 그리하여 주어진 체제 속에서 더 높은 곳을 더 빨리 차지하려는 출세 패러다임을 내면화한다면, 이런 경쟁 체제는 마치 '객관적' 인 것처럼 모두에게 더 강제된다. 물론 사람마다, 업종마다, 자기 직무마다 나름의 유연성과 운신의 폭이 다르지만, 자본주의 사회가 총체적으로 규정하는 성격을 근원적으로 부정하며 살아가기는 힘든 게 현실이다.

그리하여 우리들은 대개 40년 내외의 직장 생활 기간 동안, 즉 자신의 노동력을 노동시장에 내다 파는 긴 시간 동안, 효율성 내지 생산성 패러다임을 직접 실천하며 산다. 이제 마침내 돈벌이 경제의 패러다임이나 '자원은 유한한데 인간의 욕구는 무한하다'는 엉터리 가설들, 그리고 '경쟁력 또는 생산성 향상이 모두 사는 길'이라는 식의 이데올로기를 더욱 내면화하고 또 몸으로 직접 증명하려 한다. 이것은 일상적 노동 과정 속에서 반복적으로 재강화된다. 그러나 이러한 생산성 향상 과정은 지극히 일부만이 건설적 생산성일 뿐, 대부분은 '파괴적 생산성'이다. 이 속에서는 설사 임금, 지위, 복지 수준은 오르더라도 진정한 삶의 질과 참된 행복은 망가진다.

노동력의 효용이 다한 뒤 ―이렇게 우리는 헛살기 쉽다

그 뒤 60세 전후로 정년이 되어 퇴직하면 대개는 마침내 노동시장으로부터 이탈하지만 이제 남은 것은 병든 몸과 황폐화한 정신뿐이다. 삶의 생동하는 에너지들이 효과적이고도 체계적으로 자본에 의해 추출되었기에, 이제 '노후의 행복'을 위해 여유롭게 여행을 하거나 창작 활동에 종사할 기력은 적다. 오히려 지금까지 한평생 일만

잘못하면 인생을 헛살기 쉽다!

하며 살아왔기에 정년 이후에는 자아 상실감이나 공허감 속에 방황하기 일쑤다. 나아가 20대, 30대, 40대, 50대 등 각각의 시기에 찾아야 했던 행복을 이제 와서 한꺼번에 찾을 수는 없다. 은행 이자와는 달리 인간 행복은 삶의 매 순간마다 찾으며 일상적으로 느껴야 의미 있기 때문! 팔십 평생의 고생스러운 과정 끝에 남은 것은, 자신이 굶어 죽지 않고 살아남았다는 사실과 자식들을 굶기지 않고 (훌륭한 노동력이 되도록) 학교 공부 하나 시켜냈다는 사실, 그것뿐이다. 그런 식으로 우리는 한평생을 보낸다. 이것이 이른바 보통 대중들의 삶이다. 한마디로, 이렇게 우리는 '헛살기' 쉽다!

물론 전우익 선생 같은 분은 뭔가 기념비적인 것을 남기려 하지 말고 오히려 도연명처럼 '헛살려고' 해야 한다고 말하지만, 앞서 설명한 것은 이런 식의 '자발적 간소함'이나 '존재(관계) 양식의 삶'과도 거리가 먼, 전혀 무의미한 '헛살기'다.

학창 시절은 자본을 위한 노동력 양성 과정, 취업하면 자본 증식에 직접 봉사, 퇴직 이후엔 스스로 자본이 되거나 마지막엔 병원 자본에 보태 주다 인생 마감이다. 자신의 꿈보다 자본의 실현에 세월 다 보내는 셈! 그 사이 자본의 파괴성은 더 커져, 코로나 사태나 기후 위기, 전쟁 위기 등이 모두를 위협한다. 이게 곧 '헛살기' 아닌가?

내가 이런 이야기를 어느 노동조합에 가서 했더니, 질의·토론 시간에 주름살이 많은 노동자 한 분이 손을 번쩍 들고 말했다. "왜 우리가 학교 다닐 적에는 아무도 이런 이야기를 해 주지 않았나요? 나야 이미 버린 몸이지만, 우리 아이들에게는 제발 이런 교육을 많이 시켜주십시오." 거의 울부짖다시피 호소하는 그 노동자의 말에, 비단 나와 그만 눈물을 글썽였을까?

다람쥐 마을과 여우 마을 이야기

윤기현 선생의 『서울로 간 허수아비』 중 「다람쥐 나라」에 나오는 이야기 한 토막을 보자. 행복하게 살던 착한 다람쥐들이 어떻게 분열되는지, 어떻게 해서 노동과 억압에 고통받게 되는지 참 쉽고도 흥미롭게 이야기한다.

어느 산골에 다람쥐들이 도토리, 알밤, 머루, 다래 등을 먹으며 행복하게 살고 있다. 어느 날 여우들이 나타나 사탕과 장난감, 화장품을 거저 주기 시작한다. 점차 다람쥐들이 그런 것에 '중독'된다. 드디어 여우들은 이제 도토리 등을 많이 가져와야 사탕 등을 준다고 선언한다. 이에 매판 다람쥐들이 여우 나라 물품을 선전하고 거래 중개로 차익을 챙긴다. 마침내 다람쥐 마을이 먹거리 자립성을 잃고 황폐화하기 시작한다. 물론 저항하는 다람쥐들이 생기지만 여우들이 매판 다람쥐를 대표로 선출해 간접 지배를 한다. 군경이 설립되고 또 폭압 정치를 해도 다람쥐들의 저항이 거세게 일자 매판 세력이 주동자를 암살하는 음모를 꾸며 실행한다. 분노하는 다람쥐들에 불안했던 매판 세력이 바깥 나라 여우 군대에게 자기 마을 주둔을 요청한다. 마침내 여우 나라 군대가 모든 다람쥐들의 저항을 유혈 진압하여 공포 정치를 한다. 이제 여우들은 다람쥐 나라의 나무들을 조사한 뒤 사유재산을 할당한다. 이제 다람쥐들은 아무거나 따지 못한다. 여우들이 다람쥐 마을에 사탕공장과 비료공장 등을 세워, 다람쥐를 고용하고 알밤을 품삯으로 지급한다. 다람쥐들은 일의 성과나 능력에 따라 차등 평가된다. 다람쥐들 사이에 빈부 격차도 생기고 지위 격차도 커진다. 또 여우들은 남은 다람쥐들을 꾀기 위해 비료를 뿌리면 알밤나무의 생산성이 오른다고 선전한다. 그런데 생산성이 올라도 다람쥐들은 세금으로, 교환으로 다 뺏기고 가난과 노동, 아사에 고통받는다. 이제 화학비료 때문에 땅마저 황폐화한다. 다람쥐들은 생존의 몸부림을 하고 서로가 서로에게 경쟁상대가 되어 분열이 심화한다. 절망과 비참함이 다람쥐 마을을 뒤덮는다. 그러다가 한참 세월이 흐른 뒤 우여곡절 끝에 자기 운명을 스스로 개척하려고 마침내 모든 다람쥐들이 힘을 뭉쳐 함께 들고일어난다.

이 이야기는 비록 소박하고 검소하더라도 스스로 건강하게 살아갈 공동체적 역량이 없다면 '노예'와 다름없는 삶을 살게 됨을 경고한다. 다람쥐들이 자생력을 잃은 뒤 과연 어떤 일이 일어났나? 일자리로 얻은 사탕공장과 비료공장에서는 일 잘하는 다람쥐와 그렇지 않은 다람쥐들 사이에 대우의 격차가 생겨났다. 그래야 여우들이 다람쥐들을 효과적으로 통치할 수 있을 뿐 아니라 효율성을 높일 수 있기 때문. 그리고 다람쥐들이 그러한 격차를 알고 이를 받아들이는 순간, 좀 더 나은 대우를 받고자 서로 경쟁자가 되어 분열된다. 만약 일하는 데 필요한 기술이나 지식을 가르쳐 주는 학교가 있었다면 서로 일등 하고자 모두 눈을 부라리고 배웠을 터!

나는 이 우화가 바로 우리 학생들의 모습을 솔직히 비추는 거울이라 본다. 모든 존재가 각기 나름의 개성과 소질을 존중하며 서로 협동하는 공동체라면 모두 삶의 주체가 된다. 그러나 이런 주체들이 외부에서 제시된 획일적 평가 기준에 기대어 점수로 치환되기 시작한다면 모두는 모두에게 경쟁자로 변한다. 그런 만큼 모두는 점수(숫자)에 지배당한다. 앞에서 다람쥐들이 분열되어 서로 경쟁하는 사이에 누가 일등을 하는가와 무관하게 여우는 전체 다람쥐를 효과적으로 지배한다.

인간 사회에서 여우와 같은 역할을 하는 것이 바로 자본이다. 교육이 자본을 위한 노동력의 공급자 역할을 하는 것, 그리고 우수 노동력과 열등 노동력으로 구분하고 경쟁을 통해 위계 서열화하는 것, 이것이 바로 지배의 메커니즘이다.

'불편한 진실'이지만, 이것이 곧 자본의 비밀이고 학교교육의 비밀이다. 이 불편한 진실을 공개적으로 진지하게 토론하고 그 논의 위에서 완전히 새로운 패러다임의 경제와 교육 시스템을 만들어야 한다. 그렇지 못하면 우리 아이들은 마치 다람쥐와 같은 삶을 또 반복해서 살아야 한다. 이것이 핵심이다. 솔직히 말하건대, 이 부분을 건드리지 않은 채 이루어지는 교육 개혁은, 그 어느 것도 성공하기 어렵다.

잘못하면 인생을 헛살기 쉽다!

우리는 어떻게
자본주의에 적응하게 되는가

집집마다 사랑스러운 아가가 처음 태어났을 때만 해도 아가는 존재 그 자체로 사랑을 받는다. 그러나 이 아이가 자라나 '학교'에 입학하고 '성적표'를 받기 시작하면서 부모들은 학부모가 된다. 귀에 익은 공익광고처럼 "부모는 멀리 보라 하고, 학부모는 앞만 보라 한다. 부모는 함께 가라 하고 학부모는 앞서가라 한다. 부모는 꿈을 꾸라 하고 학부모는 꿈꿀 시간을 주지 않는다". 학부모가 이렇게 변하는 까닭은 학부모 역시 자본주의 사회경제 시스템 속에 잘 적응해 살기 때문이다. 그 학부모의 가치관은, 만일 큰 깨달음의 과정이 없다면, 그대로 자녀에게 대물림된다. 이는 또다시 교과서를 통해 체계화한다.

어릴 적부터 배운 교과서

우리가 학교 다닐 때 열심히 배웠던 교과서의 내용들은 대개 졸업 이후의 일상생활 속에서 그렇게 큰 도움이 되지 않기 쉽다. 물론 몇 가지 단편적 지식들이 삶의 문제 해결에 도움이 되는 경우도 있지만, 과연 무엇 때문에 그렇게 어려운 내용들을 한꺼번에 거의 외우다시피 공부해야만 했던가 하는 회의를 할 때가 더 많다.

그런데 이것보다 더 중요한 것은, 우리가 배운 내용들이 현실의 삶을 제대로 아는 데 디딤돌이 아니라 '걸림돌'이 되는 경우가 오히려 많다는 점. 일찍이 미국 하버드 대학의 크리스 아지리스 교수는 「숙련된 무능력」이라는 글에서, 이른바 '가방끈'이 길수록 주체적인 삶의 능력이 도리어 오그라드는 현상을 비판한 적이 있다.

과연 우리도 갈수록 비싼 학비를 내면서 점점 더 "무능력을 훈련" 시킬 것인가? 그것도 집단적 열광까지 하면서! 누군가 온 사회에 팽배한 '집단적 광기'라는 문제 제기를 한 적이 있지만, 나는 학교교육에 있어서도 그러한 '집단적 광기'가 작동하고 있다고 느낀다.

그런데 사실상 이러한 집단적 광기는 결코 자연스러운 현상이거나 본능적인 것이라기보다는 자본주의 산업화 과정에서 체계적으로 '만들어진' 것이다. 그것은 무한한 축적을 추구하는 자본이 그러한 축적에 필요한 '살아 있는 노동'을 학교라는 공장 속에서 대량 생산해 왔기 때문이다. 그래서 우리는 늘 학교에서 "이 사회가 필요로 하는 훌륭한 사람"이 되기를 권장받았다. 여기서 말하는 훌륭한 사람이란 사회를 건강하게 만들어 가는 사람이라는 뜻이 아니라, 주로 기업이 필요로 하는, 돈 되는 노동력을 배양한 사람이라는 뜻이다. 이것은 비단 '굴뚝 산업화' 시대뿐만 아니라 컴퓨터와 영어를 강조하는 '정보화, 세계화 시대'에도 그랬다. 나아가 오늘날 인공지능(AI)이나 가상현실(VR)로 상징되는 '4차 산업혁명' 시대에도 필요한 인력 양성(예, 코딩교육)이 시대의 과제로 여겨진다.

요컨대, 자본주의 산업화 이래 한 인격체의 가치는 그 노동력의 가치로 환원된다. 따라서 사람들은 자기 내면의 가치를 차분히 성찰하기보다는 외면적으로 드러나는 노동력의 가치를 드높이기 위해 갈수록 학교를 더 오래 다닌다. 그와 동시에 '다른 사람보다' 더 높은 가치 평가를 받기 위해 모두 무한 경쟁 게임에 참여한다. 그리하여 마침내 '일류 가방끈' 경주가 유행하게 되었고 '글로벌 경쟁 시대'까지 열렸다.

이 집단적 광기를 생산적으로 극복하고 건강한 삶의 능력을 기르기 위해서는 학교교육이 사회적으로 행하는 역할 전반에 관해 진지한 토론을 펼쳐야 한다. 이미 많은 사람들이 그러한 문제를 제기하며 대안적 실천까지 행하고 있지만, 아직도 '집단적 광기' 자체는 누그러질 줄 모르며, 이것이 거꾸로 일부의 소중한 대안적 실천들마저 뒤흔든다.

여기서는 그 광기를 올바로 해체하는 데 조그만 보탬이 되고자 '노동력 공장'의 '교과서' 안으로 들어가서 내재적 비판을 시도하려 한다. 특히 중학교와 고등학교의 사회 교과서에서 경제 현상과 경제생활을 어떻게 보고 있는지 유심히 성찰해 본다.

'합리적 선택'이라는 함정

원래 경제란 그 어원에서부터 '먹고사는 것'을 뜻한다. 따라서 경제학이나 경영학은 '어떻게' 먹고살 것인가를 연구하는 학문이다. 그런데 전통적으로 대부분의 자본주의 경제 교과서는 다음의 기본적인 가정에서 출발하였다. 그것은 "자원은 유한하되 인간의 욕구는 무한하다"는 것이다. 따라서 제한된 자원으로 욕구 충족을 시키자니 '생산성' 개념이 등장할 수밖에 없었다. 생산성이란 한마디로, 투입량 대비 산출량의 비율이다. 동일한 투입량이라면 산출량이 늘어나야 생산성이 오르고, 또 동일한 산출량이라면 투입량이 줄어들어야 생산성이 오른다(이 경우를 특히 '효율성'이라 함). 투입이 줄면서도 동시에 산출이 늘면 생산성은 가장 크게 오른다.

만일 이 정도 선에서 우리 삶의 문제가 순조로이 해결된다면 별다른 문제가 없다. 최소한 이론적으로는 그러하다.

그러나 문제는 "제한된 자원의 효율적 분배"를 위해 시장과 경쟁이 우리 삶의 모든 과정을 '주도'하기 시작하면서부터 크게 뒤틀린다. 즉 모든 상품은 시장 경쟁력이 있어야 그 존재가치를 인정받고, 또 그러기 위해서 노동 생산성을 높여야 했다. 투입을 줄이고 산출을 늘리자니 인간을 단순한 생산 요소로 환원시켜 통제해야 하고, 건강과 인격은 무시되기 일쑤다. 또 원료와 에너지 공급, 폐기물 처리를 값싸게 하자니 자연 생태계를 파괴한다. 그러는 사이에 인간은 자기도 모르게 물질적 풍요와 간편주의에 중독되어 마침내 인간성 상실이라는 정신적 황폐화까지 겪는다.

다수의 고등학교 사회 교과서에서 '합리적 선택'이 유난히 강조되는 것도 바로 이 생산성 개념과 밀접히 관련된다. 여기서 말하는 합리성이란 투입과 산출 또는 비용과 효익을 계산적으로 비교해 판단하는, 서구 계몽주의 이후의 인간에 의한 '이성적' 행위 논리다.

오늘날 이 합리성은 생산과정에서의 생산성이나 효율성 개념을 넘어 소비과정에서 가성비, 가심비, 심지어 나심비라는 용어까지 만들어 냈다. 가성비는 가격 대비 성능비인데, 돈 주고 산 상품의 기능이나 품질이다. 가심비란 가격 대비 '심리적' 만족도를, 그리고 나심비는 '나의' 심리적 만족도를 중시한다. 이 모든 게 오늘날 자본주의 합리성의 다양한 변종들이다.

그런데 더 심각한 문제는 이 합리적 선택조차 그 자유로움에 있어 노동자와 사용자가 평등하지 않다는 점이다. 돈과 권력이 대부분의 의사 결정을 좌우하는 자본주의 사회에서 선택이란, 계급적, 계층적으로 이미 '불평등한 자유'를 전제하기 때문!

예를 들면 어떤 기업에서 '노사 분규'가 심각한 경우 그 경영진은 마침내 노동조합의 영향력이 없는 농촌 지역이나 후진국으로 공장을 쉽게 옮길 수 있지만, 노동자들은 그 노동력을 '합리적으로' 팔기 위해 쉽사리 이동할 수 없다. 이들이 국경을 넘나드는 것은 더욱 어렵다. 게다가 이 노동자들이 인간과 자연을 파괴한 대가로 얻게 되는 '떡고물' 즉 각종 물질적 보상들, 예컨대 더 많은 임금과 휴가, 복지, 승진 등을 거부하고 완전히 다른 패러다임의 세상(예, 자율적 생명 공동체)을 원하면, 그런 대안 추구는 지배층에 의해 체계적으로 배제당한다.

나아가 많은 교과서들이 "경쟁을 통해 경제는 더욱 효율적으로 움직인다"고 하나 그것은 일정한 한계 안에서만 적용되는 말이다. 경쟁이 일정 한계를 넘어 지나치면 그것은 더 이상 삶의 질 경쟁(선의의 경쟁)이 아니라 파괴 경쟁이 된다. 우리가 일상생활 속에서 관찰하듯, 노동시장에서의 대량 실업 현상과 상품 시장에서의 과잉 생산, 과잉 소비 등은 인간 파괴, 자연 파괴를 낳는다. 이것이 과연

'효율적' 경제일까?

한편, 대다수 교과서는 '자본주의' 체제라는 말 대신 '시장 경제' 체제라는 말을 쓴다. 틀린 건 아니다. 하지만 자본주의라는 말이 이윤과 경쟁, 지배와 통제라는 사회관계적 측면을 강하게 시사한다면, 시장 경제란 말은 '보이지 않는 손' 즉 가격 메커니즘을 통한 기술적 측면의 자원 배분 논리를 암시한다. 즉 자본의 본질을 가리는, 매우 '합리적'인 용어 선택!

생각건대 시장 경제의 효율성을 보장하는 경쟁이란, 인간의 살아 숨 쉬는 노동을 흡입함으로써 자기 몸집을 무한정 불리려는 자본의 원리가 관철되는 사회적 공간이다.

예컨대 이런 식이다. 약 200개의 나라가 있는 이 지구촌에서 자본이라고 하는 한 연사가 시장 경쟁이라는 박수 치기 게임을 학생 격인 노동자들에게 장려하고 강제한다. 이제 노동자들은 200개의 나라별로, 또 무수한 기업별로 갈라져 서로 치열한 경쟁을 벌인다. 이 노동자들이 나라별로, 기업별로 '무한 경쟁'을 하는 사이에 자본은 무대 뒤에서 웃고 서 있다. 어떤 개별 기업이나 개별 나라가 흥하거나 망하는 것은 이 연사에게는 별로 중요하지 않다. 중요한 것은 경쟁의 게임 그 자체가 지속되는 것! 그리하여 게임에 동참하는 모든 선수들이 서로 갈라져 싸우는 것이다. 그래야 자신의 지배 체제 전체가 공고히 유지된다! 따라서 경쟁이라는 현상은 지배라는 본질과 동전의 양면을 이룬다. 우리가 시장 경쟁에 대해 일정한 '거리 두기'를 해야 하는 것도 실은 이 '불편한 진실' 때문이다.

이런 점에서 우리에게 진정으로 필요한 합리적 선택이란, 그러한 경쟁과 지배, 파괴와 분열을 넘어선 연대와 협동, 생명과 공경의 원리를 삶 속에서 철저히 실천하는 것이다.

GNP와 GNH는 비례하지 않는다

대개의 경제 교과서나 참고서는 콜린 클라크라는 학자의 견해에 따라 산업을 1차, 2차, 3차로 나눈 뒤, 선진국일수록 1차<2차<3차 산업이고 후진국일수록 1차>2차>3차 산업이라 하면서, 올바른 경제 개발 전략이란 항상 후진국형 산업 구조에서 선진국형으로 이동하는 것이라 가르친다. 그러나 내가 보기에 이런 견해엔 몇 가지 근본적 오류가 있다.

　첫째, 바로 그런 논리는 선진 자본주의 강대국 즉 제국주의의 논리다. 제국주의 세력들은 고부가가치 상품을 만들어 편하게 돈 벌기 위해 굳이 돈이 안 되는 1차 산업에 전념할 필요가 없었다. 그래서 그들은 처음에는 1차 산업을, 나중에는 2차 산업을 아웃 소싱(외부 조달)했다. 정보화, 세계화 시대에 들어와 그들은 이제 3차 산업까지 외주화한다. 둘째, '선진국, 후진국' 논리야말로 모든 나라들을 한 줄로 경쟁시켜 숨어 있는 지배자들의 이익을 은밀히 도모하는 데 이용된다. 즉 후진국 민초들은 "선진국을 따라잡기 위해", 선진국 민초들은 "후진국의 추격을 물리치기 위해" 갈수록 허리띠를 더 졸라매야 한다. 셋째, 선진국형으로의 산업 구조 변화란 곧 공동체적 인간관계 또는 건강한 삶의 구조를 파괴하는 과정과 일치한다. 삶의 질이 중요한지 선진국이란 이름이 중요한지 따져야 한다. 실제로, 대한민국 역시 2021년 7월 유엔무역개발회의(UNCTAD)에

우리는 어떻게 자본주의에 적응하게 되는가

의해 1964년 이후 처음 '선진국'이 됐다. 하지만 우리가 느끼는 삶의 질은 여전히 후지다.

여기서 '삶의 질'이란 무엇인가? 우선 개인적으로는 건강한 공기와 물을 마시면서 건강한 집에서 사는 것, 또 텃밭도 일구고 매일 서너 시간만 일하며, 일주일에 한두 번은 좋은 연극이나 영화를 보며 여유롭게 사는 것, 그리고 타인과 서로 존중하며 평등하게 사는 것이다. 또 사회적으로는 이웃과 더 이상 경쟁하지 않고 인정을 나누며 사는 것, 조화로운 생태계를 잘 돌보며 사는 것이다. 요컨대, 건강과 여유, 존중과 평등, 우애로운 공동체, 조화로운 생태계가 '삶의 질'을 구성한다. 돈이 어느 정도 필요하나, '삶의 질'이 높아야 진짜 행복이다.

반면에 '수량적으로' 비교해서 선후진국을 따지는 것이 지금까지의 경제적 성공 논리이자 교과서 논리이다. 예컨대 한 해 동안 그 나라의 총생산(판매)액을 뜻하는 '국민총생산' 즉 GNP 개념이 대표적인데, 이것은 여러 측면에서 문제가 있다(세계 자본의 국내 투자를 감안한 '국내총생산' 즉 GDP 개념도 마찬가지).

첫째, 생산의 결과에 초점을 맞춘 나머지, 생산과정에서 파괴되는 인간과 자연의 건강성은 문제로 포착하지 못한다. 예컨대 산업재해나 과로사로 건강과 생명을 잃는 사람이 많은데도, 또한 생산과정에서 마구 버리는 폐수나 폐유가 생명의 원천인 흙과 물을 회복 불가능하게 파괴하는데도, 그 과정에서 생산된 상품의 화폐 가치가 GNP에 추가된다. 한국이 60년 이상의 수출 산업화 과정에서 세계 최고 속도의 경제 성장을 자랑하는 가운데, 세계 최고의 자살률과 대기 오염도, 그리고 세계 최하위 청소년 행복도를 기록하는 것이 바로 그 증거다.

둘째, 이와 관련된 문제이지만, 이윤은 철저히 사유화하는 대신 비용은 오히려 사회화시키는, 자본주의 합리성의 함정이 은폐된다. 따라서 GNP나 GDP 개념에는 자기 책임성과 자율성이라는 올바른 삶의 원리가 배제되기 쉽다.

셋째, GNP 개념 자체가 더 크고 더 많으며 더 빠른 것을 추구하는 팽창주의적 세계관에 입각해 있기에, GNP의 지속적 증대를 의미하는 '경제 성장' 논리는 세계 평화나 홍익인간과 같은 보편성의 논리 보다는 필연적으로 제국주의적 논리와 이어진다. 왜냐하면 구조적으로 정치적, 경제적 힘의 우위를 차지한 세력들이 팽창 전략의 중심부에 서기 때문이다. 즉 세계 경제가 중심부와 주변부, 그리고 반주변부 등으로 위계화됨은 물론, 한 나라도 중심부 도시권과 주변부 농촌권 그리고 반 주변부 지역 등으로 위계화한다. 위계질서란 본질적으로 인간의 사회적 관계가 왜곡되는 것으로, 잘해도 불평등을 낳고 잘못하면 파시즘을 낳는다.

넷째, GNP 개념은 삶의 질은 물론 사람들의 주관적 행복을 측정하지 못한다. 즉 아무리 GNP 수준이 높다고 할지라도 내면적 행복의 느낌이 반드시 높다는 보장이 없는 것이다. 오히려 낮은 GNP 수준이라도 서로 돕고 정을 나누며 사는 사회는 내면적 행복감이 더 높을 수 있다. 이런 점에서 티베트고원의 부탄이라는 작은 나라가 GNP라는 허구적 지수보다는 GNH(Gross National Happiness, 국민총행복)라는 지수를 쓰는 것은 매우 시사적이다.

우리는 어떻게 자본주의에 적응하게 되는가

승리자의 길, 인간과 생태계의 황폐화

이렇게 질적인 측면에 초점을 맞추면 그동안 양적인 성장을 추구하던 경제 성장 논리가 이 지구촌을 얼마나 황폐하고 불평등하게 만드는지 실감하게 된다.

우선, 대다수 중고교 사회 교과서는 자연환경을 '자원'의 관점에서 바라본다. 전통적으로 우리나라는 자본과 자원이 빈약한 나라로서 수출 경쟁력 증대만이 살길이라는 구호 아래, 모든 사람들이 건강한 인격체나 지혜로운 사회인으로 성장하도록 장려되는 것이 아니라, 약육강식과 생존 경쟁의 논리가 지배하는 세계에서 오로지 '강자'가 되는 방법만을 배우도록 권장되었다. 대다수 교과서들은 이런 빈약한 '부존자원' 타령에 이어 '수출 산업화 전략'의 정당성을 이야기한다. 그 과정에서 사람들은 인간의 고유 가치가 아니라 노동력의 가치로 평가받게 되어, 경향적으로 사회적 '가방끈'이 점점 길어졌고 사회 전체로 일류대 추구 경향이 강해졌다. 마침내 돈과 권력이 최고의 가치로 자리 잡는다. 그 결과 우리 사회에도 '일등 일류주의', '권력 지상주의', '명문 학교 콤플렉스' 따위가 만연해졌다. 만일 우리가 자연을 자원이나 상품으로 바라보는 편협한 '경제주의'에서 벗어나, 자연이야말로 '모든 생명의 원천'임을 깨달았다면 우리는 지금보다 훨씬 높은 '삶의 질'을 누릴 것이다.

한편, 상당수 중고교 교과서에는 아프리카 대륙의 생태적 파괴에 대해 말하는데, 대개 내전과 가뭄, 사막화 현상으로 인한 기아와 빈곤의 문제를 부각시킨다. 대단히 고무적인 문제 제기다. 그러나 보다 본질적으로, 아프리카 등지의 생태적 파괴조차도 잘못된 구조조정이나 그 이전의 식민화 과정, 보다 정확하게는, 선진 자본주의 국가에 의해 '위로부터' 이식된 경제 개발 모델로 인한 것이라 보아야 옳다. 캐나다의 미셸 초스도프스키 교수가 쓴 『빈곤의 세계화』에 따르면 소말리아나 르완다 등 아프리카의 많은 나라들이 겪는 어려움은, 운명적 현상이나 자연적 현상이 아니라 제국주의와의 관계에 의해 빚어진 사회적 현상이다.

예컨대 소말리아는 유목민과 소농 간의 교환을 바탕으로 한 목축 경제 국가로, 유목민들이 전체 인구의 50퍼센트였다. 1970년대까지만 해도 소말리아는 가뭄에도 불구하고 명실공히 식량을 자급자족했다. 그러나 80년대 초에 시작된 IMF와 세계은행의 개입은 소말리아의 농업 위기를 악화했다. 각종 경제 개혁은 유목민과 소농들의 전통적인 물물 거래뿐만 아니라 화폐 거래도 파괴했으며, 정부는 외채를 상환하기 위해 엄격한 긴축정책을 시행했다. 결과적으로 IMF와 세계은행이 '위로부터' 강제한 구조조정 프로그램은 소말리아 민중을 수입 곡물에 의존하게 만들었다. 70년대 중반에서 80년대 중반까지 식량 지원은 연간 31퍼센트의 비율로 15배나 증가했다. 상업용 수입품의 증가와 더불어 값싼 외국산 밀과 쌀이 유입되어 국내 시장에 팔리면서 소말리아 곡물 생산업자들은 설 자리를 잃었을 뿐만 아니라, 옥수수나 사탕수수 같은 전통적인 곡물의 소비가 감소하는 등 곡물의 소비 패턴도 크게 변했다.

마침내 1981년 6월, IMF의 강요에 따라 화폐가 평가 절하되면서 연료비나 비료 등 농업 생산비가 증가해 농민들이 큰 타격을 받았다. 도시민 구매력도 상당히 줄었으며, 정부의 농업 진흥 프로그램도 줄었고, 사회 간접 자본 시설도 무너졌다. 요컨대 세계자본의 외적 개입, 즉 곡물 시장의 탈 규제화와 식량 원조의 유입이 빈곤화의 원인이었다.

우리나라도 30년 이상 일본 제국주의자들에게 침탈당한 적이 있는데, 그들의 이해관계에 입각한 시각이 여태 학교 교과서를 지배하고 있는 것은 매우 놀랍다. 예컨대 중고교 사회 교과서의 연장선인 『지리부도』엔 한반도의 지도가 '산맥' 중심으로 나온다. 그런데 이 '산맥' 중심의 지도야말로 일본 제국주의자들이 한반도의 지하 자원을 체계적으로 수탈하기 위해 광물의 맥을 따라 '산맥'을 그려낸 결과다. 반면, 산등성이와 골짜기, 물의 갈래와 흐름 등 자연적인 '기'의 흐름에 따라 한반도와 그 주변을 그리면 '백두대간' 중심의 새 지도가 나온다.

요컨대, 진정한 선진국이란 삶의 양(특히 돈)을 중심으로 한 지표(GNP, GDP) 상승이 아니라 '삶의 질'이 높아져야 한다. 또, 다른 나라들을 수탈하고 지배함으로써 자기들끼리만 잘 살려는 것이 아니라 아무 위계 서열 없이 더불어 사는 것, 그리하여 마침내 선진국과 후진국의 구분이 필요 없는 그런 과정이 중요하다. 그래야 세계 평화가 온다.

세계화의 이상과 현실, 만국의 만국에 대한 투쟁

상당수 중고교 사회 교과서는 '세계화 시대'라 하여 개방성과 국경을 초월한 협동, 자유로운 이동, 지구촌 공동체 등을 이야기하지만, 그러한 개방과 자유가 자본에게만 편파적으로 해당되는 것임을 말하진 않는다. 따라서 '세계화' 담론은 지극히 추상적으로 머문다. '세계화가' 부국과 빈국에 어떻게 달리 적용되는지, 민주주의와 삶의 질에는 어떤 영향을 미치는지, 노동하는 사람들과 자본에게는 어떻게 달리 나타나는지, 남성과 여성에게는 어떻게 차별적인지, 생태계에 주는 영향은 어떤지 등의 문제를 다루어야 보다 구체적인 현실을 알게 되고 따라서 지혜롭고 근본적인 대책을 강구할 수 있다. 잘못하면 '위로부터' 주어지는 세계화 패러다임에 무비판적 '적응'만 강요하는 담론이 되고 만다.

아니나 다를까. 주어진 패러다임에 적응하는 것, 경제계가 필요로 하는 인간이 되는 것, 말 잘 듣고 일 잘하는 노동력으로 살아가는 것이 교과서에서 강조되는 건 결코 우연이 아니다. 이 맥락에서, 기술과 능력 계발, 생산성 향상을 우리의 '의무'라 한다. 헌법에서 노동의 권리와 동시에 노동의 의무가 강조되는 건 바로 이 맥락과 일치한다. 만일 젊고 유능한데도 나태하거나 일을 하지 않고 여행만 일삼거나 일광욕만 한다면 사회적 '비난'을 받아야 할까?

"노동하지 않으면 먹지도 말라!" 이것은 한편으로는 맞는 말이면서도, 다른 한편으로는 영국의 인클로저(울타리 치기)운동 직후에 존재했던 '피의 입법'(구빈법이라는 이름을 가진 노동 강제법)과 닮은 데가 있다. 당시에 인클로저로 땅을 잃은 농민들은 걸식하면서 방랑하기가 일쑤였는데, 국가는 이들을 고용노동의 규율에 길들이기 위해 유혈적 공권력을 행사했다. 구체적으로, 1530년경 영국 헨리 8세 치하에서는 나이가 많아 노동을 할 수 없는 거지에게 '거지 면허증'을 줬지만, 건강한 자가 유랑할 때는 그를 결박하고 피가 나도록 치며, 두 번째 걸리면 한쪽 귀를 베었다. 그래도 거듭 유랑하면

우리는 어떻게 자본주의에 적응하게 되는가

사형에 처했다. 당시에 무려 7만 명 이상이 그렇게 죽었다는 보고가 있다. 이는 마치 영화「쉰들러 리스트」가 간접 증언하듯이, 2차 세계대전 당시 히틀러 통치하의 강제노동 수용소와 다를 바가 없다.

한편, 사회 교과서에서 말하는 "개방성과 국경을 초월한 협동, 자유로운 이동, 지구촌 공동체" 등은 세계화의 허위 광고일지는 몰라도 현실은 아니다. 사실 세계화 과정 속에서 추진되는 민영화를 보더라도 노사 간에 "우리가 한배를 타고 풍랑을 헤쳐 나간다"는 한 고교 교과서 속의 선언은 현실적 허구다. 실제로, 한전이나 한국중공업 등의 민영화 과정에서 노사 간에 이해관계가 정면충돌한 것이 그 증거다.

반면, 대다수 중고교 교과서는 '무한 경쟁'을 강조하면서 온 세상 사람들이 치열한 생존 경쟁, 경제 전쟁을 해야 한다고 말한다. 여기서 세계 시민은 왜 '한배'를 타지 못하고 서로 싸워야만 하는지에 대한 근본 질문은 없다. 일부 교과서에는 스위스의 국제경영개발원(IMD)에서 주기적으로 발표하는 국가경쟁력 순위표가 나오는데, 경제적 성과, 정부 효율성, 기업 효율성, 인프라 등 여러 지표별로 국제 경쟁력 순위를 낸다. 예컨대 한국은 2022년 현재 비교 대상 63국 중 경제 성과는 22위, 정부 효율성은 36위, 기업 효율성은 33위, 인프라는 16위로 나왔다. 물론 이 지표들 가운데 '삶의 질'과 관련이 있는 것도 있지만, 대부분은 '돈벌이' 중심의 논리 위에서 국가별 경쟁력 순위를 따진다.

여기서 중요한 점은, 우리가 이러한 국제 경쟁력 논리에 빠져드는 순간 우리는 토마스 홉스 식의 "만인의 만인에 대한 투쟁", 나아가 "만국의 만국에 대한 투쟁"을 해야 하는 운명에 놓인다는 것. 그런 논리 안에서는 모두 더불어 살려는 우리의 진정한 소망은 결코 실현될 수 없다. 오직 "밟히지 않으려면 밟아라!"라는 명령만이 우리의 정신을 지배하는 셈이다.

앞서 말한 "개방성과 국경을 초월한 협동, 자유로운 이동, 지구촌 공동체" 등 세계화의 이상이 올바로 실현되기 위해서는 현재와 같은 무한 경쟁 논리나 국가 경쟁력 강화 논리, 그리고 그 배후에 숨은 강대국 내지 자본의 지배 전략 자체가 생산적으로 극복돼야 한다. 그러한 전제가 충족되지 않은 상태에서 강제되는 개방화와 자유화, 탈 규제화, 민영화, 유연화 등 신자유주의 세계화 논리는 "개방성과 국경을 초월한 협동, 자유로운 이동, 지구촌 공동체"를 강화하는 게 아니라 자본의 노동 지배력 강화, 대량 실업, 생존 경쟁 격화, 지구촌 분열과 인종 차별, 환경 파괴와 기후 위기 등을 강화한다. 최근 유럽 각국에서 극우파 내지 인종 차별주의가 많은 대중을 등에 업고 권력 장악에 나선 것은 그 대표적 예다.

한편 중학교 교과서에는 남아프리카 공화국의 인종 차별(아파르트헤이트) 역사가 나온다. 이런 문제 제기는 매우 옳다. 그런데 이와 관련, 우리 민족의 상대적 배타성과 인종주의적 경향성도 반성할 필요가 있다. 1992년 LA 폭동 때 한국인이 유난히 당한 것도, 실은 한국인들이 평소 흑인들에 대해 인종주의적 편견을 가졌기 때문이라는 분석도 있다. 1990년대 이후 우리 사회에 많이 들어온, 약 120만 명의 (국제) 이주노동자들이나 2018년경 제주도로 들어온 예멘이나 시리아 난민들에 대한 잘못된 태도와 차별적 제도의 문제도 이러한 인종주의적 편견과 결코 무관하지 않다.

한탕주의, 빈부 격차, 그리고 학교 폭력

중고교를 거치면서, 나아가 대학을 거치면서 학생들은 실제 경험하는 현실이 교과서와는 거리가 멀다는 점을 은근히 느낀다. 청소년이 성장하는 가운데 느끼는, 교과서와 전혀 다른 실제 현실이란 어떤 것인가?

그것은 돈 많은 자가 큰소리친다는 것, 힘센 자가 최고라는 것, 돈이 곧 권력이라는 것, 이런 것이다. 또, 평등과 정의, 연대와 협동, 평화와 공존 같은 것은 교과서에서만 있을 뿐, 실제 현실에서는 '돈이 곧 정의'다. 교과서가 강조하는 '경쟁력' 논리, 이것만이 자유 시장 경제 체제에서 살아남아 출세와 성공의 욕망을 실현하는 지름길임을 뼛속 깊이 새긴다. '강자 동일시'다. 그러기 위해 공부하고 공부해서 일류대로 가야하고 일류 직장에 취업해야 한다?

그러나 또다시 현실은 냉혹하다. 공부하고 공부해도 일류대에 가는 사람은 20퍼센트도 안 된다. 일류 직장 역시 마찬가지다. 아무리 크게 잡아도 20퍼센트는 성공과 출세의 단맛을 보지만, 나머지 80퍼센트는 좌절과 절망의 쓴맛만 본다. 이런 현실 속에 이들이 선택할 수 있는 길은?

한탕주의가 유행하는 까닭

동네마다 복권 판매점이 들어섰다. 부동산 사무소만큼은 아니지만 곳곳에 흔하다. 2003년 2월 초, 로또 복권 1등 당첨자는 자그마치 800억 원 정도 가져갔다. 2023년 2월 초에는 1등 당첨자 7명이 각기 40억 원을 횡재했다. 1인당 액수가 줄었지만, 여전히 거액이다. 단순히 월급을 착실히 모은다고 될 일이 아니다!

열심히 공부해도 안 되는 세상에 로또 1등은 그야말로 대박 사건! 그러나 1등은 아무나 하는 게 아니다. 설사 1등 당첨자를 여럿 배출한 복권 판매점이 전국 곳곳에 있다 한들, 막상 내가 간다고 해서 당첨이 보장되진 않는다. 그러나 사람들은 환상을 갖는다. 그 행운이 내게 올지도 모른다는 착각. 어쩌면 이런 심리는 그간 경쟁 과정에서 가슴 깊이 느꼈던 열패감, 무력감, 소외감을 하루아침에 보상받고 싶은 마음인지 모른다.

한편, 부동산이나 주식은 어떤가? 이미 1970년대 박정희 시절부터 강남, 잠실 일대의 부동산 투기를 통한 횡재는 널리 알려진 바다. 보수 성향의 부자일수록 부동산에 열을 올렸다. 개발 정보에 귀 밝은 이들이 잽싸게 땅을 사놓았다가 몇 년 뒤 수십 배 남겼다. 그러나 지금처럼 전국이 투기판으로, 부동산 로또 열기가 유행하게 된 것은 역설적이게도 2003~2007년 노무현 참여정부 시절의 '국토 균형 발전' 전략 덕분이다. 한편으로 수도권과 지방 간 격차(또는 도농 격차)가 커질수록 다른 편에서는 '균형 발전' 요구가 드높았다. 투기와 난개발에 대한 예방책을 미리 세우지 않은 채 균형 발전 전략을 공개 추진하니 전국에 '떴다방'으로 상징되는 투기 열풍이 왔다. 극우 내지 보수 정치가일수록 '빚을 내서라도 아파트 사면 돈 번다'고 할 정도로 부동산 경제가 경제 성장의 주역이라 믿었다. 그 와중에 대박을 노리던 4050세대는 물론 2030세대 젊은이들조차 '영끌'(영혼까지 끌어모은) 투자로 부동산 열풍에 휘말렸다. 2022년부터 거품이 대폭 꺼지니, 대박은커녕 폭망의 두려움이 전국을 난타한다.

주식 또한 마찬가지다. 소수의 대박은 사실상 대다수의 폭망을 전제로 하는 게임이다. 게다가 최근 드러난 도이치모터스 주가 조작 사건에서 보듯, 작전 세력들이 짜고 치는 고스톱을 하듯 온갖 꼼수가 판을 친다. 내부인이 아니라면 모를 정보가 흐르고 외부인들은 끝내 당하고 만다. 주식으로 돈 벌었다는 누군가의 성공 신화는 다수에게 '나도 한번'이라는 착각을 온 사회에 전염시킨다. 너도 나도 주식 시장에 뛰어들수록 판돈은 커지고 소수의 내부자들이나 기관투자자들이 대박을 터뜨릴 확률이 커진다. 아무것도 모르는 외부의 동학개미들은 대다수 당한다. 대박은 희망일 뿐, 현실은 폭망이다. 빚은 쌓이고 삶은 공허해진다.

이러한 로또 열풍이나 부동산, 주식 열풍 등 한탕주의, 심지어는 카드빚을 갚기 위한 강도나 매춘 등의 사회 병리 현상 자체가 도대체 어디에서 기인하는지 곱씹어 볼 필요가 있다. 크게 두 가지만 보자.

첫째, 한국 사회 구조 자체에서 그 원인을 찾을 수 있다. 즉, 열심히 일해도 돌아오는 것이 없다는 사실, 아무리 일해도 행복하게 먹고살기 어렵다는 사실이다. 특히 육체노동이나 정신노동, 생산직이나 사무직 등 그 일의 형태나 종류를 불문하고 노동자들이 '뼈 빠지게' 일해도 항상 먹고살기 힘겹다는 현실 자체가 한탕주의를 부채질한다. 나아가 최근의 구조조정 과정과 노동 유연화의 실상은 '힘겨운 세상, 대박이나 터뜨려 확 떠나자'라는 생각을 강화한다.

둘째, 삶의 가치관이 질 중심이 아니라 양 중심으로 되어 있고, 그러한 가치관이 어릴 적부터의 양육과정이나 교육과정에서 만들어진다는 점도 중요하다. 한마디로 사람들의 '내면이 허하기' 때문에 물질 만능주의, 한탕주의에 빠지게 된다. 태아는 뱃속에서부터 부모의 '기대'를 잔뜩 받으며 자란다. 그 기대란 대개 내면이 훌륭한 인격체라는 방향이 아니라 남들에게 인정받을 만한 '영재' 식의 기대다. 아이가 태어나자마자 부모는 대개 조기교육에 관심을 보이고 유치원이나 학교 과정에서는 다른 아이보다 우수한 성적을 나타내길 열망한다. 고학년으로, 상급 학교로 진학할수록 그런 기대는 더 커진다. 특히 어린 시절에 '조건 없는 사랑'을 받지 못한 아이는 '내면적 자율성'을 갖지 못하고 나름의 생존 전략으로 부모나 주위의 '기대'에 '부응'하기를 배운다. 반면, '조건 없는 사랑'을 통해 자신을 사랑하고 그런 눈으로 세상과 올바르게 접촉하는 법을 배운 아이는 내면이 튼실해진다. 이런 아이는 자율적이고 책임성 있게 세상을 살아갈 수 있다. 그러나 항상 '주위의 눈치'만 보며 살아남기 위해 '적응'하는 법만 배운 아이는 현실 적응력은 강할지라도 내면은 공허하다. 그래서 자신도 '강자'가 되기 위해 부의 축적, 높은 자리, 이미지 관리, 많은 권력 따위에 인생을 걸게 된다. 그러나 그러한 양적인 측면에 치중할수록 본인도 모르게 내면은 더 공허해진다. 일종의 악순환인데, 바로 이것이 사태의 핵심이다.

요컨대 나는, 한국 사회에서 이 두 측면이 상승 작용을 일으키며 상호 강화한 결과, 오늘날과 같은 한탕주의 열풍이 나오게 되었다고 본다.

따라서 결론은, 한편으로 잘못된 '사회 구조'들을 전방위적으로 고쳐나가는 작업과 함께, 다른 편에선 우리 아이들부터 그리고 나 자신부터 '내면적 자율성'을 기르는 방향으로 생활 과정을 고쳐 나가야 한다.

밥상도 다시 차리고 교육도 다르게 해야 하며 아이들이나 어른들을 보는 눈도 고쳐야 한다. 특히 일류 대학, 일류 학과에 가야만 출세와 성공이 보장된다고 하는 학벌 사회 구조는, 한마디로 교육 속의 '한탕주의'다. 이제 우리의 성공관이나 직업관도 바꾸어야 한다. 그래야만 잘못된 사회 구조를 고칠 주체들도 올바르게 확대 재생산할 수 있다.

동시에 이런 입장에서 학벌 사회 타파를 위해 경영 경제의 근본 원리도 바꾸어야 한다. 교육이나 직업 영역을 '개성 있는 평등화'로 바꿔 내자는 것! 이걸 제대로 바꾸려면 민주적인 토론과 함께 풀뿌리의 생동하는 연대를 실천해야 한다. 갈 길은 멀지만 눈앞의 유혹이나 환상에 굴하지 말고 끝까지 밀고 나갈 일이다.

경제 교육 — 돈이냐 삶이냐

한때 로버트 기요사키의 『부자 아빠 가난한 아빠』가 베스트셀러가 된 적 있다. 결론은, 바보처럼 열심히 일해서 돈 벌 생각하지 말고 사업을 하거나 돈 관리를 영리하게 잘해서 '부자'가 되라는 것! 또 사회 일각에서는 '부자 되세요!'가 인사말이나 덕담으로 권장되던 때가 있었다. 한편, 과거에는 처녀들이 '부자' 신랑을 만나야 팔자 고친다는 '신데렐라 콤플렉스'를 말했는데, 요즘은 총각들이 '부자' 신부를 만나야 팔자 고친다는 '온달 콤플렉스'를 말할 정도다.

이 모든 것의 공통점은, 부자는 좋은 것이고 가난은 나쁜 것이란 이미지다. 더욱 한심한 것은 '나는 부자가 되고 싶다'는 말을 '솔직하다'고 보는 것. 이제 '부자' 강박증은 신물이 날 정도다. 그렇다고 내가 반대로 부자는 나쁜 것이고 가난은 좋은 것이라 말하려는 건 아니다.

문제를 개인적으로만 보면 모든 가난은 극복의 대상이고 그래서 모두 부자가 되는 것이 꿈이다. 그래서인지 온 세상이 부자 타령이나 물질 만능주의로 달려간다. 그렇게 세상이 헛돈다고 비판하면서도, 현실 세계가 돈 중심으로 돌아가니 너나 할 것 없이 돈, 돈, 돈 한다. 사실 식의주와 같은 기본 문제도 오늘날은 모두 돈 문제로 치환된다.

그러나 문제를 제대로 보아야 한다. 그냥 열심히 일한다고 모두 부자 되어 행복한 것도 아니다. 모두들 열심히 하는데도 갈수록 빈익빈 부익부 현상은 커지지 않는가? 따라서 우리가 문제 삼아야 할 것은 『부자 아빠 가난한 아빠』처럼 왜 부자가 못 되는가가 아니고, 왜 열심히 살아도 빈부 격차가 자꾸 벌어지는가이다. 결국, '모두 고르게' 잘 사는 세상을 어떻게 만들 것인가가 핵심이다.

그런 점에서 보면, 대부분의 사람들이 일류 대학 강박증을 가진 것도 사실은 '부자' 강박증과 연관되어 있음을 알 수 있다. 일류대,

일류 학과를 나와야 부자가 된다는 것 아닌가? 부자는 좋은 것이고 따라서 부자가 되려면 공부도 열심히 하고 용돈 관리도 잘해야 한다는 것이다. 지금까지 현실이 그렇지 않았는가? 또 이런 현실은 의식적 노력이 없는 한, 상당히 오랫동안 지속될 것이다.

『아이들이 묻고 노벨상 수상자들이 답한다』라는 책이 있다. 이 책 안에는, 2000년에 노벨경제학상을 공동 수상한 다니엘 맥파든 교수의 글이 있다. 그 제목은 「세상에는 왜 부자도 있고 가난뱅이도 있나요?」이다. 나는 우연히 그 글을 읽고 실망했다. "아이들 경제 교육을 이런 식으로 시키려 하다니!"가 나의 솔직한 반응이었다. 책의 처음에는 "사람을 성품과 인격으로 판단해야지, 주머니 사정으로 판단해서는 안 된다"고 말하지만, 갈수록 실망이 커졌다. 그 주된 내용은 빈부 격차는 대체로 운에 달린 것, 빈부 격차가 나는 것은 할 수 없다, 교육받을 기회도 대개 운에 달렸다, 세상은 원래 불공평하다, 사람들은 원래 이기적이다, 그래서 불평등 문제도 어쩔 수 없다 등이다. 그는 빌 게이츠 같은 부자를 성공의 한 표본으로 삼는다. 특히 경제 체제를 시장 경제와 공산주의로 나눠 이분법적으로 설명한 뒤 시장 경제를 더 좋은 것이라 보는데, 이것은 경계해야 할 '흑백 논리'다. 여태껏 우리가 배운 '도덕 교과서'랑 너무 닮았다. 참, 어처구니가 없다. 현실의 요지경을 고발하는 차원이라면 일정 정도 맞지만, 그 현실을 냉철하게 판단하고 올바른 길을 제시해야 하는 '위대한' 학자의 눈이 이래서야 되는가?

과연 이런 식으로 계속 우리 아이들에게 교육시킬 것인가? 모두 '부자가 되어라!'라고 말이다. 그러려면 재테크는 어떻게 하는지, 적은 투자로 많이 버는 방법이 무엇인지 가르치는 것이 지름길이리

한탕주의, 빈부 격차, 그리고 학교 폭력

라. 한편으로는 열심히 공부하고 열심히 노동하면 부자가 된다고 가르쳐야 하고, 다른 한편으로는 다른 사람 생각 말고 적은 돈으로 큰 이익을 남기는 방법을 가르쳐야 한다. 경쟁력을 갖지 못하면 망하니 누가 뭐래도 다른 것은 쳐다보지도 말고 자기 경쟁력만 높이라고 해야 한다. 그러나 이것이 옳은가? 과연 바람직한가? 그래서 아이들이 행복하게 될까? 모두가 행복해질까?

나는 '경제 교육' 자체는 중요하다고 본다. 그러나 올바로 해야 한다. 올바로 하려면 우선, 현실의 경제 구조가 어떻게 형성되었고 어떻게 작동하는지에 대해 학생들 눈높이에 맞게 잘 가르쳐야 한다. 부모 형제들의 일상적 경제생활을 사례 탐구하는 것도 좋을 것이다. 자기 지역의 경제 활동들을 조사해 보는 것도 좋다.

그러면서도 각 단계마다 개념적 학습을 넘어, 사리 분별력을 키우는 학습을 해야 한다. 예컨대 올바른 경제란 돈벌이, 이윤 추구, 부자 되기가 아니라 건강한 살림살이 즉 건강하게 먹고사는 것(경세제민)이라는 점을 분명히 논의하는 것이 좋다. 돈벌이는 살림살이의 한 수단에 불과하다. 그런데 현실은 그 수단인 돈벌이를 위해 목적인 살림살이를 희생시키고 있으니, 현재의 경제는 '주객이 전도'된 것이다. 또 다른 예로, 은행에 저축을 많이 하면 할수록 그것이 투자 자금이 되어 경제 발전에 도움이 된다고만 가르치지 말고, 저축하기 전에 자기 '필요'를 잘 따져서 필요 이상으로 남는 부분만 저축하라고 이르는 것이 좋다. 그래야 솔직한 자기 '욕구'를 중심으로 사고하면서도 필요에 걸맞게 근검절약할 수 있다. 또, 투자된 돈이 어떻게 쓰이는지도 잘 관찰해야 한다. 공동체와 생태계를 파괴하면서 돈벌이를 한다면 처음부터 잘못된 일이다. 요컨대 돈에 대해 스스로 올바른 입장을 세워나가도록 도와 주는 관점에서 교육을 해야 한다. 또 저축한 뒤 나오는 이자는 도대체 어디서 오는 것인지 그 원천에 대해 토론을 하는 것도 좋을 것이다.

나아가 보다 총체적인 관점에서 경제 문제를 정리할 수 있어야 한다. 즉, 각 개인이 자신의 자립 능력을 기르는 게 삶의 전 과정에서 얼마나 중요한지, 한 사회는 어떤 식으로 협동하여 전체의 삶을 유지시키는지, 어떻게 해야 모두가 '더불어 건강하게' 살 수 있을지, 나아가 한 나라가 자립하는 것이 얼마나 중요한지, 특히 식량이나 교육 등과 관련해 자율성과 자립성을 유지하는 것이 얼마나 중요한지, 그래서 우리는 각자 어떤 일을 하며 사는 것이 좋을지 따위를 스스로 깨치게 도와주어야 한다.

이런 관점에서 보면 단순히 "자본주의 사회에서 제대로 적응해서 부자로 살아가기"를 가르치는 경제 교육은 지나치게 기능적이며, 그 전체적 맥락을 지혜롭게 볼 수 없게 한다. 예컨대 가정과 기업과 정부라는 세 주체를 가르치고 저축과 투자, 수출을 강조하는 그간의 국민총생산(GNP)이나 국내총생산(GDP) 중심의 경제 교육은 너무 기능적이어서, 그 모순적 측면이나 비판적 시각에 대한 이해를 가로막는다. 예컨대 먹고사는 데 기본인 가사 노동은 파출부 노동의 형태로는 국민총생산에 포함되나 주부 노동의 형태로는 포함이 안 된다("그림자 노동"). 노동자가 일하다가 다쳐 병원에 가면 그 비용은 국민총생산에 포함되나 수출 상품 생산 공장이 폐수를 하천에 버려 발생하는 사회적 비용은 불포함이다. 정부의 해외 파병으로 장병들이 받는 월급은 국민총생산에 포함되나 시민사회단체들이 국제 이주노동자들의 권익을 위해 지불하는 노력과 비용은

67

포함되지 않는다. 이 모든 오류는 오로지 돈벌이 관점에서만 경제를 보는 시각 탓이다. 더 많은 수입, 더 많은 수익, 더 많은 수출, 이것만이 살길이라 배우는 것이다. 이런 식으로 해서 GNP 수치만 키운 경제 성장이란 무슨 의미인가? 게다가 이제는 1인당 국민 소득 5만 달러 시대를 열기 위해 또다시 허리띠를 졸라매자고 한다. 많이 듣던 소리다. 5만 달러가 되면 다시 6만 달러 시대를 위해 또 허리띠를 매자고 할 게 뻔하다.

결국 지금의 방식과 내용을 유지하는 경제 교육은 기득권층의 이해관계에 봉사하는 경향이 있다. 또한 모든 학습자들을 그런 기득권 차지하기 경쟁으로 내몰고 있다. "일찍부터 경제 교육을 시작해야 아이가 부자가 된다"는 관점의 경제 교육이 결국 올림픽 선수 같은 '더 빨리, 더 높이, 더 많이'의 낡은 패러다임을 지향하기 때문이다. 이런 식의 교육에는 과연 자기가 어떻게 경제 행위를 해야 자신의 진정한 행복은 물론 사회의 건강한 발전에도 도움이 될지에 관한 진지한 고민이 빠져 있다.

"모든 어린이에게 부자 되기 교육을 시키자"라는 것은, 결국 다른 존재에 대한 배려 없이 무조건 자기만 부자가 되면 된다는 이기적 인간으로 육성시키자는 말이다. 각박한 세상에서 살아남으려면 그렇게 되어야 한다(각자도생)고 하지만, 오히려 모두 그런 식으로 교육시키기 때문에 세상이 더 각박해진다. 또 그 제안을 좋게 보더라도, 모든 개인이 부자 되기를 추구한다면 저절로 좋은 사회가 올 것이라는 이야기인데, 이것은 '부분의 합이 전체'라고 보는 논리적 오류다.

사실, 부자가 되는 사람은 현재의 삶의 구조상 다른 사람의 희생을 전제로 한다. '승자 독점 사회' 또는 '20 대 80 사회'라는 말처럼, 소수의 승자는 대다수 패자를 배경으로 해서 가능한 것이 현재 삶의 구조이다. 가장 잘 사는 나라도 모두 부자이기보다는 20퍼센트의 부자와 80퍼센트의 빈자로 양극화되며, 가장 못 사는 나라조차 상위 20퍼센트는 어마어마한 부를 누리는 데 비해 나머지 80퍼센트는 생존권도 보장되지 않아 고통스러운 삶을 산다. 나아가 만일 이 세상 모두가 미국 뉴욕 시민들처럼 부유하게 살고자 한다면 과연 이 지구는 어떻게 될까?

그러므로 아이들의 경제 교육에 꼭 필요한 내용 중 하나는, 자신의 경제 행위가 과연 주변 사람이나 환경, 다른 세계에는 어떤 영향을 끼치는지, 그리고 그에 대해 자신은 어떤 책임을 져야 할지, 또 혹시 잘못된 구조를 올바로 고치려면 어떻게 해야 좋을지에 대해 스스로 생각하고 말하게 하는 것이다.

나는 개인적으로, 가난하게 자라는 (온 동네가 가난하면 서로 별로 가난한 줄도 모른다) 아이들이 훨씬 정신적으로 성숙해질 수 있다고 보며, 가난을 경험한 사람들이 절약과 소중함을 제대로 배울 수 있는, 일종의 '특권'을 가지고 있다고 본다. 시골 어르신들을 보라. 물 한 방울, 종이 한 장을 아끼고 아끼지 않던가? 나 역시 그렇게 자랐고 아끼며 산다.

물론, 가난으로 인한 번뇌와 좌절을 겪으면서 우리는 내면적으로 얼마나 쉽게 상처(트라우마)를 겪는지도 잘 안다. 그러나 온 사회가 사랑과 연대의 정신을 잃지 않는다면 오히려 오늘날 '풍요 속 빈곤'이나 '글로벌 파국'의 모순은 해소할 수 있다. 나아가 '맑은 가난'은 사람과 사람, 사람과 자연의 공존과 지속 가능성을 드높인다. 약

한탕주의, 빈부 격차, 그리고 학교 폭력

100년 전 피터 모린 선생(1877~1949)의 말처럼, "모두 가난해지려 하면 오히려 아무도 가난해지지 않을 것"이라는 역설이 오늘 우리에게 꼭 필요한 철학이다. 바로 이런 것들이 이윤 추구나 재테크를 대신하여 올바른 '경제 교육'의 내용이 되어야 하지 않을까?

학교 폭력은 사회 폭력의 거울

학교 폭력이란 말을 들으면 가장 먼저 교사에 의한 체벌을 떠올릴 것이다. 그러나 그 외에도 다양한 종류의 폭력이 행해지고 있다. 아이들과 아이들 사이의 폭력, 교장이나 교감이 교사에게 행하는 폭력, 학부모가 교사에게 행하는 폭력, 교육부나 교육청이 학교에 가하는 폭력 따위가 그것이다. 때로는 그 폭력의 방향이 바뀌기도 한다. 예컨대 학생이 선생에게 대들거나 폭력 행위를 하는 것, 교사가 학부모에게 폭력을 가하는 것, 교사가 교장에게 폭력을 행사하는 것 등이다.

그러나 무엇보다 자주 드러나는 문제는 교사와 학생 사이, 학생과 학생 사이의 문제일 것이다. 교사와 학생 사이의 문제는 한마디로 체벌 문제이다. 요즘은 교사가 의도적으로 특정 아이를 외면하거나 이른바 '왕따'시키는 경우도 있어 충격을 주기도 한다.

체벌이란 교사가 아이들을 좋은 방향으로 지도하기 위한 수단으로 어느 정도는 사회적으로 용인되고 있다. 나의 경우는 점수 차이나 등수 차이를 반영하여 그만큼 매를 맞은 경험이 있다. 예컨대 내가 중학교에 다니던 시절, 지난달에 전교 7등을 했다가 이번에 30등을 했다면 23대만큼 엉덩이를 맞아야 했다. 큰아이가 중3이던 시절, 자기도 "시험을 보고 나면 선생님이 기대 점수와 현재 점수의 차이를 4 정도로 나눈 숫자만큼 때리는 경우가 있다"고 했다. 물론, 요즘은 거의 없어진 풍경이다. 나는 정도의 차이나 모양의 차이를 떠나 모든 체벌 행위는 폭력의 문제 이전에 삶을 바라보는 자세의 문제라 본다. 교사가 체벌로 성적을 올리려는 발상도 잘못이고, 점수로 학생을 평가하는 시스템 자체도 문제다. 선생님은 가능한 한 아이들이 흥미를 붙이고 학습에 임하도록 조언하는 정도로 그쳐야 한다. 오히려 중요한 일은, 아이들이 어디에 소질이나 관심이 있는지, 적성이 무엇인지 아이들과 함께 찾아보는 것이다.

따라서 선생님이나 학교가 욕심을 내어 학생들이 높은 점수를 받아야만 맞지 않도록 한다는 것은, 학생들을 자기도 모르게 목적을 위한 수단으로 대하는 것에 다름 아니다. 사실은 부모도 마찬가지다. 부모 욕심에 좋은 성적을 내라고 닦달하는 것은 아이들을 수단으로 해서 사실은 자기가 만족감을 얻으려는 것(대리 만족)이다. 어른들의 성과주의를 아이들에게 필요 이상으로 대물림하는 행위를 당장 중단해야 한다. 강박적 성과주의를 교사와 학부모가 떨쳐버린다면 교사, 학부모, 학생 모두가 '해방'된다. 이런 점에서 교육부나 교육청, 교장 등 교육 리더들이 성과주의의 강박증을 강요한다면 학생-교사-학부모가 힘을 합쳐 막아내야 한다.

아이들에게 필요한 것은 성적을 올리라고 스트레스 주는 것이 아니라 왜 열심히 하는 것이 좋은지 느끼게 해 주는 것이다. 결과가 좋고 나쁜 것은 나중의 문제이고 자기가 성찰할 문제이다. 아이들이 스스로 '자기 책임성'을 키울 수 있도록 도와 주는 것이 절실하다.

결과가 아니라 과정이 중요하기 때문이다.

내가 보기에 학과 공부는 기본으로 필요한 부분만 최소한으로 하고 그 이상은 학생들이 흥미와 관심에 따라 스스로 찾게 해야 한다. 동아리 활동이 최적의 대안이다. 수업을 동아리 활동처럼 하는 게 최고다. 이런 점에서 교육과정도 학생의 처지에서 재편해야 한다. 어른의 눈으로 '이것이 필요하니 모두 확실히 배우라'고 명령하지 말고, 기본만 알려준 뒤에 스스로 찾아 깨치도록 해야 한다. 아이들이 스스로 찾아가는 도중에 어쩔 줄 몰라 할 때 교사와 부모는 옆에서 지혜로운 길잡이가 되어 주면 된다. 그래야 학생, 교사, 학부모 모두가 산다.

다음으로 학생들 사이의 폭력 문제다. 가장 큰 문제는 이른바 '왕따'이다. 나는 왕따의 핵심을 일차적으로, 아이들이 자라는 과정에서 '나와 남이 다른 존재가 아님'을 배우지 못한 결과라고 본다. 그렇다면 다른 아이들을 '왕따' 시키는 아이들은 어떻게 생기는가?

이것은 아주 어릴 적에 부모로부터 '조건 없는 사랑'을 듬뿍 받지 못하며 자란 데서 비롯될 수 있다. 존재의 불안감을 너무나 심하게 겪기 때문이다. 나아가 자라는 과정에서 부모가 강제하는 성과주의, 일등지상주의, 내 아이가 최고일 거라는 환상 등을 날마다 경험하면서 강화되기도 한다. 학교에서조차 교과서나 교장 선생님 말씀이나 교사의 이야기, 이 모두가 '우등생'이 되라고 한다. 이런 과정은 아이들로 하여금 '나는 최고의 존재임'을 의식적으로, 또 무의식적으로 각인하게 만든다. 또 이런 획일화되고 경쟁 지상주의적인 교육 체제 속에서 아이들은 개성보다는 자기가 속한 집단에의 순응을 배우고, 다른 사람을 배려하는 방법을 배우지 못한다. 나와 남이 다를 수 있다는 것을 배우기 전에 나와 다른 존재를 배타적으로 생각한다. 만일 다른 존재가 나보다 비교가 안 될 정도로 강력한 힘을 가졌다면 나는 재빨리 그 존재에 붙음으로써 나를 보호하려 한다. '강자 동일시' 현상이 바로 이것이다. 「더 글로리」에서 연진, 재준, 혜정이 강자 그룹을 형성하는 것이 바로 예다. 그와 동시에 이들은 자기 내면의 나약한 면까지 미워하며 감추려 한다. 그리고 그런 약함이 다른 아이들한테서 보일 때 그들을 차별·억압하면서 자기가 더 이상 약자가 아님을 확인하려 한다. '왕따'나 학폭의 배경이다.

한편, 왕따 당하는 아이들은 어떻게 해서 생기는가? 크게 보면 앞의 이야기와 동전의 양면을 이룬다. 물론 눈에 띄는 신체나 성격 장애로 인해 그런 경우도 있을 것이다. 가난하고 못생기고 왜소하면 표적이 될 가능성이 크다. 근본적으로, 성과, 학벌, 외모 등을 중시하는 상품, 화폐 사회(물신주의)는 서열과 차별을 구조화하는 폭력사회가 된다. 이런 사회에서는 누구라도 왕따의 희생양이 될 수 있다. 그저 아이들에게 "착하게 살라"고만 해선 부족하다. 물신화한 사회적 관계가 근본 문제이기 때문!

그런 점에서 왕따 당하는 학생들이나 왕따시키는 학생들이나 그 발생 원인은 한 뿌리다. 다만 누가 더 먼저 '강자 동일시'를 하는 가에 따라 공격성의 방향이 바뀔 뿐이다. 따라서 피해자도 일단 '강자 동일시'를 하고 나면 자기도 모르게 가해자로 변하기도 한다. 「더 글로리」에서 왕따와 폭력을 당하던 피해자 문동은이 '평생' 맺힌 한을 풀기 위해 교사가 되고 가해자 연진의 딸 예솔의 담임이 되는 게 그 예다. 연진, 재준, 혜정은 평생 피해자에게 미안함이나 죄책감 없이 반성도 않는 존재였다. 그래서 복수심으로 충만한 (교사가 된)

한탕주의, 빈부 격차, 그리고 학교 폭력

동은이 (학부모) 연진에게 말한다. "단 하루도 잊어본 적이 없어. 어떤 증오는 그리움을 닮아서 멈출 수가 없거든. 내 꿈은 바로 너야." 덜 불행해지기 위해 복수에 나선 피해자, 과연 덜 불행해질까, 아니면 더 불행해질까?

모든 폭력에는 가해자와 피해자, 그리고 방관자(간접 가해자)가 있다. 가해자와 방관자는 그 폭력을 잊고 싶지만, 피해자는 결코 잊지 못한다. 가해자의 진심 어린 사죄가 용서의 전제조건이지만, 그게 없다면 피해자는 망각도 원상회복도 불가하다. 그래서 피해자는 영원한 복수심에 스스로 가해자가 된다. 결국, 두려움이 온 사회에 충만하게 되고 대다수는 살아남고자 자기도 피해자라 우긴다. 마침내 잠정적으로 모두 공격자로 변한다. 자본의 자기증식처럼 폭력도 자기증식한다. '불편한 진실'이다.

갈수록 공동체 의식이 약화하는 사회에서는 학교 폭력이 끈질기게 재생산된다. OO교육청이 2022년 봄에 '학교 폭력 실태 조사'를 한 결과, 응답자 6만 7천여 명 중 약 2퍼센트 정도가 학교 폭력에 대한 경험이 있다고 했다. 피해자는 초등생 694명, 중학생 433명, 고교생 156명이었는데, 초등과 중학교에서 증가했다. 유형별로는 언어 폭력(48.7%), 집단 따돌림(15.5%), 신체 폭행(11.5%), 사이버 폭력(7.7%), 스토킹(3.3%) 순이었다. 다른 지역 역시 비슷한 실태를 보이지만, 집단 따돌림과 신체 폭행의 순위가 바뀌기도 한다. 그리고 최근에는 스마트폰 등을 통한 사이버 폭력의 비중도 높아지고 있다.

학교 폭력 문제의 심각성에 각종 사회단체들이 나섰다. 예컨대 시민단체, 언론사, 대학 등 132개 조직이 참여한 '학교폭력대책국민

협의회'(www.ttastop.com)가 있으며, 또 청소년폭력예방재단(현 푸른나무재단)에서는 '학교 폭력 피해 사후 대책' 지침도 내놓았다. 참고로, 학교 폭력 상담 전화는 1588-9128이다.

결국 모든 폭력 문제는 우리 인간이 가진 근원적인 존재의 문제, 즉 나와 타자가 어떤 관계를 맺고 어떻게 소통할 것인가 하는 문제 속에 그 뿌리를 둔다. 존재의 다름을 인정하고 더불어 풍성한 관계를 맺을 것인가, 아니면 그 다름을 상하 질서 속에 위계화시켜 지배-피지배, 강자-약자 관계로 갈 것인가? 이 뿌리의 문제를 해결하지 않은 상태에서 단순히 현상적 공격 행위만을 제도적으로 규제하고자 한다면, 불행히도 폭력은 그 모습만 달리하면서 영원한 골칫거리로 남을 것이다. 마치 미국이 '악의 축'을 타파한다는 이름 아래 현상적 접근으로 '테러' 문제를 해결하려 하지만, 오히려 그를 통해 또 다른 '테러'를 적극 만들어 내는 것처럼.

이런 맥락에서 가정 교육, 학교교육, 사회 교육의 핵심은 '충분한 사랑'으로 (노동력이 아닌) 건전한 인격체를 길러 내는 것이다. 이를 위해 한편으로 아이들의 자존감, 자율성, 주체성을 북돋아 주고, 다른 편으로 협동심, 연대심, 배려심을 적극 키워 내는 방향으로 교육 과정을 재구성해야 한다.

더 중요한 것은 상품과 화폐라는 물신에 빠진 폭력 사회가 폭력을 낳기에, 개인의 변화와 함께 사회의 변화, 관계의 변화를 이뤄 내는 것이다.

한탕주의, 빈부 격차, 그리고 학교 폭력

2부

엄마 아빠가 달라져야
교육이 살아요

'옆집 아줌마'를 조심하라?

언젠가 대안 교육을 지향하는 잡지 『민들레』에서 읽은 기억이 난다. 참교육 학부모회나 교육 바로 세우기 토론회 등 제아무리 훌륭한 모임에서 참교육, 인간 교육, 바른 교육 등을 말하고 배우고 다짐하고 결심하고 해도, 집에 돌아와 옆집 아줌마만 만나면 '말짱 도루묵'이 된다는 것이다. 옆집 아줌마는, "남들은 다 아이들을 학원에도 보내고 족집게 과외 교사에게 맡기기도 하는데, 참교육이니 인간 교육이니 그런 고지식한 얘기만 하다가는 나중에 자식들한테 원망듣기 딱 좋다"며 한심하다는 듯 바라본다는 게 아닌가?

이런 얘기를 들을 때마다 대부분의 엄마들은 '그래 맞아, 참교육이니 인간 교육이니 하는 것은 꿈이나 이상에 불과하지 현실은 다른 거야!' 하며 냉철한 현실주의자가 되자고 재차 다짐한다. 특히 회사에서 스트레스 받으며 고생하는 남편을 보면 더욱 그러하고 파트 타이머나 계약직으로 일하는 자신을 보면 더욱 그렇게 현실주의자가 되어 버린다. 그래서 정말 '말짱 도루묵'이 된다. 이게 바로 그 무서운 '옆집 아줌마' 이야기다.

나는 이 지적이 정말 맞다고 본다. 물론, 여기서 비본질적이긴 하지만, 왜 하필이면 또 '아줌마'를 마녀로 몰아가느냐고 항의할 마음도 인다. 그래서 옆집 '아줌마'가 아니라 옆집 '이웃'이라 고치면 페미니스트들의 화살을 비켜나갈 수 있을 것 같기도 하다. 그러나 그것은 피상적인 '잔머리 굴리기'에 불과하다. '옆집 아줌마'가 맞다고 인정해 보자. 왜냐면 사실상 아이들 교육에 대한 '구체적인' 걱정을 '아줌마'들이, '어머니'들이 더 많이 하기 때문이다. 이것을 인정한 위에서 '아저씨'들, '아버지'들의 상대적 무관심(돈만 벌어 갖다 주면 된다는 식의 무책임성, 또 일하는 것도 힘든데 교육까지 내가 고민해야 되느냐 식의 무관심과 안일함)을 나무라야 순서가 옳다. 나아가, 사실은 '성공한 옆집 아저씨'도 조심해야 한다. 과연 개인적으로 성공한 사람이 사회의 행복을 위해선 무슨 도움을 주는지 조심스레 살펴야 한다.

여하튼 '옆집 아줌마'의 고뇌 어린 충고와 우려는 하루 종일 참교육을 고민하고 돌아온 사람들의 단호한 결심조차 일거에 격파해 버린다. 초전박살이요 일망타진이다. 그런데 이 '옆집 아줌마'는 도대체 왜 그리도 위력적일까?

생각건대 옆집 아줌마 이야기가 설득력을 갖는 까닭은 참교육 논의와는 달리 추상적이지 않고 구체적이며, 관념적이지 않고 물질적이기 때문이다. 그리고 비교의 대상을 바로 옆집에서 찾을 수 있고 그 현실적 결과가 바로 내 눈앞에 보이니 이것이 바로 '진짜 현실'이라 느끼게 되기 때문이다. 결국 나중에 자식이 '왜 나를 더 열심히 공부하게 만들어 일류 대학에 집어넣지 못했느냐'고 원망할 것이라는 두려움, 대부분의 사람들이 가진 이 두려움이야말로 바로 그 '옆집 아줌마'로 하여금 그토록 강한 파괴력을 발휘하게 하는 것이 아닐까?

그러나 다른 편에서 생각해 보면, 자식들이 나중에 '왜 나를 더

2부 — 엄마 아빠가 달라져야 교육이 살아요

열심히 공부하도록 해서 일류 대학에 가게 만들지 못했느냐'고 원망할 것이라는 두려움은 몇 가지 점에서 잘못되었다. 첫째는 일류 대학을 간다고 해서 아이들이 과연 행복하게 살 것인가 하는 점에서 그렇고, 둘째는 아이가 가진 재능과 소질, 취향에 대한 고려를 하지 않은 채 무조건 점수 따기 공부만으로 성공을 할 수 있다고 보는 속물주의는 아이에 대한 정신적 폭력일 수도 있다는 점에서 그렇다. 그리고 셋째는 가장 중요한 것으로, 자기 인생에 대한 자기 책임성의 측면에서 그렇다. 아이에 대한 부모의 책임은 건강하게 키우고, 흥미를 갖고 잘 할 수 있는 분야를 발견해 옆에서 도와 주는 것 정도로 그치는 것이 바람직하다. 달리 말해, 마치 아이의 인생을 대신 살아줄 것처럼 끝까지 갈 수는 없는 노릇 아닌가? 부모가, 자기 인생을 아이의 인생과 동일시하여 자기 정체성을 상실한다면 사실은 아이도 자기 정체성을 잃는다. 나중에는 둘 다 불행해진다. 가까우면서도 일정한 거리감을 두는 것, 이것이 부모가 자식을 대하는 올바른 자세다.

그래서 만일 아이가 그런 식으로 부모를 원망한다면 두려워하거나 자책할 것이 아니라 오히려 아이를 '따뜻하게 나무라는' 것이 옳으며, 근본적으로는 어릴 적부터 자기 책임성과 자율성을 기르도록 사랑으로 도와 주는 방식으로 키우는 게 옳다.

그런데 이러한 입장은 불행히도 '교육은 어차피 경쟁력 강화의 문제'라고 보는 경제주의적 발상과 정면으로 대치된다. 사실상 대부분의 교육 관료나 기업가들은 교육을 경쟁적 노동력 육성의 관점으로 보고 있는데, 이런 시각부터 바꾸지 않으면 모든 교육적 노력이 사상누각이 된다. 결국 우리는 옆집 아줌마만 조심할 게 아니라 '출세한' 옆집 아저씨까지 조심해야 한다. 이 웃기는 비극을 어찌하랴?

여기서 오해를 피하기 위해 하나 보태고 싶다. 흔히 '옆집 아줌마'나 우리가 모두 빠져 있는 일류대 강박증에 대해서다. 내 입장은, 만일 아이가 스스로 정말 원해서 '일류대'에 가려 한다면, 그리고 그 동기가 사회적으로 의미가 크다면, 당연히 부모가 지지해 주는 게 옳다. 그러나 별 근거 없이, 예컨대 "사람들이 좋다고 하니" 또는 "향후 전망이 좋아서" 반드시 가야 한다고 하면, 이 경우는 다시 생각해 보는 게 좋다. 즉, 명확한 자기 근거(예: "○○대에서 ○○교수에게 배우고 싶다.")와 사회적 의미(예: "대안 에너지로 녹색 세상을 만들고 싶다."), 이 두 가지를 기준으로 판단하면 좋겠다. 실은, 굳이 일류대가 아니라도 아이가 자신만의 꿈을 펼칠 수 있는 길은 생각보다 넓다. 정작 중요한 것은 일류대냐 아니냐가 아니라 정말 자기가 하고 싶은 게 뭔지 탐색하는 것이다.

아이에 대한 두 관점
─사랑의 결실이냐 2세대 노동력이냐

한국의 학부모들이 아이들에 대해 가지는 관심은 대단히 높다. 교육열은 아마도 세계 최고치를 자랑할 것이다. 그런데 그것이 과연 '무엇을' 위한 교육열인가 하는 시각으로 따져 보면 우리는 전혀 다른 결론을 내릴 수 있다.

자식 잘되기를 바라지 않는 부모는 없다. 그러나 과연 무엇이 잘되는 것이란 말인가? 학부모들이 자식 교육에 그렇게도 열정을 가지는 이유는 아마도 아이들이 공부를 잘해야 나중에 잘 살 수 있다고 생각하기 때문일 것이다. 실제로 현실이 그렇게 돌아간다. 그래서 가능한 한 아이들만큼은 공부를 많이 시키고 또 가능하면 일류 대학 일류 학과를 졸업하기를 바란다.

오래전, 교육부총리가 서울 강남 지역의 학부모들과 면담했을 때, 많은 학부모들은 자기 자식이 "일류 대학 가는 데 과외비 등 비용이 너무 많이 드니 이것을 줄여 달라"고 부탁했다고 한다. 이런 수준이다. 또, 힘겹게 대입 제도를 고쳐, 정시(수능 시험)보다 수시(재능이나 활동을 반영한 다양한 지표로 선발) 비중을 늘렸더니 '부모

찬스'를 너무 많이 쓴다(부정부패 포함)며 정시 비중을 늘리라는 요구가 높아졌다. 이런 식이다. 모두, 자식 잘 되길 바라는 마음에서지만, 결국은 '내 아이의 성공'에 집착한다.

2017년 7월, 김상곤 부총리 겸 교육부 장관이 서울, 충청, 광주, 대구 등을 순회하며 2021학년도 대학수학능력시험 개편과 관련해 '학부모 경청 투어'를 열었다. 장관은 "현재 대학입시는 암기 위주의 교육과 줄 세우기식 평가로 21세기를 선도해야 할 창의융합형 인재를 기르기에는 한계가 있다"며 "대학입시에서 국민이 겪는 고통과 여러 어려움을 해소하기 위해 대입을 단순화하고, 공정성을 강화해 학교교육을 정상화"하기 위해 또 "과도한 점수 경쟁을 완화하고, 2015 개정 교육과정 취지를 구현하는 등 고교 교육 내실화를 위해 수능 절대 평가 전환은 필요하다"고 강조했다. 그러나 불행히도 이 개혁 구상은 좌절했다. 기득권층의 "학력 저하" 내지 "변별력 약화" 논리 탓이었다.

여기서도 확인되지만, 대다수 부모들은 시험 성적이 국력이라 믿는다. 나아가 새로운 변화로 기존 시스템이 붕괴될까 두려워한다. 단지 내 자식에게 무엇이 이익인지, 이것만 걱정한다. 실정이 이러니 대한민국 교육 개혁은 조금 나아진다 싶다가도 크게 보면 늘 제자리걸음이다.

이 과정에서 우리는 자신도 모르게 아이들을 '사랑의 결실'로 보기보다는 '2세대 노동력'으로 본다. '노동력' 관점이란 아이들이 교육받고 노동시장에 나갔을 때 남들보다 더 나은 대접을 받도록 키우려는 관점이다. 이런 관점을 갖게 되면 항상 자기 자식이 다른 아이들보다 우위에 서게 되기만 바란다. 그렇게 해서 사회 전체에 있는 사다리 질서의 윗부분을 '더 빨리 더 높이' 차지하기를 바란다. 이런 관점에서 키워진 아이는 타인을 사랑하기는커녕 경쟁 상대로 여기고, 또 일등을 하기 위해 자신의 내면마저 억압하게 된다. 결국은 '자기 사랑'도 못하고 자기 학대를 하게 된다. 이런 사람들이 어떻게 세상을 아름답게 만들 수 있겠는가?

반면에 만일 아이들을 '사랑의 결실'로 보는 관점이라면 이렇게 된다. 정말로 사랑하는 두 사람이 자연스러운 사랑의 결실로 아이를 낳고 '조건 없는 사랑'으로 아이들을 돌본다. 바로 이 '조건 없는 사랑'의 과정에서 아이들도 사랑을 배우고 자기가 큰 세상의 일부(영성)임을 느끼게 된다. 그런 아이들은 자라면서 자신이 보다 큰 전체의 일부임을 자랑스럽게 생각하고 따라서 타자를 사랑하는 인격체가 된다. 아이들은 그런 사랑의 눈으로 온 사회를 바라보게 되고 혹시 잘못된 구조가 있다면 이를 연대의 정신으로 고칠 것이다. 이렇게 아이들도 스스로 사랑하는 주체로 성장하고 또 그 부모들처럼 사랑하는 이를 만나 새로운 삶을 꾸린다.

문제는 각박한 현실이 사랑의 결실로 아이들을 볼 수 없게 만드는 점이다. 왜냐하면 부모들이 처한 현실 자체가 고달프기 때문이다. 특히 사회적 인간 사다리의 낮은 곳에 위치한 사람일수록 삶이 피곤해서 '어떻게 하면 저 높은 자리를 차지할 것인가'가 최고 관심사다. 자기는 못하더라도 최소한 자식만큼은 그 자리를 차지하게 만들고 싶다. '대리 만족'이라는 비난을 받아도 좋다. 일단 그 높은 자리만 차지하면 행복할 테니까.

여기에다, 아이들이 한창 공부하는 시절에 '제발 열심히 하라'고 재촉하지 않아서 나중에 '왜 부모님은 나를 그냥 놀게 내버려 두셨

아이에 대한 두 관점—사랑의 결실이냐 2세대 노동력이냐

어요?'라고 대들기 시작하면 곤란하지 않겠느냐, 나중에 자식한테 욕이라도 먹지 않아야 하지 않겠는가, 내가 할 만큼은 다 해 주었다고 떳떳하게 말할 수 있어야 하지 않겠느냐 하는 생각까지 더해진다. 기존 패러다임 속에서 부모가 최선을 다했다는 것을 보여 주고 싶은 마음이다.

바로 이런 생각들이 현실로 존재하는 대부분의 부모들 생각이다. 그렇기 때문에 '사랑의 결실' 또는 '사랑의 주체' 관점에서 아이들 교육을 새롭게 시작할 토대가 매우 빈약하다. 그래서 2세대 노동력 관점에서 아이들을 키울 소지가 커진다. 부모들은 학교에 대해서조차 그런 관점에서 아이들을 훌륭한 고급 노동력으로 길러내고 있는지에 관심의 초점을 둔다.

이제라도 제발, 아이들을 해방시켜 주자. 아니, 어른들 자신부터 먼저 스스로를 해방시키자. '아름다운 우리들의 성'(아우성)의 대명사 구성애 선생이 "어른들이 아이들의 성에 대해 구체적으로 어떻게 해야 할지 모르는 것은 결국 자기 자신의 성을 제대로 정리하지 못했기 때문"이라 말한 것은 정곡을 찌르는 말이다.

이제, 우리 부모들부터 '일류대 강박증'을 떨쳐 보라. 아이들이 과연 일류 대학 가는 것이 목적인가, 행복하게 사는 것이 목적인가? 다시 한번 스스로에게 물어보라. 제발 아이들이 정말 하고 싶은 공부를 하게 하자. 관점을 바꾸면 길이 보인다.

내가 제시하는 대안은 일류 대학이 아니라 '일류 인생'이다. 일류 인생의 길을 가려면 크게 세 가지 요소가 중요하다.

첫째, 자아 발견! 가장 먼저 아이들의 재주, 재미, 의미에 근거해 꿈을 찾게 시간, 공간, 마음을 듬뿍 주자. 동아리 활동, 여행, 독서,

토론, 체험 활동, 유명 인사 만남 등을 통해 자아 탐색과 '사회적 꿈'을 꾸게 하자. 꿈을 꾸더라도 그것이 사회적 의미를 띠게 방향을 잡는 것이 사회적 꿈이다. 그렇게 자아 발견을 하면 삶의 목표가 생긴다. 의욕도 솟구친다. 가슴이 설렌다. 설사 꿈이나 목표가 바뀌더라도 괜찮다. 상황에 따라 얼마든지 경로 변경이 가능하다.

둘째, 실력 증진! 일류 대학을 무조건 강요할 게 아니라 '일류 스승'을 찾자. 그래서 아이들이 진심으로 믿고 따를 수 있는, 그래서 어느 모로 보나 존경스러운 스승을 찾아보자. 학교 이름이나 학과 이름에 연연해하지 말자. 진정으로 아이들 자신의 행복과 사회의 행복에 도움이 될 그런 것을 공부하게 도와주자. (그 과정에서 일류대를 갈 수도 있다. 아이의 선택이라면 존중해야 한다. 그러나 부모가 나서서 '무조건' 요구하면 안 된다.) 아이들이 무엇을 원하는지, 어떻게 살고 싶은지에 대해서 수시로 물어보고 이야기 나누자. 그런 이야기를 한번 듣고 팽개치지 말고 지속적인 관심을 갖고 세상을 둘러보며 어제 아이들이 한 이야기에 도움이 될 만한 것을 오늘 찬찬히 찾아보자. 또 그걸 가지고 아이들과 생각을 나누자. '남들이 다 하니까' 보내는 학원은 하나씩 줄이자. 아이들이 정말 배우고 싶어 하는 것은 입시에 도움이 안 되더라도 배우게 하자. 이유야 어떻든 어른들의 '초과 근무'도 좀 줄이자. 아이들이 밤 10시에 귀가하는 것은 어른들이 초과 근무하고 귀가하는 것과 너무나 닮지 않았는가? 이제 자기 삶을 찾자. '눈치' 때문에 잘 안 되면 우선 동료들과 그런 분위기부터 만들자.

경우에 따라서는 아이들 손을 잡고 아이들이 관심 가지는 분야를 좀 자세히 견학하자. 각종 행사나 전시회 따위를 아이들과 함께 경험하자. 아이들이 처음에는 좀 어설프더라도 끈기 있게 관심을 기울이며 사랑하는 마음으로 도와주고 조언해 주자. 그러면 아이들이 정말 무엇을 좋아하게 되는지, 무엇을 하면서 살 것인지 희미하게나마 찾아낼 수 있다. 설사 처음의 선택이 약간 벗어나더라도 실망하지 말고 더 올바른 선택을 하도록 용기를 북돋아 주자. '실패는 성공의 어머니'라고 하지 않던가? '큰 그릇은 나중에 이루어진다'는 말도 있다. 이런 자세가 진정으로 아이들을 사랑하는 모습이다.

셋째, 사회 헌신! 그렇게 약 10년 실력을 쌓으면 나름 '철학 있는 전문가'가 된다. 그러면 서서히 자아실현과 더불어 사회 헌신을 하게 하자. 오늘날 우리 대다수는 '먹고살기 바쁜데' 무슨 사회 헌신이냐고 한다. 그러나 사회 헌신하는 이들 덕분에 이 각박한 자본주의 사회가 아직 붕괴하지 않고 있다. 이런 사회를 좀 더 인간답게 만들려면 사회적 꿈으로 무장하고 실력을 키워 사회 헌신하는 이들이 많아져야 한다. 기존의 자본주의나 사회주의의 오류를 넘어 사람과 사람, 사람과 자연이 더불어 사는 사회를 만드는 것, 이것이 우리 모두의 과제다.

이 세 요소를 지표 삼아 아이들을 도와주고 아이들 역시 이런 잣대를 중심으로 자기 삶을 창조한다면 그것이야말로 2세대 노동력이 아닌 건전한 인격체의 삶이 된다. 물론 그 과정에서 노동력의 모습을 일부 띨 순 있다. 하지만, 삶의 '중심'은 노동력이 아니라 인격체여야 한다.

내가 25년간 직접 가르친 대학생들을 보면 크게 세 부류다.

하나는 자신의 주체적 선택에 따라 공부하면서 즐거운 대학 생활을 하는 사람들이다. 자기중심이 있으니 친구 사귀기나 동아리 활동 등을 원활하게 해 나간다. 대학 생활에 대체로 균형이 잡혀 있다.

둘째는 부모나 주위의 권고로 대학 공부를 하기에 전혀 흥미를 못 느끼지만, 부모님을 실망시키지 않으려고 또는 일반적 사회 분위기를 정면으로 거스를 수 없어 마지못해 성실히 학교에 다니는 사람들이다. 성실하게 공부하나 동기 유발은 낮고 성적 문제에 시달리기 쉽다. 시험 공포증까지 생긴다. 성적이 비교적 괜찮은 학생은 그나마 시간이 잘 가지만, 반대인 학생은 나날이 괴롭다. 괴로움을 잊고 싶어 술의 유혹에 넘어가기도 쉽다. 그래도 주위 어른들을 생각해서 큰 사고를 치지 않고 무사히 졸업하려고 노력하는 편이다.

셋째는 어른들의 권고로 대학에 왔으나 도저히 자기 욕구와 맞지 않아 힘겨운 씨름 끝에 자발적으로 포기하고 '자기 선택'에 따라 다시 공부를 시작하는 사람들이다. 어떤 학생은 입학한 지 얼마 안 되어 그렇게 하기도 하고 어떤 학생은 오랜 시간이 흐른 뒤에 그렇게 하기도 한다. 일반적으로 느끼는 대학 생활에의 실망감(억눌린 고교 생활을 하면서 가졌던, '대학에 가면 너무나 꿈 같은 낭만이 기다리고 있을 것'이라는 환상이 깨지는 데서 오는 실망감)에다가 자신의 강제된 선택이 주는 허탈감이 겹쳐 스스로 진지한 고민을 하게 된 사람들이다. 시간이 지체되긴 했지만 내가 볼 때는 바른 판단을 한 사람들이다. 물론 역시 시행착오가 또 있을 수 있다. 예컨대 예전처럼 대학교의 명성이나 인기 학과를 찾아 새로운 선택이 이루어지는 경우도 많다. 또 진정한 '자기 선택'이 정확하게 뭔지 잘 모르는 상태에서 새로운 길을 가다 보니 '이게 아닌데…' 하는 경우도 생긴다.

대개 둘째 유형은 셋째 유형과 결합되기도 한다. 그래서 일단 부모님의 소원대로 이미 진학한 대학의 학과를 졸업한 뒤에, 나중에 새로 자기 전공을 주체적으로 선택해서 다시 공부를 시작하는 경우

아이에 대한 두 관점—사랑의 결실이냐 2세대 노동력이냐

도 있다. 그런 학생들이 갈수록 늘어나는데, 이 경우 사실은 돈과 시간과 삶의 에너지를 상당히 소모한 뒤에 비로소 바른길을 가는 셈이다. 요컨대 학생들이 처음부터 자기 인생을 주체적으로 선택하게 부모들이 '놓아' 준다면, 그런 마음으로 자상하게 '도와'준다면, 큰 대가를 지불해야 하는 시행착오를 상당 정도 막을 수 있을 것이다.

한편, 나는 어느 어머니의 말씀을 아직도 생생하게 기억한다. 건강한 먹을거리 중심의 생활협동조합(생협) 운동을 하시는 어머니들을 위한 어느 특강 시간이었다. 내가 어머니들께 "아이를 처음 가졌을 적에 어떤 생각을 하셨나요?"라고 물었다. "'사랑의 결실' 관점으로 보셨나요, 아니면 '2세대 노동력'의 관점으로 보셨나요?" 했다. 사실 우리들 대부분은 자신도 모르게 사랑의 관점이 아니라 노동력의 관점으로 아이들을 대하기 때문이다. 물론 이런 질문을 던지면 '사랑의 결실'이라 본다는 데 손을 드는 분이 더 많다. 그런가 하면 이 질문에 "얼렁뚱땅 낳았죠, 뭐 그런 것 생각할 시간이나 있나요?" 하고 웃는 어머니도 있고, 또 굳은 신념의 눈빛으로 "한마디로 뭐, '종족 보존'의 본능 때문에 낳은걸요" 하는 분도 있다. 그런 대답에 어머니들과 나는 한바탕 웃는다. 그 뒤 한 어머니가 이렇게 말했다. "전 좀 다르게 생각했어요. 저는 배 속의 아이에게 '네 인생은 네 거고 내 인생은 내 거다!'라고 했어요." 그래서 내가 또 한바탕 웃고는 말했다. "딩동~, 그게 정답입니다."

맞다. 참된 사랑으로 키운다는 것은 바로 이런 것이다. 부모가 자기 인생을 아이들에게 투사해서 대리 만족을 추구해서도 안 되고, 또 아이들이 부모의 못다 이룬 한을 대신 풀어 주려 해서도 안 된다. 부모는 아이들을 사랑으로 기를 책임이 있지만, 역시 아이의 인생은 아이가 꾸리도록 돕는 정도여야 한다. 즉 스스로 살아갈 능력을 갖출 무렵부터는 과감하게 놓아주어야 한다. 놓아주기 전에도 결코 아이들을 대신해 살아 주려 하면 안 된다. 혼자서 해보고 혼자서 깨닫도록 해야 한다. 그 과정에서 조금 덜 둘러 가도록, 조금 덜 고생하도록, 조금 더 지혜롭게 가도록 도와준다면, 그것이 최고의 부모 사랑이다. 그래야 진학이건 취업이건, 부모건 자녀건 인생을 제대로 살 수 있지 않을까? 같이 또 따로, 따로 또 같이!

아이에 대한 두 관점―사랑의 결실이냐 2세대 노동력이냐

경쟁심은 어떻게 신념으로
내면화하는가?

흔히들 경쟁은 인간의 본성이라 한다. 하지만 이 역시 착각이다. 그 무엇이 인간 본성이라면 그것을 실천했을 때 우리 마음이 편안해야 한다. 마음이 불편해지면 그것은 인간 외적인 것이 강요한 결과일 뿐 인간 본성에 걸맞은 것이 아니다.

일례로, 우리는 서로 돕거나 존중하고 믿을 때 마음이 편하다. 반대로 서로 싸우거나 질시하고 불신할 때 그 마음 깊은 곳에서 매우 불편하다. 물론, '불편한 진실'도 있다. 그러나 이는 진실의 편이 마음의 평화를 가져온다는 말이기도 하다.

입시 경쟁이나 기업 경쟁, 상품 경쟁처럼 '너 죽고 나 살자 식' 경쟁 역시 그러하다. 인간은 연대하고 협동할 때 마음이 편하고 적대적 경쟁을 할 때는 긴장되고 스트레스가 높아진다. 그렇다면 입시 경쟁이나 기업 경쟁, 상품 경쟁은 누가 원하는 것인가? 그것은 결국 돈벌이 경쟁과 다르지 않으며 사람이 좋아서 만든 것이 아니라 자본이 (권력과 공조하며) 무한 증식을 위해 인간에게 강요하는 것이다.

그렇다면, 우리가 본성으로 착각하는, 이미 강한 신념으로 내면화해 버린 경쟁심은 과연 어떤 경위로 그리 되었나?

박수 치기 시합과 연약한 사회자

한 연약한 강사가 수백 명이 모인 강당에 들어섰는데 도저히 연설을 할 수 없을 정도로 장내가 시끌벅적하다. 학생들이 잡담을 하고 장난을 치고 있기 때문이다. 이때 이 강사가 수백 명의 학생들을 간단히 '장악'하는 방법은 무엇일까? 물론 이성적이고 평화적인 방법으로 말이다.

이때 가장 많이 쓰이는 방법은 아무래도 '박수 치기 게임'일 것이다. 먼저 이 연약한 강사는 학생들을 몇 개의 분단으로 나누고 "분단별로 박수 치기를 해 보라" 한 다음 점수를 부여한다. "1조, 박수 한번 쳐보세요. 아, 15점밖에 안 되네요" 하며 점수를 부여하는 순간, 2조는 긴장한다. 당연히 1조보다 더 세게 친다. "2조는 30점 나왔어요. 자, 3조도 한번…" 하는 순간, 3조에서 한 학생이 앞으로 뛰어나와 게 다리를 하고 몹시 우스꽝스럽게 흔들며 3조의 박수 치기를 고무한다. 굉장하다. 강사는 "아, 3조는 80점까지 올랐어요. 대단합니다"라고 칭찬한다. 그러고는 "이제 1조가 다시 한번 해 볼까요?" 한다. 이에 1조는 두 명이 뛰어나와 힘찬 박수를 끌어낸다. 강사도 놀라는 척하며 "야— 1조, 100점이에요, 100점"이라 한다. 다른 조 학생들은 "아이쿠, 졌구나" 한다. 그러나 강사는 "2조도 다시 한번 해 볼래요?" 한다. 격렬하다. "우와— 2조는 150점이나 나왔어요" 한다. 이제 강사가 잠시 화장실을 갔다 와도 될 정도로 박수 게임이 자동으로 계속된다. 모두 긴장하며 집중한다. 이때 강사는 "좋아요. 이제 그만!"이라고 한 다음 "제 얘기 한번 들어 보세요. 잘 듣고 퀴즈를 맞히면 선물도 줄게요."라며 연설을 시작한다. 그러면 모두 조용히 집중한다. 이런 식으로 연약한 강사는 수백 명의 학생들을 간단히 장악한다.

강사 입장에서는 이 게임에서 1조가 이기든 2조, 3조가 이기든 전혀 중요하지 않다. 강사에게는 오로지 이 박수 치기 '게임', 즉 조별 '경쟁'이 계속되는 것, 이게 결정적이다. 반면에 학생들은 강사에게서 점수를 부여받는 순간, 거의 무의식적으로 더 높은 점수를 받으려 애쓴다. 이 경쟁심이 본질적으로 중요하다. 즉 1~3조 중 어느조가 1등 하든 박수 경쟁을 지속하는 한, 그 누가 승리하는가와 상관없이 '모든' 학생들은 강사 일인에 장악(지배)된다. 경쟁에 동참하는 모든 조는 자기도 모르게 한 연약한 강사의 통제 아래 놓이게 되는 것! 한마디로, 경쟁은 지배와 함께 동전의 양면을 이룬다. 바로 이것이 자본 관계의 핵심이다!

따라서 재미(또는 진리)를 위한 경쟁이 아닌 타자를 누르기 위한 생존 경쟁, 즉 세계 시장을 둘러싼 상품 경쟁은 어떤 상품이 승리하는가와 무관하게 자본주의 세계 체제를 존속시키는 조건이다. 내가 시장 경쟁에 참여하는 순간, 승패와는 무관하게 경쟁의 희생자가될 뿐 아니라 그것을 넘어 (우리 모두를 지배하는) 자본의 지배력을 강화시킨다. 이 '불편한 진실'을 명확히 인식하는 것이 자본주의를 지양하는 데 결정타다.

이 원리는 개별 학교 간, 회사 간, 상품 간 경쟁을 넘어 나라 간 경쟁이나 전쟁에서도 마찬가지다. 개별 국가 차원에서 보면 앞의 박수 경쟁에서 앞으로 나와 다리를 흔들며 박수를 고무하는 사람은 '국가 경쟁력 강화'를 외치는 장관이나 대통령이며, 불과 몇 분 안에 장내를 장악하는 강사는 세계 자본주의 관리자들인 G7, IMF, WTO, 세계은행, UN, NATO 등이다. 스위스 국제경영개발원(IMD)의 국가 경쟁력 순위표 또는 무디스나 스탠더드앤푸어스 등 신용평가기관에서 발표하는 신용도 역시 그런 경쟁심을 조장한다. 자본주의는 이렇게 유지된다.

이 박수 치기 게임이 학부모에게 주는 교훈은, 아이들로 하여금 점수 경쟁에 휘둘리지 않게 하라는 것이다. 아이들 자신의 잠재력을 발휘하게 돕는 것은 얼마든지 필요하다. 그러나 그것은 다른 아이와 비교해서 점수가 얼마냐, 속도가 어떠하냐를 따지는 것이 아니라, 아이 자신이 과거에 비해 얼마나 내면이 성장하는가 하는 관점에서 봐야 한다. 그것도 인내와 끈기를 가지고 다각적으로 관찰해야 하며 아이들 스스로 조급증을 갖지 않게 해야 한다.

그러려면 어른부터 조급증을 버려야 한다. '큰 그릇은 늦게 이루어진다'(대기만성)고 한다. 속도전과 불확실성이 높을수록 이런 태도가 필요하다. 요컨대, 느긋한 마음으로 아이들 입장에서 내면의 자율성과 잠재력이 얼마나 성장하는지 관심을 기울이며 삶을 음미하시라.

우리가 경쟁을 당연시하는 까닭 1: 역사적 기원

우리가 지극히 당연시하는 경쟁과 일류주의도 결코 초역사적이거나 자연법칙, 또는 인간의 본성에 기인한 어떤 것이 아니라 특정한 사회경제 체제의 산물이다. 다시 말해 그것은 원래적 인간 본성이거나 하늘의 계시가 아니라, 우리가 바로 지금 눈앞에서 목격하는 현실 자본주의가 낳은 결과다. 또 좀 더 생각해 보면 앞의 박수 경쟁에서도 명백하듯, 경쟁이야말로 지배에 기초한 이윤 추구, 즉 자본주의를 지탱하는 토대다.

그런데 문제는 자본주의라는 '객관적' 시스템이 경쟁을 일방적으로 강제하는 것만은 아니라는 점, 즉 우리 인간 주체도 그러한 자본의 논리인 경쟁주의, 일류주의를 '내면화'하고 있다는 것이다. 사실 인간이 인간답게 살려면 살벌한 경쟁과 증오보다는 따뜻한 배려와 사랑, 약육강식의 논리보다는 상호우애의 논리, 편 가르기와 분열보다는 단결과 연대를 추구해야 한다. 그래야 삶의 질도 높아지고 참으로 더불어 행복해진다. 그럼에도 인간 주체가 자신의 고유한 삶의 논리보다는 자본의 논리(경쟁과 분열의 논리)를 '내면화'하는 일이 과연 어떻게 가능하게 되었을까?

독일 브레멘 대학의 H. 하이데 명예교수는 『노동 사회에서 벗어나기』 또는 『중독의 시대』에서 이것을 '탈 영성화'로 설명한다. 즉 르네상스와 계몽주의를 거치면서 유럽에서는 특수한 형태의 인간 해방이 이루어지는데, 그것은 외형적으로는 절대자 신으로부터 인간이 해방되어 이성 중심의 인간 세상이 구현되는 것이었으나, 실제로는 인간이 땅 등 외적인 자연으로부터는 물론 자신의 내면적 본성으로부터도 분리되는 과정이라는 것이다. 그리하여 이성적 존재인 인간은 자연을 인식 가능하고 통제 가능한 대상으로만 바라본다. 무소불위의 환상, 통제 만능주의 환상 따위가 자본주의 근대성

경쟁심은 어떻게 신념으로 내면화하는가?

의 부산물인 것은 결코 우연이 아니다.

나아가 이 근대인은 자기 존재 이외의 타자들을 모두 객체로 바라본다. 그리하여 이제 하나의 커다란 공동체적 인간관계의 망으로부터 분리되기 시작하여 마침내 마지막에 남은 '개인'이라는 존재가 모든 사유와 판단, 행위의 근본 기준이 되었다.

사실 개인(in-dividual)이라는 말의 어원을 보면 '더 이상 나눌 수(divide) 없는(in-) 존재'라는 뜻인바, 보다 더 큰 존재인 공동체로부터 하나씩 쪼개지다가 마지막에 더 이상 나눌 수 없게 된 존재가 바로 개인이다. 요컨대 개인이라는 말 자체가 이미 공동체를 전제로 한다.

여기서 공동체(com-munity)라는 말의 어원도 '서로(com-) 선물을 나누는(munus) 관계'임을 확인할 필요가 있다. 즉 사람 사이에 사랑의 선물을 나누는 관계야말로 공동체의 본질이다.

그런데 이렇게 파편화된 인간은 자신의 몸마저 자유롭게 소유하고 처분할 수 있는 존재가 되었다. 그 과정에서 개별 인간들은 서로 유리한 자리를 차지하기 위해 서로에게 경쟁자나 적으로 마주 선다. 이 경쟁의 광장(시장)에서 승리하기 위해 스스로 일류되기, 자기 경쟁력을 강화하기, 자기를 강한 존재로 만들기 등이 중요해진다.

요컨대 공동체적 관계의 망으로부터 개별 인간이 폭력적으로 분리된 것, 즉 한편으로는 인클로저운동을 통해 토지로부터 인간이 분리된 것, 다른 편으로는 전통 공동체의 정겨운 인간관계들이 해체된 것, 그 과정에서 경험한 폭력과 트라우마가 사람들 내면에 두려움과 공허감을 낳았고 이에 대한 대응으로 사람들이 '강자 동일시'를 하면서 경쟁에서의 승리를 자연스러운 것으로 수용한다. 이 역사의 과정이 개별 인간들에게 자본의 논리에 불과한 '경쟁'을 스스로 내면화하여 자신의 생존 전략으로 삼게 만든 근본 뿌리다.

이제 사람들이 치열하게 경쟁하는 것은 인간 본성이 아니라 사회 경제 체제의 산물이라는 사실, 즉 이 세상 만물이 서로 복합적으로 연관된 하나의 그물망임에도 이 그물망이 찢겨나감으로써 사람들이 나름의 생존 전략으로 경쟁을 내면화했다는 사실을 실례를 통해 살펴보자.

여기서는 (아직 덜 파괴된) '원시적' 마을 공동체 사회 또는 전통 사회가 근대화(자본주의 개발)되는 과정에서 어떻게 변화했는지 헬레나 노르베리-호지의 『오래된 미래』를 통해 간단히 살핀다.

노르베리-호지는 원래 스웨덴 출신의 언어학자로 언어 연구를 위해 1975년에 인도 북부 티베트고원 지역의 라다크 마을을 찾았다가 심대한 '문화적 충격'을 받고 오랫동안 현지에 눌러살았다. 책 제목처럼 인류가 가야 할 '미래'가 이미 '오래전부터' 라다크에 있다고 본 것!

'개발' 붐이 불기 전 여느 나라와 마찬가지로 당시 라다크 마을은 남한의 60년대 농촌 마을을 연상시켰다. 물론 지금도 깊은 산골에는 그런 마을이 간혹 있긴 하지만. 라다크는 모든 자연조건이 악조건이었다. 지대도 히말라야의 그늘 아래 있는 고원이고, 기후도 여름에는 뜨겁고 겨울에는 영하 40도가 예사여서 8개월 동안은 온 지역이 얼어 버린다. 그런데도 사람들은 낙천적으로 일하며 자연의 순리에 맞게 살아간다. 대개 농업을 하는데 자신이 경작할 만큼만 소규모로 갖고 있으며 정교한 수로망으로 연결되어 있다. 보리와 밀, 콩과 순무를 주로 심는데 살구, 호두도 기르며 양, 염소, 야크 등

경쟁심은 어떻게 신념으로 내면화하는가?

의 짐승도 기른다. 가구마다 자립적 생활을 한다.

그들은 서구 산업 사회인의 눈으로 볼 때 매우 가난하게 살지만 항상 미소를 띠고 있으며, 험한 환경 속에서도 상당한 수준의 평안함을 누리며 산다. 농사에는 자연의 힘만 빌리지 살충제나 제초제 따위의 화학물질은 쓰지 않는다. 그들은 노동과 기도와 휴식, 놀이가 통일된 삶을 살며, 마을의 다른 사람들도 '확장된 자아'의 일부라 여기며 산다. 제한된 자원을 조심스럽게 쓰는 '검약과 재순환' 덕택에 결코 물자 부족으로 불평하거나 싸우지 않으며, 소금이나 차, 몇몇 금속류 이외에는 거의 '자립'할 수 있었다.

복잡한 기계 대신 짐승이나 협동의 힘으로 일을 처리한다. 사유재산이 있지만 함께 사용한다. 장례나 결혼식도 일종의 두레인 '파스푼' 중심이다. 아기의 탄생은 물론 돌보기도 공동으로 행한다. 물론 아기와 엄마는 늘 함께 있다. 경쟁이 아니라 상호 부조가 경제의 근간을 이루며 공생의 사회를 이루고 있다. 아이들이 높은 점수를 따기 위해 학원을 가거나 시험공부에 매달리는 일은 결코 있을 수 없다. 아이들을 포함한 모든 사람들은 육체적 일을 하지만 자기에 걸맞은 속도로 하기에 스트레스나 권태감, 좌절감이 거의 없다. 사람들은 '너와 내가 하나'라고 믿기에 마음의 평화를 누리며, 노인이 되어도 건강하고 활기가 넘치며 세대 간에 늘 친근한 교류가 있다.

그런데 이런 전통문화들에 금이 가기 시작했다. 1974년 이래 본격화된 개방 정책과 '개발' 정책 탓이다. 방문객도 늘고 화폐 경제가 확장되었으며 소비문화가 조장되었다. 도로와 전력 시설의 구축, 서구식 의료와 교육 체계 유입, 경찰과 재판, 은행과 대중 매체(라디오, TV, 영화) 등이 새로운 세상을 만들어 냈다. 라다크의 한 가족이 일 년간 쓰는 돈을 관광객 한 사람이 하루 만에 쓰는 모습을 보고 라다크 사람들은 갑자기 자신이 '가난함'을 느낀다("빈곤의 근대화"). 오랜 세월 지녀 온 심리적, 사회적, 정신적 풍요가 갈수록 오그라들었다. 특히 TV나 영화에 나오는 모습들은 거꾸로 라다크 사람들 자신의 삶을 원시적이고 바보 같고 비효율적인 것으로 바라보게 했고 열등감을 불렀다. 심지어는 선글라스, 워크맨, 청바지 등 근대성의 상징들 앞에 맹목적 '자기혐오'를 하기 시작했다.

사람들은 안정감을 잃고 불신과 편견, 공격성, 폭력도 증가했다. 예전에는 사치품을 위해서만 제한적으로 돈을 썼지만 이제는 생필품인 보리나 국수, 시계 등을 사기 위해 돈을 많이 써야 했다. 관광객이나 대중 매체가 소비주의를 촉진했다. 나아가 돈을 벌기 위해서는 땅과 동떨어진 도시로 나가거나 땅과 직접적 연관성을 갖지 않는 관광 서비스업에 종사하게 된다. 농사에서도 더 이상 파스푼 협업이 아니라 임금 노동이 생겨나 인간관계조차 물적 거래 관계로 변했다. 이제 사람들은 자족적 생계를 위해서가 아니라 갈수록 이윤을 위해 농사를 짓는다. 돈의 경제가 강화되면서 빈부 격차도 심해진다. 디젤 동력을 쓰는 방앗간이 등장하자 곡식 빻는 속도는 빨라졌지만 곡식 운반 거리는 늘었고 방아 비용도 늘었다. 새 기술이 등장해 편리한 것 같지만 곡식이 더러워지고 영양가가 떨어지며 오염된 연기가 하늘을 채운다. 더 중요한 것은 기계의 빠른 속도가 삶의 속도 경쟁을 가속화하며, 따라서 개별적 시간은 절약되는데도 삶의 여유는 없어진다는 점이다.

이런 상황 속에서 경쟁력 없는 사람들은 갈수록 뒤처져 부익부 빈익빈 현상이 나타났다. 삶터와 일터가 분리되면서, 또 화폐 경제

경쟁심은 어떻게 신념으로 내면화하는가?

가 강화되면서 공동체 관계의 해체와 자아 정체성의 상실도 급증했다. '개발'은 사회적 긴장을 고조시키며 문화적 획일성의 강요는 필경 소외를 부르고 분노와 원한을 부른다. 폭력과 갈등의 증가가 그 귀결이다. 전통적 세계관은 모든 생명의 하나됨과 연기법을 강조했으나, 새 과학적 세계관은 생명의 분리성과 객관성을 강조한다. 교육조차 '전문가' 만들기를 지향하면서 사람들을 성과 및 점수 지향적으로 만들고 문화와 자연으로부터 철저히 분리시켰다. 유럽 중심의 산업 사회 모델에 기초한 교육은 '인공적 결핍'을 만들고, 전통에 대한 자부심을 잃게 했으며, 살벌한 경쟁과 실업을 유발했다. 이제 농촌은 점점 황폐화하고 도시 지역의 쓰레기 더미는 불어나며 암, 뇌졸중, 당뇨 등의 문명병이 증가한다.

라다크 사례에서 분명해진 것은 사람들이 자연과 인간이라는 그 물망에서 분리되는 경우 존재의 불안감이 커져 개별적 생존 경쟁에 매몰된다는 것이다. 그리하여 개인은 사회로부터 스스로 고립된다. 한편 그 그물망으로부터의 분리는 15~16세기 영국의 '인클로저운동'에서 보듯 국가와 자본에 의해 폭력적으로 이뤄졌다. 그 과정에서 저항도 있긴 하나 패배를 당하고 만다. 반복적인 패배는 사람들에게 커다란 상흔(트라우마)을 남기고 대안적 사고를 가로막으며, 마침내 이들로 하여금 유일한 생존 전략으로 '시스템(또는 강자) 동일시'를 하게 만든다. 또 그러한 분리의 결과 새로운 시스템에 의해 '위로부터' 주어지는 물질적 보상을 반복 경험하게 되면서 사람들은 시스템의 논리를 자연스럽게 '내면화'한다. 물론 이 과정에서도 부분적 저항은 있되 대개는 패배하거나 파이의 크기를 둘러싼 갈등에 그칠 뿐이다. 더 이상 체제와의 적대적 대립은 무의미한 것으로

2부 — 엄마 아빠가 달라져야 교육이 살아요

받아들여지거나 심지어는 주어진 체제만이 유일한 '현실적 대안'이라 보기도 한다.

놀랍게도 이는 지난 60년 이상 한국 사회가 경험한 과정이기도 하다. 지금도 농어촌에는 마을 공동체가 일부 남아 있지만, 큰 차원에서 보면 자본주의 근대화 과정으로 인해 전통적 공동체는 거의 해체되었다. 이제 농어촌에서도 개발 논리, 돈의 논리가 사람들을 지배한다.

이러한 체제의 요구가 감히 거부하기 어려운 힘으로 우리를 내몰고 있는 경향을 더글러스 러미스는 『경제 성장이 안 되면 우리는 풍요롭지 못할 것인가』에서 '아무도 엔진을 멈추려고 하지 않는다'는 의미로 '타이타닉 현실주의'라 부른다. 타이타닉 호가 빙산에 부딪히기 직전까지는 아무도 방향 전환을 하지 않고자 했던, 현실 경제 및 현대인의 '타성'을 말하는 것이다. 그만큼 자아 정체성도 상실되고 그것을 찾으려는 노력조차 줄어든다.

우리가 경쟁을 당연시하는 까닭 2: 사회적 기원

다음으로 확인할 것은 역사적으로 그렇게 형성된 '경쟁의 내면화'가 어떻게 해서 대를 물려 가며 전승되는가 하는 부분이다. 우리 조상들이 그렇게 한 것을 바로 우리가 물려받았고 이제는 우리가 아이들에게 그렇게 교육시킨다. 바로 이것을 '사회적 학습' 즉 '사회화'라는 개념으로 설명할 수 있다.

스위스 취리히 대학의 A. 그루엔 교수는 「복종」이라는 논문에서 이를 매우 흥미롭게 서술한다. 그에 따르면 "복종이란 한 사람이 (권력을 휘두르는) 타인의 의지 아래 자발적으로 굴복하는 것인데 이것은 유아기부터 학습되는 것"이다. 만일 어린아이가 보호자로부터 '조건 없는 사랑'을 받지 못하고 반대로 "신체적으로나 정신적으로 제압당하게 되면 이 아이는 엄청난 두려움 때문에 피난처를 찾게 된다". 그러나 아이는 도망갈 수도, 싸울 수도 없는 입장이기에 대개는 "힘이 센 자와 자신을 동일시"하게 된다. 무조건 권력자가 시키는 대로 하겠다, 나도 강자의 모습을 따라가겠다고 맹세하는 것. "이렇게 해서 복종이 이루어지는데 이것은 결과적으로 그 외부 권력을 더 강화할 뿐 아니라 아이 자신의 소외를 부채질한다." 즉 아이는 자신의 내면에서 나오는 소리에 더 이상 귀를 기울이지 못하고 '강자의 논리'에 맞추어 생각하고 행위하게 된다. 그 결과 아이는 외부에서 주어지는 "역할 수행에만 집중하게 되고 동시에 그러한 자신의 이미지 관리에만 신경을 쓴다. 이 모든 현상의 정치적 귀결은 자발적인 노예 관계의 형성"이다.

그렇다. 자발적인 노예 관계! 바로 이것이 오늘날 우리를 구속하는 문제의 핵이다. 영화 「매트릭스」(워쇼스키 형제, 1999)에서도 모피어스가 네오에게 말한다. "매트릭스는 모든 곳에 있어, 진실을 못 보도록 눈을 가리는 세계란 말이지. 진실은? 네가 노예라는 진실. 너는 다른 사람과 마찬가지로 모든 감각이 마비된 채 감옥에서 태어났지. 네 마음의 감옥." 어쩌면 오늘날 우리 모두는 처음부터 자발적 노예 관계 속에 태어나 살고 있는지 모른다. 그 속에서 기껏해야 '부유한 노예'가 되려고 한평생을 헛산다.

나아가 이 아이는 자신보다 약한 다른 존재를 보게 되면 그를 치열한 경쟁자로 상대하거나 그 위에 군림하려 든다. 따라서 '권력자—노예 관계' 자체를 지양하지 않는 한, 경쟁하는 이들끼리는 경쟁의 사다리 안에서 그 상하 위치만을 두고 다툴 뿐이다. 예컨대 우리 부모들이 아이들에게 "네가 커서 아버지처럼 고생하는 노동자가 되지 않으려거든 (또는 아버지처럼 편하게 살고 싶거든) 열심히 공부해서 남보다 뛰어나야 한다"고 걱정스러운 충고를 하는 경우가 바로 이러한 '경쟁적 인간상'을 사회적으로 재생산하는 좋은 예다. 성공한 부모는 스스로 누리는 기득권의 달콤한 맛에 '중독'되어 자식들을 그렇게 교육시키려 하고, 성공하지 못한 부모는 현실의 비참함 탓에 한이 맺혀 자식이나마 서러움을 겪지 않게 교육시키려 한다.

결국, '경쟁의 내면화'는 폭력적인 사회 속에서 '(조건 없는) 사랑의 결핍', 그것에서 비롯된 '강자 동일시', 그리고 '고립된 개인의 (학습된) 생존 전략'의 산물이다. 이런 측면에서 보면 아이의 부모 내지 강자란 다름 아니라 자본(주의)을 반영한다. 또 아이가 '강자 동일시'하는 것은 우리 인간이 자아 정체성을 잃어버리고 자본의 논리를 내면화하여 마치 자신의 것처럼 여기는 것이다. 지금까지 가정교육과 학교교육은 대체로 이런 것을 아이들에게 학습시키는 데 가장 효과적인 역할을 해왔다. 군대는 더욱 확실하게 약육강식의 국가관을 심어주었다. 이제부터라도 학교는 그리고 부모들은, 이 잘못된 역할을 솔직히 인식한 위에서 올바른 변화를 추구해야 하지 않을까?

"키가 작으면 작은 대로 크면 큰 대로, 힘이 세면 센 대로 약하면 약한 대로, 저마다 제 몫을 다할 수 있는 놀이가 올림픽 경기를 대신하지

않는 한 우리에게는 미래가 없어."(윤구병, 『실험학교 이야기』, 234쪽)

　우리 모두가 하나의 커다란 생명의 그물망 속에 서로 얽혀 있음(영성)을 보아야 한다. 내가 관계하는 상대방이 나의 '거울'일 수 있다. 지금까지 잘못된 구조와 삶의 방식에 내가 기여하고 있는 바를 잘 살펴 '나부터' 고치면서 구조 변화를 꾀해야 한다. 우리가 중독된 채 내면화한 간편주의, 학벌주의, 연고주의, 능력주의, 성과주의, 생산력주의, 기술 만능주의, 통제 만능주의, 인간 이기주의, 가부장주의, 민족주의, 국가주의 등, 자아 분열과 타자 파괴에 기여하는 그 모든 것을 근원적으로 털어내야 한다. 우리 밖의 자본을 지양하기 위해서라도 '우리 안의 자본'부터 털어내야 한다. 동시에, 비슷한 생각을 가진 사람들이 서로 손을 맞잡고 함께 나가야 한다. 그리하여 사랑과 평화, 자유와 평등, 연대와 협동, 겸손과 외경이 가득한 새로운 삶의 구조를 만들어야 한다. 즉, 경쟁 사회를 거부하고 연대 사회를 만들어야 한다. 그것만이 나와 너, 그리고 우리 아이들을 모두 살리는 길이 아닐까?

학부모들의 자화상

"봉투 갖다주니 우리 아이 더 이상 괴롭히지 않더라!"?

「선생 김봉두」라는 영화가 있다. 주인공 이름 김봉두도 '돈 봉투'를 비꼰 말이다. 오죽했으면 영화까지 나오랴마는, 사실 우리 사회의 돈 봉투 문화는 곳곳에 스며 있다. 작게는 '표' 구하는 데서부터 크게는 사업가들이 계약을 따기 위해 주는 것에 이르기까지 다양하고 천차만별이다. 물론 규모가 클수록 '봉투'보다는 '사과 상자'를 애용하지만 말이다.

그런데 그런 돈 봉투 중에서도 가장 흔하게 입방아에 오르내렸던 것이 학교 선생님에게 주는 것이었다. 결론은 간단하다. 안 주고 안 받으면 그만이다. 이걸로 모든 것이 해결된다. 봉투 없이도 건전하게 상담하고 학부모와 선생이 아이들 입장에서 함께 고민하면 좋은 교육을 할 수 있다. 이런 인식과 더불어 '김영란법' 같은 제도 덕에 오늘날 교육계는 많이 좋아졌다.

그런데도 정치나 경제 등 사회 곳곳에서 여전히 봉투 문제가 계속되는 까닭은? 한마디로, 주는 사람이 있고 받는 사람이 있기 때문이다. 그러면 누가 어디서부터 시작해야 할까? 그 정답은 나부터 주지 않으면서, 주위에 주고받는 사람이 있다면 '혼'이 날 정도로 철저히 비판해야 한다. 그다음엔 주고받은 주체 모두가 공개 처벌을 받아야 한다. 국민권익위원회 차원에서 '부패 공익 신고'도 가능하다.

물론 이것은 이상적이다. 왜냐하면 현실에서는 주고받는 관행이 여전하기 때문이다. 그런 점에서 우리는 아직도 갈 길이 멀다. 그 주고받는 사연들은 사람마다 제각각이다.

우선 예전의 한 젊은 어머니 사연을 들어 보자.

"하도 아이가 학교 가기를 싫어해서 찬찬히 물어보니 선생님이 별 이유 없이 때리더라는 거예요. 그래서 자존심은 상했지만 어른들 말씀대로 봉투를 갖다주니 그다음부터 때리지 않더라구요. 그러니까 주변 어른들이 '거 봐, 내가 뭐랬어?'라고 하시잖아요."

아마 선생님들이 이 이야기를 들으면 어처구니가 없을 것이다. 그 당사자 어머니는 그 현실을 경험주의적으로 일반화하기 쉬울 것이고, 이 이야기를 듣는 선생님들은 아마도 '머리 뚜껑이 열리면서' 그것은 우물 안 미꾸라지 같은 '꼴통' 몇 사람 때문에 우물 전체가 더러워지는 꼴이라 말할 수 있다.

그러나 꽤 오래전 어떤 유명 사립학교에서는 봉투를 가져오지 않는다면서 교장은 교사들을 때리고 교사는 학생들을 때리는 웃지 못할 일이 있었다. 물론 지금은 거의 없지만. 그러나 경우에 따라서 표현은 둘러 하겠지만, 학부모들을 모아 놓고 학교 발전을 위해, 아니면 아이들을 위해 돈을 갖고 오라는 이야기도 한다고 한다. 교육청이나 교육부에서도 관계자는 알 만큼 다 알 것이다. 그런데 만일 그들조차 봉투를 받았다면 이를 어떻게 공론화하겠는가? 물론 나는 우리 사회에 양심적인 사람들이 훨씬 더 많다고 본다. 비 양심적이고 비 도덕적인 사람들은 극히 소수일 것이다. 부정부패가 만연한데도 그나마 이 사회가 유지되는 것은 양심적이고 도덕적인 사람들이 곳곳에 '아침 이슬'처럼 존재하기 때문일 것이다.

그런데 문제는 양심적인 사람조차 단호하지 못하고 우유부단하거나 경계심을 늦추는 경우, 자기도 모르는 사이에 비양심적인 결과를 낳는 사태에 연루되기 쉽다는 것.

어떤 선생님의 말씀이다. "물품 같은 것으로 선물을 갖고 오면 고맙게 받아요. 그런데 봉투를 가져오면 즉시 돌려주지요."

"나는 뇌물과 선물의 차이를 모르겠어요. 만일 우리가 지금 수준에서 예컨대 1만 원을 기준으로 해서 선물과 뇌물을 구분하는 식으로 선을 정하면 모를까, 어떤 학부모가 정성스러운 선물을 가져왔는데 고가품이라면 어떻게 해야 할지 모르겠어요."

이렇게 말하는 선생님도 있다.

"학기 초나 학기 중에 가져오는 것은 모두 뇌물입니다. 그러나 학기 말에, 또는 모두 끝나고 나서 가져오는 것은 감사의 뜻이니 진짜 선물이라 볼 수 있지요."

"선생은 기본적으로 월급을 받잖아요. 아이들에게 세심하게 신경 쓰는 것은 직분상 당연한 일인데, 아이들에게 뭘 특별히 해 준다고 별도의 것을 기대하나요?"

또 다른 선생님은 기막힌 사례를 말한다.

"어떤 학부모가 작은 선물을 가져와서 고맙다고 받았어요. 나중에 열어보니 봉투가 있더라구요. 그래서 그 아이를 불러 아이 모르

학부모들의 자화상

게 편지를 써서 돌려보냈어요. 그런데 다음날 그 아이가 더 큰 액수의 수표가 든 봉투를 갖고 왔더라구요. 그걸 보고 너무 기가 막혀 하루 종일 우울했어요."

다른 선생님은 나름의 아이디어를 낸다. "저는 먼저 요구하지는 않지만 주는 것은 받아요. 그래서 그것을 내 호주머니에 넣지 않고 잘 모았다가 아이들 전체를 위해 쓰지요."

"아예 학기 초에 우리 반 학부모 총회를 해서 봉투나 선물 같은 것, 절대 하지 말라고 공개적으로 얘기합니다. 그러니 저는 그런 문제가 없어요. 학부모들도 부담 없이 찾아오구요."

이제 학부모들의 말을 들어 보자.

"선생님을 만나러 가는데 그냥 가기가 너무 부담스러워요. 그래서 사실은 어떻게 해야 할지 몰라 봉투를 갖고 가요. 그게 가장 편해서…. 남들도 다 그렇게 하잖아요. 내 아이만 빠질 수도 없고…."

"한번 테스트해 보는 거예요. 담임이 어떤 사람인지 모르니까. 일단 봉투를 줘 보고 안 받으면 앞으로 안 주어도 되는 것이고, 받는다면 뭐 그것도 좋지요. 아마도 우리 아이에게 좀 더 낫겠지요."

"기계도 기름칠을 해야 잘 돌아가잖아요. 담임도 기름칠을 좀 해야 아이에게 잘할 것 아니에요? 또 내 아이를 맡겼는데, 거, 좀 드리는 게 뭐가 나쁜가요? 감사하다는 뜻인데…."

"감사의 마음으로 작은 선물을 갖고 갔는데, 선생님이 그 마음도 모르고 한사코 거절하는 바람에 내가 정말 나쁜 사람 취급받는 것 같아서 하루 종일 기분 나빴어요."

좀 더 깊은 생각을 하는 학부모도 있다.

"선생님의 노고에 감사하려면 개별적으로 할 것이 아니라 학부모회 차원에서 자발적으로 공동 기금을 모으면 될 것 같아요. 그래서 학급에 필요한 것도 사고, 필요할 때마다 아이들이나 선생님을 위해 음료수나 먹을거리도 좀 사드리면 문제가 해결되지 않을까요?"

나는 이 모든 이야기들이 현실을 반영한다고 인정한다. 하지만 주체들의 시각이나 입장에 따라 과장이나 왜곡, 선입견, 오해 따위도 얼마든지 있을 수 있다고 본다. 그래서 우리는 이 문제에 매우 조심스럽게 접근해야 한다. 어쩌면 마땅한 해결책이 없다고 솔직히 인정하는 게 옳을지 모른다. 그러나 그렇다고 실재하는 경우를 그냥 놔둘 것인가? 나로서도 정답은 없지만 몇 가지 실마리를 고민해 본다.

첫째, 나는 아이들이 좋은 점수를 받아야 출세와 성공을 할 수 있는 현재의 패러다임을 바꾸지 않는 한, 이 문제는 최선으로 해결하기 어렵다고 본다. 나는 이 낡은 '점수와 평가'의 패러다임 아래서는 교육의 세 주체 즉 학생, 학부모, 선생이 어떤 대안을 내더라도 '희생자'가 될 수밖에 없다고 본다. 예컨대 참교육을 지향하는 대안학교(예, 풀무학교, 간디학교, 푸른꿈고등학교, 이우학교 등)에서는, 모든 과정이 투명하니 이런 문제가 없다. 여기서는 학부모가 학교 운영을 하는 공동 경영자로서, 교육의 한 주체로서 '실질적으로' 참여하기에 오히려 학교 전체에 대해 커다란 책임 의식을 갖는다. 자기 아이만을 위해 하는 것이 아니라 교육 자체를 살리기 위해 열심히 참여하는 것이다. 따라서 이들이 학비로 설사 거금을 내더라도 아무도 뇌물을 준다고 생각지는 않는다.

둘째, 학부모들은 자발적 의지가 강한 사람들끼리 공동으로, 공개적으로 활동하면 된다. 단 그 모든 활동은 모든 아이를 위한 것이어야 한다.

셋째, 학부모가 정말 선생님의 은혜에 개별적으로 감사하고 싶으면, 학생이 졸업한 뒤 또는 다른 학년으로 올라가 더 이상 그 선생님이 담임을 맡지 않을 때, 작더라도 마음이 담긴 선물을 하면 된다. 서로 선물을 주고받는 관계가 곧 '공동체'(community)의 핵심이니까.

넷째, 선생님들은 학기 초에 학부모 총회를 열어, 자신의 교육 철학이나 학급 운영 방침을 공개적으로 밝히고, 절대로 봉투나 과도한 선물 따위를 받지 않음을 공개 선언한다. 그리고 분기별로 학부모 총회를 열어 제반 이슈에 대해 공개 논의를 하고, 학부모 개별 상담은 한 학기에 한두 번 정례화, 교무실 같은 공개적 장소에서 하면 좋다.

다섯째, 학교 차원이나 전체 선생님 차원에서는, 가령 3만 원의 기준을 정하여 그 이상의 것을 뇌물이라 규정할 수 있다(2016년 9월 28일 시행된 '부정청탁및금품등수수의금지에관한법률'(일명 김영란법)에 따르면, 식비 3만 원, 선물 5만 원이 기준이다). 물론 이것은 교육청이나 교육부 차원에서도 논의가 되어야 한다. 나는 독일에서 수시로 학부모 총회가 있거나 개별 상담이 있을 때, 장미꽃 한 송이나 초콜릿 하나를 정겹게 주고받는 모습을 보면서 아름다운 관행이라 생각했다.

결국, 모든 문제는 '상호 불신'에서 나온다. 학부모 입장에서는 혹시 내 아이만 피해를 보지 않을까 하는 생각, 갖다주면 역시 달라진다는 생각, 마음만으로 감사하는 것은 표시가 나지 않는다는 생각, 또 교사 입장에서는, 단호하게 받지 않으려 하면 주는 사람의 자존심이 상하지 않을까 하는 생각, 감사하는 마음조차 사양하는 것은

2부 — 엄마 아빠가 달라져야 교육이 살아요

비인간적이라는 생각, 어떤 아이에게 특별 배려를 해도 아무도 알아주지 않는다는 생각, 이 모든 게 상호 불신의 결과다.

따라서 학부모와 선생이 서로 신뢰할 수 있는 풍토와 서로 마음을 합치고 연대할 수 있는 구조를 만들어 가야 한다. 작더라도 아름다운, 아니 작기 때문에 아름다운 그런 다정한 마음을 나누며 함께 더 좋은 교육을 만드는 '동반자'가 되면 좋다. 궁극적으로는 대안 교육의 패러다임을 전 사회적으로 구현할 수 있어야 문제가 제대로 풀리겠지만, 지금부터라도 우선 학생들을 중심에 놓고 학부모와 선생님들이 파트너가 되어 '함께' 의논하고 '함께' 고민하기 시작하면 서서히 해결의 실마리가 보일 것이다.

마침내 일중독이 우리 일상을 지배하다

우리는 열심히 일하고 있을 때 왠지 모르게 '뿌듯함'을 느낀다. 반면 가시적 성과가 나타나지 않거나 돈 버는 데 도움 되는 일을 하고 있지 않으면 뭔가 불안하다. 20세기 말에 불어 닥친 신자유주의 세계화 물결은 갈수록 우리를 일중독이라는 신종 질병의 고리로 강하게 묶는다. 더구나 21세기 노동의 세계는 20퍼센트의 노동력만 필요하고 80퍼센트는 '쓸모없는' 잉여 인간이 된다는 '20 대 80의 사회' 또는 '10 대 90 사회'라는 경고까지 있다.

여기서 보다 진지하게 우리의 삶을 다시 들여다보자. 어차피 치열한 경쟁 관계에서 20퍼센트도 안 되는 '똑똑한' 자들 뒤에서 80퍼센트 이상이 들러리 같은 삶을 살아야만 한다면 '나만이라도 20퍼센트 대열에 들겠다'고 아우성치는 것은 무의미하지 않은가? 너도 나도 삶의 자율성과 시간 주권을 누리며 '주인공'으로 살아야 하지 않겠는가?

서울의 한 회사원이 고백한다. "30대 후반의 직장인입니다. 이상하게 저는 주말이나 휴일에도 일을 안 하고 쉬는 것을 못 견딥니다. 불안한 데다 컨디션도 평소보다 더 나빠지곤 합니다. 출근해서 일을 하고 있어야 마음이 편안합니다. 물론 일을 할 때도 몸의 상태가 좋다고 느끼는 편은 아니지만 그래도 쉬는 날보다는 낫습니다."

또 이런저런 구조조정 과정에서 가정 공동체도 심각하게 위협받는다. 주부 박 아무개(35) 씨는 요즘 우울증 치료를 받고 있다. 결혼 생활 10년 동안 두 아이를 낳아 기르며 원만한 가정생활을 했다. 그런데 지난해 초부터 남편과 다투는 일이 잦아졌다. "남편은 집에 들어와 '일찍 나가야 하니 건드리지 말라'고 신경질을 냅니다. 저도 남편 들어오는 소리에 소스라치게 놀라곤 하죠." 남편 회사가 구조조정을 단행하면서 비롯된 일이다. 그때부터 남편은 "먹고살 수 있다는 것만도 다행으로 알아라. 언제 그만두라고 할지 모른다"며 주말에도 쉬지 않고 회사에 출근했다. 평일에도 밤 12시가 돼야 집에 들어오고, 아무런 감정 표현도 없이 침대에 쓰러지곤 했다. 박 씨는 "사는 게 허무할 뿐"이라고 말한다.

저 유명한 연극(영화) 「생과부 위자료 청구 소송」의 작가인 엄인희 씨는 일중독에 빠진 회사형 인간에 대해 이렇게 경고한다. "… 남성들은 회사 다니면서, 회사생활에 적응하면서 '회사가 내 목을 쥐고 있으니까' 그런 생각에서 벗어나지 못해요. 그래서 성을 회사의 스케줄에 따라 조절하지요. 이른바 '회사형 인간'이 되는 거예요.

회사가 '너 오늘은 성관계하지 마' 이렇게 대놓고 명령하지 않아도 알아서 따르는 순응적 인간이 되는 거죠. 자기도 모르게 회사 일정에 성 스케줄을 맞추면서도 그게 자연스럽다고 느끼고 또 자기가 자유롭다고 느끼게 되는 거예요. 그게 제일 비극이죠."

일반적으로 중독증의 이면에는 모종의 두려움이 자리 잡고 있다. 이는 실패나 탈락, 배제와 잉여에 대한 두려움이다. 이것이 발생한 뿌리는 공동체적 관계망의 해체이고 그 주범은 자본주의 근대화다. 사태가 워낙 심각하다 보니 사람들은 이 두려움을 어떻게 극복할지 엄두를 내지 못한다. 두려움에 대한 두려움마저 생긴다. 그래서 이 견디기 어려운 두려움을 일시적으로 '회피'하기 위해서 대체물을 찾는다. 그래서 알코올·마약·섹스·쇼핑 중독이 쉽게 생긴다. 일중독 또한 삶의 불확실성에서 오는 두려움을 회피하고자 일을 통해 모든 걸 잊고 대리 만족하려는 현상이다.

다른 병들이 그러하듯 일중독도 먼저 솔직하게 '인정'하는 데서부터 치유가 시작된다. 또 일에 파묻힌 사람들에 대한 사회적인 칭찬과 보상이 이를 교묘하게 은폐하기에, 성실성과 일중독을 동일시하는 문화 자체를 타파해야 한다. 경북 봉화의 한 시골 마을에서 강아지와 함께 사는 전우익 어른은 다음처럼 삶의 새 패러다임을 제시한 바 있다(『동아일보』 인터뷰, 1998. 5. 6.).

몇 년 전부터 농사는 내 먹을 만큼만 하고 나무를 주로 키워. 없는 걸 만들어 내는 건 농업밖에 없어. 상업이야 있는 물건 사고파는 거고 공업도 모양만 바꾸는 거 아냐. 식물만 새로운 걸 만들어 내지. 내가 나무와 풀을 좋아하는 건 그것들로부터 세상살이 이치를 배우기 때문이지. 한 자도 안 되는 도라지는 겨울 땅속에서 완전히 얼었다가 봄이 되면 어김없이 다시 살아 나. … 내가 좋아하는 도연명 말처럼 '헛살아야 해'. 이루지 못하고 흔적을 남기지 못한다 해서 아쉬워할 거 없어. 괜히 뭔가 이루려고 아등바등하지 말고 그저 살아 있으니 산다는 생각으로 단순하게 살면 돼. 잘산다는 건 옳게 사는 거지 사람 많은 데 따라가며 사는 게 아니야. … 벼룩은 보통 한 번에 3미터를 뛴대. 2미터 유리병에 벼룩을 가둬놓았더니 유리병을 치워도 1.8미터만 뛰고 말더라구만. 사람도 똑같애. 직장은 어쩌면 유리병 같은 거라구. 인생은 사는 길이 참 많아. 남들이 옳다고 하는 관습, 상투 이런 것에서 벗어나야 해. 삶은 결과가 아니라 과정이다, 이 말이야.

21세기에는 일중독과 소비 중독, 눈치 보는 삶, 또한 경쟁과 분열의 패러다임으로부터 벗어나, 삶의 자율성을 되찾고 시간 주권을 누리며 그 어떠한 차별도 없이 더불어 건강하고 여유롭게 살 수 있는 연대와 협동의 새 패러다임을 만들어야 한다. 최소한 그를 위한 씨앗이라도 많이 뿌리고 가야 한다. 그것만이 우리 아이들을 보다 인간답게 살 수 있도록 만드는 유일한 길이다.

주 5일제 문제: 일하기 위해 사는가, 살기 위해 일하는가?

주 5일제의 진정한 의미　　꽤 오래전, 일본 노동자들이 이런 수기를 썼다 한다. 첫 번째 사람이 말한다. "나는 아침 6시만 되면 회사로 출근해서 하루 종일 일하고, 또 저녁 내내 일하다 집에 새벽 1시경

에 돌아오면 녹초가 되어 쓰러져 자다가 다시 새벽 6시가 되면 회사로 간다. 매일 이렇게 돌아간다. 이런 생활이 얼마나 계속될 수 있을지 나도 모른다."

두 번째 사람은 여성이다. "나는 일을 하다가 화장실에 가고 싶어도 우리 작업 조원들에게 부담을 지울까 봐 미안해서 휴식 때까지 억지로 참는 습관이 생겨버렸다. 마침내 나는 방광염에 걸리고 말았다."

세 번째로 한 남성은 더욱 절망적인 그림을 그린다. "나는 점심시간에 밥을 먹으면서 곁다리로 일을 하기만 해도 좋다고 생각한다. 왜냐하면 지금은 일을 하면서 곁다리로 밥을 먹고 있기 때문이다."

일본 이야기지만 우리네 얘기이기도 하다. 아니 우리는 일본보다 더하다. 2022년 기준, 일본은 연간 1,600시간 일하는 것으로 나와 있지만, 우리는 연간 1,900시간 이상 일한다. 이건 공식 통계일 뿐 실제로는 2,400시간을 넘기 일쑤다. 왜 1970년대 노동자들이나 그로부터 50년이 더 지난 오늘날의 노동자들이나 모두 하루 10시간 내외의 노동을 하며 살아야 하는가?

그동안 '귀에 못이 박히도록' 강조해 온 생산성 향상의 성과는 어디로 사라졌는가? 도대체 일하기 위해 사는가, 아니면 살기 위해 일하는가? 여유 있는 살림살이는 언제 가능하게 될까?

사실 만성적인 장시간 노동은 육체적 피로와 산업 재해를 불러일으킬 뿐 아니라 노동자의 시간 주권과 삶의 자율성을 박탈한다. 지금도 대한민국에서는 해마다 2,000명 이상이 일하다가 죽어간다. 행복하게 살고자 일하러 가는데, 삶이 아니라 죽음이라면? 오로지 일만 하다가 '볼일 다 보게' 만든다. 만일 그 일에서 좋은 성과가 난

학부모들의 자화상

다면 그 노동자는 임금이든 승진이든 일정한 보상을 받을 것이다. 그리고 이 보상 체계의 달콤한 맛은 또다시 그로 하여금 일에 대한 정열을 더 강하게 뿜게 할 것이다. 이것이 바로 일중독이다. 자기 삶의 중심을 자기 안에서 찾기보다 일 속에서 찾으려는 것. 이러한 일중독 과정이 지닌 사악한 측면은, 당사자에게 결코 대안적 삶의 추구를 위한 시간(여유)을 허락하지 않는다는 점이다.

이런 의미에서 주 5일 근무제 요구는 노동시간 단축을 통한 일자리 나누기라는 실용적 차원을 넘어 '자기 자신에 대한 테러'로서의 일중독에 대한 거부, 나아가 (소외된) 노동 거부로 나아가는 비상 탈출구로서의 의미를 지닌다. 자신과 노동만이 관계를 맺는 것이 아니라 자신과 가족, 자신과 동료, 자신과 친구, 자신과 자연, 자신과 내면 등이 맺는 다양하고 풍성한 관계, 이것이 삶의 참된 의미가 아닐까? 그래야 우리는 단지 '노동력'으로서가 아닌 '인격체'로서의 삶을 살 수 있다. 이런 맥락에서 꾸준한 노동시간 단축 운동의 본질은 단순히 일을 더 적게 하고 돈 더 많이 받자는 요구가 아닌 셈이다.

학교와 지역도 같이 변해야 한다　　　물론 학교도 예외일 수 없다. 지금까지는 학교가 아이들을 맡아주는 탁아소 역할도 같이 수행했다. 노동시간 단축과 함께 학교도 적극 변해야 한다.

첫째, 학교 역시 주 5일제는 기본이고, 수업 내용과 시간도 줄여가야 한다. 또한 행정 잡무를 원천적으로 줄이면서 이를 전담하는 인력을 충분히 확충해야 한다. 한 조사에 따르면 교사 60명이 있는 학교에서는 수업 외 업무를 전담하는 사람이 7~8명 정도 확보되면 교사는 본연의 임무에 충실할 수 있다고 한다. 또 직장과 학교가 동시에 주 5일제로 가야 실효성이 있다. 학교가 먼저 하거나 학교만 한다면, 직장 나가는 부모가 (어린) 아이들을 돌보기 어렵다. 동시에 마을마다 보육센터, 어린이 쉼터 등을 충분히 확충해야 한다. 그래야 독박 육아나 장시간 육아로 인한 사회적 피로를 줄일 수 있다.

둘째, 아이들이 여가 시간을 활용할 수 있는 다양한 공간 즉 취미 활동, 특기 활동, 놀이 활동, 스포츠, 요가, 심신 수련, 토론, 창작, 예술, 원예, 독서, 연극, 영화 따위를 위한 공간을 풍성하게 만들어야 한다. 기존의 공공시설을 활용할 수도 있다. 그렇게 되면 아이들은 자아 발견의 계기를 찾을 수 있고 어른들은 자기 고유의 활동을 할 수 있다. 물론 부모와 자녀가 함께 할 수 있는 활동도 많아질 것이다.

셋째, 토·일요일에 각 마을마다 학교에서는 휴무 노동자들이 학창 시절에 놓쳤던 다양한 사회교육을 받을 수 있는 새로운 프로그램을 운영할 수도 있다. 그 외에도 좋은 책 읽기나 특강, 토론회, 워크숍, 예술, 창작 프로그램의 운영 따위도 의미 있을 것이다. 물론 학교는 공간 만 제공하고 이 프로그램 운용은 공적 지원을 받는 별도의 전문 인력이 한다면 더 나을 것이다.

넷째, 평상시 학교교육 프로그램 역시 학과 공부 외에 외국인 회화, 건강한 집 짓기, 민간요법, 창작, 음악, 미술, 웅변, 사물놀이, 창, 탈춤, 민속춤, 민속놀이 등 다양한 내용을 갖추어 학생 스스로 선택 가능하게 재편해야 한다. 그렇게 되려면 대입 역시 획일성을 탈피해야 한다. 물론 당장은 어렵겠지만, 학자 등 전문 인력 이외에는 굳이 대학 갈 필요가 없게 사회경제적 처우를 비교적 평준화시켜 나가야 한다. 그래야 학생 역시 주 5일만 열심히 학습하고, 나머지 시간은 정말 자신이 별도로 하고 싶은 활동을 할 수 있다.

학부모들의 자화상

사회적 참사를 대하는 우리의 태도
— 2022년 10월 29일 이태원 참사를 다시 생각한다

한국 사회가 비교적 최근에 경험한 사회적 참사만 해도 1993년 서해훼리호 침몰, 1994년 성수대교 붕괴, 1995년 삼풍백화점 붕괴, 1999년 씨랜드 화재, 2003년 대구 지하철 화재, 2006년 서해대교 참사, 2014년 세월호 참사(304명 사망), 2022년 이태원 참사(159명 사망) 등으로, 매번 한꺼번에 수십, 수백 명이 생명을 잃거나 크게 다쳤다. 운명이 바뀌는 순간은 짧으나 트라우마(충격과 상처)는 깊고도 길다.

참사가 벌어질 때마다 충격과 공포, 안타까움과 슬픔 속에 온갖 책임 공방이 일어나고, 분노와 항의, 논쟁과 성찰을 거치면서 다시는 이런 일이 없도록 '안전한 사회'를 만들자고 다짐하나 불행하게도 참사는 반복된다. 2022년 10월 29일 '이태원 참사' 역시 같은 맥락이다. 이 참사로 약 160명이 소중한 목숨을 잃었다.

이런 참사가 벌어지면 과연 사람들은, 그리고 우리 사회는 어떻게 반응하는가? 여기서 우선 독일 철학자 헤겔의 말을 상기해 보자. "역사에서 배울 수 있는 유일한 점은, 우리가 그간 역사로부터 아무것도 배우지 못했다는 사실이다"(The only thing we learn from history is that we learn nothing from history). 이 말은 역사 자체가 배울 게 없다는 말이 아니라 우리 인간이 역사의 교훈을 제대로 깨치지 못한 점을 반성하라는 얘기다. 이는 "기억되지 못한 역사는 반복된다"는 말과 통한다. 사회적 참사도 마찬가지다. 이를 염두에 둔다면 우리는 과거 참사의 역사로부터 무엇을 배울 것인가?

우선, 이태원 참사와 같은 사회적 참사가 발생했을 때 실제 사람들의 반응이 어떠한가를 세 갈래 정도로 요약해 본다. 나아가, 그에 대한 비판적 성찰을 통해 향후 참사의 반복을 예방하기 위한 건강한 태도가 어떠해야 하는지 생각해 본다.

첫째, 세월호 참사나 이태원 참사에서 많은 사람들이 죽고 다치는 일이 벌어지면 우리들 상당수는 속으로 '그 사람들, 정말 재수가 없었네' '왜 하필이면 그때 그곳에 갔었나?' '내 가족이 거기 없어서 참 다행'…이라는 식으로 생각한다. 물론, 즉각적으로 드는 느낌을 속일 순 없다. 문제는 우리네 의식이 그 차원에만 갇힐 때다. 일차원적 의식은 참사의 원인을 희생자 개인 탓으로 돌린다. 그 연장선에서 '내가 그런 데 가지 말라고 할 때 내 말을 잘 들었어야지'라거나 '현장에서 탈출한 다른 사람들처럼 재빠르게 나왔어야지' 하는 식으로 '희생자 나무라기'를 한다. 그러나 이런 태도는 사태의 책임을 운명(misfortune)으로 돌리거나 개인적 어리석음(stupidity) 탓으로 모는 태도다. 언제 어디서든 발생할 수 있는 사회적 참사, 이런 식으로 생각해서는 결코 사전에 예방할 순 없다. 늘 사후에 희생자를 비난만 하는 태도, 이런 태도야말로 다음 참사의 준비 과정이다.

둘째, 이와 연관된 모습으로, 그 현장 자체를 편견과 혐오를 섞어 낙인(stigma)찍는 것이다. 세월호 참사의 경우, '노동자 자녀들이 대거 포함된' 수학여행단이 타고 가던 배라 했다. 이태원 참사의 경우, "핼러윈 축제는 원래 서양 문화인데, 이상한 게 수입되어 물을 흐려 놓았다"거나 "거기는 마약쟁이나 게이, 레즈비언 같은 사람들이 벌이는 축제"라는 식으로 낙인을 찍으려 했다. 이 태도 역시 사태의 예방이나 해결엔 도움이 못 된다. 오히려 희생자와 생존자를 배타

학부모들의 자화상

적으로 나눔으로써 그 어떤 공감이나 소통, 연대도 불가능하게 한다. 사회 구성원 중에 노동자 내지 그 자녀가 아닌 경우가 어디 있으며, 그것 자체가 어떻게 사회적 참사의 원인인가? 또, 축제나 행사의 뿌리가 서양이라 문제라면, 한국 고유의 축제나 행사에선 아무 사고도 없다는 보장이 있는가? 참사엔 국적이 없다. 게다가 모든 문화는 두루 섞이고 융·복합되면서 천천히 진화를 거듭한다. 한편, 마약쟁이나 성소수자들을 낙인찍는 태도 역시 문제다. 호불호를 떠나 그들의 존재 자체가 참사의 원인일 수는 없다. 이런 태도는 마치 민주화 시위를 두고 정권이나 언론이 "불순 세력의 선동"이라 하는 격이다. 이는 사태 해결이나 예방은커녕 오히려 정권 안보를 위해 양심적 시민을 배제하려는 불순한 의도만 드러낸다. 그렇게 되면 불행히도 또 다른 참사가 온다.

셋째, 이번 이태원 참사의 경우, 희생자 '명단 발표' 문제가 큰 논란을 불렀다. 원래 참사가 일어나면 언론이나 정부가 나서서 희생자 이름을 발표하고 그 가족을 찾아 수습 대책을 논의하는 게 본연의 책무다. 그러나 이번 이태원의 경우, 명단 발표 자체가 교묘하게 방해받았고, 심지어 시민언론 '민들레'와 종교계에서 명단을 발표하자 일부 정치권이나 언론, 시민단체 등에서 "패륜 행위"라거나 "정치적 목적에 악용", "불법"이란 막말까지 했다. 나 역시 처음엔 명단 공개가 유족에게 엄청난 결례일까 하고 의아해했다. 그러나 곧 나는 오히려 '이름과 얼굴을 모른 채 참된 애도가 가능한가?' 싶었다. 심지어 명단이 없으니 희생자 가족을 사칭해 각종 지원을 받으려는 자까지 생겼다. 유족들 입장에서 얼굴과 이름 없는 추모는 가짜 추모였으며 "2차 가해"였다. 정권 입장에서는 명단이나 얼굴

2부— 엄마 아빠가 달라져야 교육이 살아요

이 공개되고 유족회가 결성되어 ('세월호' 경우처럼) 집단행동이 시작되면 '정권 안보'에 불리하다고 판단했을 것이다. 11월 22일 유가족들의 기자회견을 보니, 내 느낌은 틀리지 않았다.

그나마 민변(민주화를 위한 변호사회) 같은 공신력 있는 단체가 주축이 되어 11월 중순경 고립됐던 유족들을 모아 내고 상호 협의 아래 희생자 명단을 수집, 공개한 것이 다행이다. 11월 22일 첫 기자회견 후 유족 65여 가족이 모여 유가족협의회를 구성하기로 했다. 국가의 책임 방기도 큰 문제이고 당연히 비판해야 하지만, 정부나 국가에 기대지 않는 시민사회의 자기 조직화(self-organizing)야말로 최선임이 드러났다. 다만, 이런 움직임이 좀 더 빨랐다면 초기 분란이나 혼란도 방지했을 것이다. 이 또한 이번 참사의 교훈이다.

그렇다면 왜 당초엔 명단 공개가 그렇게 "패륜 행위"로 내몰렸을까? 그것은 (정권의 무책임과 무능함 외에) 앞서 말한 첫 번째, 두 번째 태도와 연관이 있다고 본다. 그것은 유족들 입장에서 '희생자들이 하필이면 그곳에 간 잘못'을 범했다거나 '쓸데없이 서양 축제에 간 잘못' 또는 '아이가 마약쟁이나 성소수자로 낙인찍힐 것'에 대한 두려움 때문에 명단 공개를 꺼려했던 것이 아닐까?

그래서 늘 '두려움'이 문제다. 두려움은 사람의 건강한 행위 능력을 저해하는 장애물이다. 물론, 이는 하루아침에 생기지 않는다. 거듭된 사회적 폭력과 배제의 역사가 낳은 결과물이기 때문이다. 두려움을 건강하게 이기는 방법은 열린 소통과 연대다. 이런 점에서 민변이 유족들과 소통 및 연대를 한 것은 대단히 선구적이다.

이처럼 우리가 사회적 참사 앞에서 얼마나 건강한 태도를 보이는가에 따라 참사를 반복 또는 예방할 가능성이 달라진다. 물론, 일반

학부모들의 자화상

인들이 아닌 정치가나 행정가들이 참사를 대하는 태도는 더 문제투성이다. 무책임, 무능력, 무감각은 그들의 고질병이다. 그 결과, 고위층일수록 '꼬리 자르기'식 대처로 끝내려 하거나 '책임 전가'식 태도로 일관한다. 이태원의 경우, 대통령 경호실, 법무부 장관, 서울시장, 경찰서장, 용산구청장 등이 책임 있는 당사자다. 이들은 자기 책임을 회피하기 위해 거짓말, 증거 인멸, 상황 조작 등을 예사로 한다. 용산 대통령실 이전도 문제였거니와 (이태원 핼러윈 축제 와중에) '마약과의 전쟁'을 위해 전년도만 해도 착실히 행했던 시민 안전 조치가 완전 부재했다. 재난 예방과 안전 확보를 위해 각종 기구나 제도를 만들어 놓긴 했지만, 그것을 책임성 있게 운용하려는 의지나 능력은 고위층으로 갈수록 희박하다. 돈 중독, 권력 중독 탓이다. 이들이 가장 잘하는 것은 '자기기만'이다. 감각이 없으면서도 있는 체하며, 능력이 없으면서도 있는 체하고, 책임지지 않으면서도 책임지는 척한다. 고인이나 유족 앞에 직접 사과하지 않고 엉뚱한 곳에서 추상적으로 사과 흉내만 내는 것이야말로 국민 기만이자 자기기만이다. 정직한 자신의 느낌(그게 있는지도 의심스럽지만)을 속이면서 지위와 권력, 부와 탐욕에 한사코 집착한다. 이런 자들이 주도하는 사회 구조 전반이 곧 '중독 시스템'이다(『중독 사회: 우리는 모두 중독자다』, 앤 윌슨 섀프, 이상북스 참조).

중독 시스템은 마약이나 알코올 중독에 빠진 개인과 마찬가지로 병든 사고, 병든 태도, 병든 행위를 보이는 구조와 과정을 일컫는다. 그렇다. 사회적 참사가 우리의 소망과 달리 거듭 발생하는 까닭은 사회 자체가 중독 시스템이기 때문이다! 따라서 이 병든 시스템을 운용하는 당사자들(정치가, 행정가, 기술자)은 물론 그 시스템에 적응해 살고 있는 일반 구성원들(국민, 시민)이 모두 중독 시스템으로부터 벗어나 건강한 시스템을 만드는 게 근본 해법이다.

첫째, 돈 중독, 권력 중독, 경제 성장 중독에 빠진 시스템을 사람과 사람, 사람과 자연이 상호 존중하며 공생하는 시스템으로 전환해야 한다. 그래야 사회적 참사의 반복 없이 보다 안전하게 살 수 있다. 시스템 전환의 논의를 지금부터라도 새로 시작해야 한다.

둘째, 사회적 약자, 소수자, 이주민, 외국인 등을 차별적 시선으로 보는 사회가 아니라 다양성이 살아 숨 쉬는 사회를 만들어야 한다. '순수 혈통'에 대한 집착을 버리고 다양한 존재가 공존하면서 상호 이해와 협력의 수준을 높여 나갈 때 그 사회는 더 건강하게 지속된다.

셋째, 특권층이나 기득권층이 표준이라 하는 사회적 기준에 맞춰 '한 줄 세우기'로 통치하는 거대 사회는 닫힌 사회다. 이런 사회는 무한 경쟁과 차별, 분노와 증오를 조장, 불평등과 양극화를 정당화한다. 진정 더불어 살려면 '마을 공화국'에 기초한 열린 사회를 만들어야 한다.

과연 우리는 우리 자신의 느낌과 태도, 행위를 건강하게 쇄신하고 동시에 병든 시스템을 건강하게 전환함으로써, 사회적 참사의 공포가 없는 사회를 만들 수 있을까? 어쩌면, 아이들이 매일 핏기 없이 학교를 오가고, 노인들이 삶의 즐거움 없이 시간만 때우고, 노동자들이 경제 가치를 추구하는 노동에 매몰(노동 현장에서 해마다 2천 명 이상 죽음)된 우리네 일상 자체가 이미 '일상적 참사' 아닌가? 이런 면에서 이태원 참사는 매일 벌어지는 일상적 참사의 연장선일지 모른다. 따라서 참사의 반복을 막으려면 우리의 일상인 '중독 시스템' 자체를 근본적으로 바꿀 필요가 있다. 영화 「쇼생크 탈출」의

학부모들의 자화상

메시지처럼, "두려움은 당신을 감옥에 가두고, 희망은 당신을 자유롭게 한다". 이 희망은 우리 스스로 아직 없는 길을 하나씩 만드는 과정 안에 있다. 아무리 두려워도 서로 손잡고 함께 나가면 길을 만드는 즐거움을 맛보리라!

아이들의 참된 행복을 위하여

아이들과 허심탄회하게 소통하라

"아이가 영재반에 선발됐다는 소식을 듣자 슬며시 욕심이 생겼으나 아이의 눈빛에서 '그냥 지금까지 하던 대로 해 주세요' 하는 마음을 읽고는 곧바로 평상심을 되찾을 수 있었다."

　이 이야기는 꽤 오래전 초등 5학년 아들을 큰아이로 둔 38세의 어머니 이 씨의 말이다. 이 씨는 아들이 초등학교 2학년이던 1999년 봄에 담임 선생님으로부터 "아이의 말과 생각이 중학생 수준은 되는 것 같아요. 영재성이 보이는데, 특별 교육을 시켜 보는 게 어때요?" 하는 말을 듣고 귀가 번쩍 뜨였다. 동시에 '엄마 잘못 만나 아이의 영재성이 방치되고 있구나'하는 죄책감까지 들면서 마음이 조급해졌다. 그래서 이 씨가 나서서 의식적으로 '영재 교육'을 시작했다. 2학년짜리 아이의 책상에 중학생 수준의 책을 놓아주고 숙제 검사도 꼼꼼히 했다. "그렇게 하면 아이가 곧 중학생 수준의 능력을 갖출 것이라는 환상"을 가진 것이다.

그러나 엄마의 기대와는 달리 아들은 시간이 갈수록 말수가 줄어들고 친구들과 자주 다투게도 되었다. 예전과 달리 모든 것에 호기심을 나타내기보다는 엄마가 시키는 일 외에는 아무것도 하려 하지 않았다. 그러던 어느 날 글짓기 숙제가 마음에 안 든다고 다시 하라는 어머니의 성화에 아이는 울음을 터뜨리고 말았다. 그간 아이의 가슴속에 차곡차곡 쌓였던 스트레스가 마침내 폭발한 것이다.

이에 이 씨는 "서러움이 북받친 듯한 아이의 울음소리에 정신이 번쩍 들었다"면서 "내가 지금까지 아이에게 무슨 짓을 해 왔나 하는 생각에 나 자신이 부끄러워졌다"고 털어놓았다. 그 뒤 이 씨는 아이에게 과도한 기대를 하지 않고 영재에 대한 환상도 접고 학원에도 더 이상 보내지 않았다. 그러니 오히려 아이의 훌륭한 점들이 새롭게 보이기 시작했고 실제로 뭔가를 새롭게 만들어 내는 아이의 재주도 다시 발휘되기 시작했다. 그렇게 자연스럽게 아이를 대한 결과, 아이는 학습에 흥미를 되찾았고 마침내 한참 뒤에 시 교육청이 주관하는 과학 발명 영재반에 뽑혔다.

아이들의 욕구와 정서를 잘 읽어 내고 솔직한 마음으로 그에 따르려 한다면 오히려 아이들이 가진 잠재력을 맘껏 발휘하게 된다는 교훈을 주는 이야기다. 물론 나는 여기서 그 아이가 과학 발명 영재반에 뽑혔다는 사실에 강조점을 두고 싶지는 않다. 중요한 점은 그 어머니가 아이의 마음을 읽고 눈빛을 읽어 냈다는 것, 그리고 그것이 가진 의미를 몸소 실천했다는 것이다. 이렇게 그 어떤 강박증("꼭 ○○대에 가야 해!")이나 조급증("누구보다 더 빨리") 없이, 부모와 자녀 사이에 직접적이고 허심탄회한 소통이 이루어진다면 부모와 자녀들은 모두 건강한 삶을 되찾을 수 있다. 자신부터 건강해야 그 힘으로 가정도, 학교도, 사회도 건강하게 만들 수 있지 않을까?

영화 「어디 갔어, 버나뎃」 첫 장면엔 아름다운 남극 빙하를 배경으로 앙증맞은 카약을 타는 전문직 출신의 엄마가 나온다. 10대 딸아이가 엄마 인생을 철학적으로 말한다.

"엄마도 그랬던 것 같다. 위험신호에만 온 신경을 집중하느라 삶의 기쁨을 다 잊어버린 것 같았다."

무엇이 그랬단 말인가? 인류는 긴 세월에 걸쳐 생존을 지속하는 과정에서 부단히 새로운 위협을 감지하기 위해 기쁘고 감사한 감흥 같은 걸 금세 망각하는 뇌 구조를 갖게 되었다. 엄마 버나뎃 역시 창의적인 건축가로 그 분야에서 살아남으려 발버둥 치는 사이 삶의 기쁨과 고마움보다는 위험이나 생존 신호를 감지하는 데 촉각을 곤두세우느라 인생을 허비했다는 얘기다.

만일 지금 우리가 이 메시지를 진지하게 경청한다면 소결론은 어떻게 될까? 내 생각에 그것은 '부모 인생은 부모의 것, 아이 인생은 아이의 것' 그리고 '인생은 속도나 높이가 아니라 과정과 느낌이다'로 압축될 것 같다. 과연 우리는 오늘 행복을 오늘 즐기면서 살 준비가 돼 있는가? 오늘 행복을 내일로 미루지 마시라!

스스로 껍질을 벗어야 스스로 날 수 있다

어떤 생물학자가 막 번데기 껍질을 벗고 나오려는 새끼 곤충을 유심히 관찰하다가 다른 녀석들은 잘 나오는데 유독 하나가 끙끙대며 힘겨워하는 모습을 보게 되었다. 그래서 그는 그 곤충이 껍질을 쉽

아이들의 참된 행복을 위하여

게 벗고 나올 수 있도록 번데기 껍질을 조심스레 열어주었다. 덕택에 그 곤충은 다른 것들보다 쉽게 나왔다. 그 생물학자는 자신이 뭔가 좋을 일을 했다고 안도의 한숨을 쉬었을 것이다. 그래서 편안한 마음으로 이 곤충들이 어떻게 하나 하고 계속 관찰하였다. 그런데 놀랍게도 다른 곤충들은 스스로 잘 날아가는데, 이 학자가 도와준 곤충은 일단 껍질에서 나오기는 했지만 스스로 날지는 못하더라는 것이다. 그 이유가 무엇이었을까?

이 과학자가 오랫동안 분석한 결과는 이렇다. 즉 어린 곤충들이 번데기 껍질을 힘겹게나마 스스로 벗고 나오는 그 고통의 과정이 바로 스스로 날 수 있는 힘을 기르는 과정이더라는 것이다. 번데기 껍질을 자기 힘으로 벗고 나온 녀석은 스스로 날아갈 수 있었지만 다른 이의 도움으로 쉽게 나온 녀석은 혼자서 날아갈 힘이 없더라는 것이다.

이 짧은 에피소드에서 우리는 아이들 교육과 관련해서 중요한 교훈을 얻는다. 그것은 한마디로, '천천히 가더라도 스스로 살아갈 힘을 기르는 것', 이것이 올바른 교육이라는 것이다.

그런데 오늘날 우리 교육의 현실은 어떠한가? 그나마 다행인 것은, 20년 전 '교육인적자원부'라는 이름을 썼던 교육부가 제발 '인적자원'이란 말을 삭제하라던 이 책의 간절한 호소를 반영했는지 오늘날 '교육부'로 개명된 것이다. 하지만 교육부는 여전히 "인적자원개발정책"을 주요 과업으로 상정하고 있다. 학생들을 '인격체' 내지 '삶의 주인공'이 아니라 하나의 생산 요소인 '인적 자원'으로 본다는 것부터 잘못되었다. 중고등학교교육은 '대학입시'만을 위해 모든 에너지를 총동원하고 있고 학생들은 밤늦게까지 '자율' 학습을 '해

2부—엄마 아빠가 달라져야 교육이 살아요

야만' 한다. 그나마 많은 학생들은 교실에서 수업 시간에 자고 방과 후에 학원에 가서 눈에 불을 켜고 늦게까지 학원 강의를 듣는다. 심지어는 이제 유치원과 초등학교 때부터 '일류 대학'을 목표로 이런 것 저런 것을 해야 한다고 '강박증'에 사로잡히는 경우도 많다. 초등학생이 중학교 과정을, 중학생이 고등학교 과정을 미리 공부하는 '선행 학습'도 여전하다. 초중고교 10대 청소년이 해마다 약 300명 내외가 자살을 한다는 통계는 대단히 충격적이다. 이런 충격을 받고도 그 당시에만 이러쿵저러쿵 떠들다가 몇 주만 지나면 마치 아무 일도 없었다는 듯 예전처럼 돌아가는 사회, 우리는 이런 '사회적 불감증'으로 살아간다. 과연 이런 삶이 참된 인생인가?

슈퍼나 가게에 가면 한겨울인데도 봄나물이 나오고 봄에도 여름 과일이 나오는 것을 볼 수 있다. 특히 과일 같은 경우 '더 빨리, 더 높이, 더 크게' 자라도록 성장 촉진제나 호르몬제 주사를 놓기도 한다. 제철보다 이르게 나오니 시장에서 비싸게 팔린다. '더 빨리, 더 많이' 돈을 벌기 위해서다. 소비자들은 더 빨리 먹되, 더 많은 돈을 주고 더 해로운 것을 소비하는 셈이다. 막상 제철보다 이른 과일을 먹다 보면 맛은 싱겁고 값은 비싼데 기분이 나쁜, 그런 것이 대부분이다.

바로 이것이 우리가 아이들 교육과 관련해서 가진 '조급증'이나 '강박증'과 닮은꼴이다. 이제 우리는 '일류대 강박증'과 '조급성'을 버려야 한다. 스스로 껍질을 벗고 나온 존재가 역시 스스로 행복하게 살아갈 수 있기 때문이다.

여기서 나는 헤르만 헤세의 『데미안』에 나오는 명구를 기억한다. "새는 알에서 나오기 위해 투쟁한다. 알은 새의 세계이다. 누구든지

아이들의 참된 행복을 위하여

태어나려고 하는 자는 하나의 세계를 파괴하여야 한다." 스스로 껍데기를 깨고 더 큰 세상으로 나오는 아이들을 곁에서 사랑의 눈으로 느긋하게 지켜보면서 지지와 격려를 아끼지 않는 일, 이것이 어른들이 할 일이다.

여기서 한 걸음 더 들어가 보자. 껍데기를 깨고 나온 새는 엄마의 도움으로 자유롭게 나는 연습을 한다. 힘겨운 연습 끝에 마침내 새는 자유롭게 난다. 사실, 우리네 인생도 새처럼 자유로우면 좋겠다. 그런 자유인들이 연대하면 무슨 일이건 즐겁게 해낼 수 있다.

독립연구자 고병권 선생은 『자본 강의』(천년의상상, 2022)에서 '포겔프라이 프롤레타리아'(vogelfreie Proletarier) 개념을 설명하면서 "결국 해방은 '새의 먹이로 던져진 존재'가 '새처럼 자유로운 존재'가 될 수 있는가에 달려 있다"고 했다. 무슨 뜻일까?

중세 봉건제 사회가 해체되면서 인클로저운동으로 인해 그간 농지에 속했던 사람들이 속수무책으로 쫓겨났다. 그것도 대량으로 비참한 상황에 내몰렸다. 이들이 곧 '포겔프라이 프롤레타리아'다. 이들은 한편에서는 신분제로부터 해방(자유)됐고 다른 편으론 생산수단으로부터 해방(박탈)됐다. 신분 해방이 '새처럼 자유로운 존재'를 상징한다면, 생산수단 박탈은 '새의 먹이로 던져진 존재'를 상징한다. 그래서 이들은 생존을 위해 결국 노동시장과 공장으로 갈 수밖에 없게 된다. 그러나 노동시장과 노동 과정 속에서 이들은 더 큰 새의 먹이, 즉 '자본의 먹이'로 전락한다. 그래서 이 자유는 허구다. 이 허구적 자유를 넘어 진정한 해방을 이루려면 '새의 먹이로 던져진 존재'가 온갖 역경을 이기고 '새처럼 자유로운 존재'로 거듭나야 한다는 말이다.

노동과 자유, 그 이상한 함정

약 200년 전 영국 공장에선 노동자가 매일 15~16시간 유혈 노동을 했다. 이에 하루 10시간 노동제 운동이 거세게 일었다. 1836년 당시 옥스퍼드대 경제학과의 나소 시니어 교수는 "10시간 노동제 시행 시 자본가에겐 한 푼도 안 남을 것"이라 주장했다. 당시 공장법은 18세 미만 청소년에게 11.5시간 이상 노동을 금했다. 시니어 교수는 여기서 1시간만 줄여도 순이익이 사라진다며 펄쩍 뛰었다. 이게 그 유명한 '시니어의 마지막 1시간'!

이 이론은 마르크스의 『자본』에서 보기 좋게 논박됐다. 핵심은 노동자의 실노동시간을 고정자본 보전 시간, 유동자본 보전 시간, 순이익의 시간으로 나눈 방법론 자체가 오류라는 것! 즉, 노동자는 노동의 전 과정에서 필요 노동과 잉여 노동을 동시 수행하기에, 노동시간이 줄어도 이윤은 계속 생산된다. 그렇지 않다면, 1800년 무렵 하루 15시간 노동이 1848년 공장법 적용 이후 10시간으로, 또 1930년대 이후 8시간으로 줄면서 벌써 자본주의는 파산했을 터!

그런데 흥미롭게도 2022년 대한민국은 200년 전 당시 영국의 노동시간을 재현하려 한다. 노동 관련 대학교수 12명으로 구성된 '미래노동시장연구회'가 12월 12일, 대정부 권고안을 낸 것! 이 연구회는 근로기준법상 탄력근로시간제 정산 기간을 현행 최대 3개월에서 향후 365일로 늘리면 주당 최대 69~80시간 노동이 가능하다 했다. 현행 정규 노동은 주 40시간(주 5일제)이다. 그러나 이들은 '일중독 장려회'라도 되는 듯, 노동시간을 2배나 늘리려 한다.

여기서 나는 세계 최초 과로사 노동자인, 1863년 영국의 메리 앤

워클리라는 노동자의 죽음을 기억한다. 당시 20세 여성 메리는 귀족용 무도복을 만드느라 하루 16시간씩 일했고, 성수기를 맞아 연속 27시간째 일하다 사망했다. 이런 참사가 1960~1970년대 전태일 청계피복공장, 1980~1990년대 자동차 공장에 이어 21세기 한국에서도 반복될까 봐 두렵다. 실은 2022년 1월 말부터 중대 재해 처벌법이 시행 중이지만, 노동 현장에서는 매일 참사가 일어난다.

더 놀라운 것은 윤석열 대통령이 2022년 12월 13일 국무회의에서 '민주노총＝자유 민주주의 파괴 세력＝타협 불가 세력'이라 규정하고 사실상 배제를 선포한 일! 그 직접적 계기는 '안전운임제' 연장과 확대를 요구하며 2주일 이상 파업을 감행한, 민주노총 공공운수노조 소속 '화물연대'의 단체행동이었다. 대통령은 화물연대 파업(11월 24일~12월 9일) 후속 대책에 대해 "우리 공동체의 기본 가치가 자유라는 데에 동의하는 사람들과는 협치나 타협이 가능하지만, 자유를 제거하려는 사람들, 거짓 선동과 협박을 일삼는 세력과는 함께할 수 없다"고 했다. 노동자의 단체행동을 '자유를 제거하려는 범죄'로 낙인찍은 셈!

자유(自由)! 좋은 가치다. 그러나 그 본연의 뜻이 무엇인가? 스스로(自) 말미암는(由) 것, 이는 그 어떤 외적 강제 없이 마음에서 우러나오는 느낌과 감정, 생각과 의지, 즉 내재적 동기(intrinsic motivation)에 따른 행동이다. 물론, 무책임한 자유는 방종일 뿐! 따라서 내재적 동기에 기초하되 책임성 있는 삶, 이것이 참된 자유다.

그러나 이 자유를 권력과 자본은 자신들 마음대로 왜곡한다. 예컨대, 1940년대 독일 나치 세력이 수백만 사람들(유대인, 노조원, 사회주의자, 공산주의자, 집시, 성소수자 등)을 강제로 가두고 노동을 강요한 2만여 집단수용소 입구엔 "노동이 너희를 자유롭게 하리라(ARBEIT MACHT FREI)"라고 씌어 있다. 지금도 베를린 근교 작센하우젠이나 뮌헨 인근 다하우에 가면 그 생생한 역사가 있다. 영화 「쉰들러 리스트」에도 나오듯, 나치의 약속은 새빨간 거짓이었다. 노동은 자유의 토대가 아니라 그 자체로 억압과 죽음이었다!

다시 한국을 보자. 현행 노동법을 억지로 우회하며 노동시간을 공짜로 연장하려는 것, 그간 지렁이 기듯 천천히 단축된 노동시간의 시계를 역류하는 것, 노동자의 정당한 단체행동을 '업무개시명령'으로 분쇄한 것, 느닷없이 '노동조합 부패'를 한국의 3대 부패라며 노조운동을 부정하는 것, 이 모든 일들은 결코 자유로운 사고의 결과가 아니다. 그것은 자본과 권력이라는 외재적 동기(extrinsic motivation)의 압력일 뿐! 이는 국민으로부터 권력을 위임받은 이들이 국민을 위해 일하기보다 자본과 권력의 속성을 '내면화'한 채 그 대리인 역할을 하기 때문. 그들이 말하는 자유는 돈벌이의 자유!

윤 대통령은 12월 21일 청와대 영빈관에서 열린 비상경제민생회의에서, "노동시장에서의 이중구조 개선이라든가 합리적 보상 체계를 만드는 것, 노·노 간 착취적인 시스템을 바꿔나가는 것이야말로 노동의 가치를 존중하는 것"이라 했다. 그러나 진정 '노동 가치'를 존중한다면 그 접근 방식은 많이 달라야 한다.

첫째, 화물연대 파업은 물론, 모든 노동자 파업을 법으로 제재하기 전에 그 고충과 불만이 뭔지 경청해야 한다. 현장 목소리에 귀를 기울이는 것, 그것이 노동 가치 존중의 첫걸음이다.

둘째, 노동 가치 존중이란 결국 노동자의 삶을 존중하는 것! 그렇다면 노동자들도 인간다운 삶을 누려야 한다. 그 지름길은 잔업 수당 없는 노동시간 연장이 아니라 오히려 노동시간 단축이다. '오후가 있는 삶'이 가능하면서도 생계 불안이 없어야 한다.

셋째, 노동 가치를 진심 존중하려면 헌법 33조의 노동 3권, 즉 단결권, 단체교섭권, 단체행동권을 적극 보장하고, 생산 현장의 민주주의도 이뤄야 한다. 노동 현장에 만연한 '갑질' 문화, 각종 차별과 불평등 구조, 일방 명령과 지시, 양심 배반의 꼼수들, 이 모두를 자주관리기업 '우진교통' 수준으로 고쳐야 한다.

물론, 현 정부로부터 이런 걸 기대하기보다는 '우물에서 숭늉 찾기'가 더 쉬울지 모른다. 또, 근본적으로 보면, 자본주의 상품 사회는 '노동 가치' 위에 성립, 지속되는 시스템 아닌가? 따라서 '노동 가치 존중'은 오히려 자본주의 시스템 유지에 기여한다! 이태원 참사 희생자를 "놀다가 죽었다"며 비아냥거린 것도 이 기저의 진실, 즉 노동이야말로 자본주의 경제의 근본이라는 무의식의 반영일 뿐이다.

그렇다면 억압과 차별, 착취와 파괴를 근원적으로 발본색원하는 길은, 노동, (교환)가치, 상품, 화폐에 기초한 시스템 원리 자체를 비판, 성찰하고 마침내 '헤어질 결심'을 하는 것! 향후 우리가 가야 할 길은 산티아고 순례길(800km)보다 훨씬 멀다.

노동과 자유! 겉으론 아름답고 멋지나 그 맥락과 근본을 볼수록 무서운 덫이다. 죽도록 노동하며 자유를 누릴 순 없다. 정작 우리에게 필요한 건, '부유한 노예'를 위한 긴 노동시간이 아니라 인생의 참 주인("새처럼 자유로운 존재")이 되기 위한 성찰적 자유시간이 아닐까?

영화 「노 임팩트 맨」과 '나부터' 일상 혁명

지구 온난화로 상징되는 전 인류의 위기는 결코 온실가스만의 문제가 아니다. 현 인류가 직면한 삶의 위기는 근본적으로 '대량 채굴-대량 생산-대량 소비-대량 폐기'를 통해 무한 이윤을 추구하는 자본주의 사회경제 시스템의 문제에서 비롯되기 때문. 이렇게 무한 이윤을 추구하는 자본주의 생활양식이 초래하는 자원 고갈, 지구 온난화, 초미세먼지, 미세 플라스틱, 거대한 쓰레기, 코로나 위기, 6차 대멸종의 위협, 사회경제 양극화, 빈곤의 세계화, 방사능(핵) 공포, 전쟁 위기 등 다차원의 위기를 나는 '복합적 삶의 위기'라 부른다. 인류 전체가 직면한 이 복합적 삶의 위기는 우리의 기본 인권인 '생존권' 자체를 벼랑으로 내몬다. 어쩌면 보다 인간답게 살고자 하는 '생활권' 주장은 이 생존권 위기 앞에 사치 내지 한가한 소리일지 모른다.

그러나 이 복합적 삶의 위기를 온 세상 언론이나 학계가 각종 사진이나 자료로 아무리 경고하고 경각심을 일깨운다 해도 현실에서 큰 변화는 일어나지 않는다. 발전소는 여전히 돌아가며 자동차는 갈수록 늘고 쓰레기는 넘친다. 정말 갑갑해지는 지점이다. 과연 우리는 지금의 지구를 후손들에게 물려줄 수나 있겠는가? 기본 인권인 생존권을 위해서라도 인류 스스로 변해야 하는데 도대체 변하지 않는 까닭은 무엇인가?

내가 보기엔 크게 두 가지가 문제다. 하나는 우리 스스로 편리와 안락에 중독(addiction)되어 있기 때문이다. 다른 하나는 자본주의에 이해관계(interest)를 걸고 있는 자들이 자본주의 시스템을 바꾸

아이들의 참된 행복을 위하여

고 싶지 않기 때문이다. 사태를 심층적으로 보면, 이 두 측면은 서로 연결돼 있다. 즉, 자본주의로부터 이득을 얻는 집단(상위 10% 내외의 부유층, 권력자, 지식인 등)은 그 지배 질서가 주는 달콤함에 중독돼 있고, 중하류층은 스스로 더 노력하면 10% 상류층에 들거나 그들과 비슷한 삶을 영위할 수 있을 거라 믿고 그들 삶을 부러워하거나 동경하며('강자 동일시'), 자본주의 생활 방식이 주는 온갖 편리함과 안락함에 중독된 채 살기 때문이다.

오늘날 우리는 식민주의나 노예제도에 대해선 본능적인 거부감을 가진다. 그러나 자본주의에 대해선 그런 느낌이 별로 없다. 설사 약간의 거북함이 있더라도 '그 누가 이 거대한 시스템을 바꿀 수 있겠는가'라며 아예 처음부터 변화의 가능성을 스스로 부정한다. 그러니 무슨 근본적인 변화가 오겠는가?

그러나 눈을 크게 뜨고 역사를 길게 보시라. 인류가 농사를 짓기 시작한 신석기 시대부터 지금까지 약 1만 년의 세월이 흘렀다. 원시 공동체 사회도 있었고, 노예제나 봉건제도 있었다. 그 뒤 지금의 자본주의, 또 자본주의를 극복하려 한 사회주의나 공산주의도 있다. 그런데 자본주의의 역사는 길어도 500년이고 지구 온난화와 기후 위기를 초래한 시기는 최근 100년 사이다. 즉, 1만 년 인류 역사 중 현 위기를 초래한 자본주의는 500년이니, 인류는 95%의 기간을 비-자본주의적으로 살았다! 인류의 생존 방식이 자본주의가 아니라도 얼마든 가능하다는 얘기! 미래 지향적으로 보면, 인류의 생존권은 자본주의를 넘어설 때 제대로 보장된다.

요컨대, 인류의 긴 역사 중 자본주의는 노예제나 봉건제를 타파하고 '신분의 자유화'나 '소비의 민주화'라는 역사적 성과를 냈지만,

지난 수백 년의 자본 운동 속에서 자원 고갈과 기후 위기 등 복합적 삶의 위기라는 모순을 불렀다. 만일 우리가 이 모순을 직시하고 사람과 사람, 사람과 자연이 공생하는 새 시스템을 만든다면 우리 후세의 생존이 지속 가능할지 모른다.

이런 면에서 영화 「노 임팩트 맨」은 대단히 시사적이다. 왜냐하면, 새로운 변화는 누군가 붉은 깃발을 들고 '앞서서 나가니 산 자여 따르라!'고 외쳐서 될 일이 아니라, '썩은 손톱 아래 새 손톱이 조금씩 돋아나 마침내 헌 손톱을 밀어냄으로써' 올 것이기 때문!

「노 임팩트 맨」의 주인공 콜린은 명상가이자 프리랜서이고, 그 아내 미셸은 직장인이자 쇼핑광이다. 두 살배기 딸도 있다. 이들은 미국 뉴욕의 도시민이다. 이들은 '기후 위기 시대, 한 개인이 도시에서 무엇을 할 수 있을 것인가'라는 화두로 1년간 실험을 한다. 세계 인구의 대다수가 도시에 산다는 점을 감안한다면 상당히 의미 있는 실험이다. 그 제목은 '뉴욕 한복판에서 환경에 영향을 주지 않고 살아남기 1년 프로젝트'다. 한마디로, '나부터' 생활 혁명이다. 생존권이라는 인권(인간의 권리)을 지키기 위해 인간의 도리를 다하는 셈이다. 이 영화가 우리에게 주는 메시지는 이렇다.

첫째, 문제 인식은 근본적으로, 그리고 실천은 작은 것부터 하는 것! '나부터' 생활 혁명의 시작이다. "변화가 필요할 때, 정부나 기관에서 해 줄 때까지 기다릴 것이 아니라 나부터 그 변화를 시작하면 된다." 사실, 전형적인 뉴요커인 콜린은 언론에서 종종 보도되는 '환경 문제'에 대해 혼자 걱정만 했지 정작 자신은 작은 실천도 하지 않았다. 자본주의가 주는 편리함에 중독된 탓! 그러나 어느 순간, '더 이상 이럴 게 아니다', '세상에 작은 기여라도 해야 한다'라는 느낌에 반응하기 시작했다. 그의 '나부터' 실천은 이랬다. 플라스틱이나 일회용품 안 쓰기, 엘리베이터 대신 계단으로 다니기, 지역 농산물 애용으로 음식 만들기, 음식물 쓰레기로 퇴비 만들기, 자전거 타기, 장거리 여행 자제, 전기 안 쓰기, 헝겊 기저귀 쓰기 등이다. 얼핏 쉬운 듯 보이나, 아무리 작은 일도 쉽진 않다. 그러나 좌절하지 않는 한 길은 열린다! 여기서 중요한 점은, '나부터' 실천에 있어 다른 사람의 눈치를 보거나 실천의 결과에 대해 의구심을 갖기보다 스스로 삶에 대한 책임감으로 진정성 있게 임하는 것이다. 요컨대, 삶에 대한 책임감이야말로 인간의 권리(인권)를 논할 수 있는 전제 조건이다. 복합적 삶의 위기에 처한 오늘날, 삶에 대한 책임감은 (집착이 아니라) '포기'의 미학, (탐욕이 아니라) '절제'의 미학과 연결된다. 그런 자세로 실천하는 한 우리는 문제를 완전히 해결하진 못하더라도, 문제 해결을 위해 최선을 다했노라 자부할 수 있다.

둘째, '나부터' 실천하되, '더불어' 실천하는 것이 세상을 바꾸는 데 도움이 된다는 점이다. 프리랜서 주인공인 콜린의 아내 미셸은 남편과 달리 전형적인 직장인이다. 매일 깔끔한 복장에 플라스틱이나 일회용 커피잔을 애용했다. 그러니 남편 콜린이 '나부터' 환경 실천을 하기 시작하면서 이 둘의 삶의 방식은 사사건건 충돌했다. 어쩌면 아내 미셸의 생활 패턴은 전형적인 자본주의 삶의 방식이었다. 여기서 흥미로운 점은 콜린이 '나부터' 실천을 하되, 그 아내와 가족의 삶에 대해 이른바 '꼰대'처럼 지시나 명령조로 접근하는 게 아니라, 부단히 대화하고 소통하는 가운데, 하나씩 탈출구를 찾아나가는 식으로 행한 것이다. 콜린은 자신의 올바름 때문에 타인과 고립되는 것이 어리석음을 알았다. 그는 비틀거리면서도 천천히 앞으로 나아갔다. 이렇게 「노 임팩트 맨」은 환경에 임팩트(악영향)을 주지 않되, 사람에게는 임팩트(영향력) 있는 실천을 함으로써 누구나 자본주의 중독 시스템으로부터 벗어날 수 있음을 시사한다. 자신을 바꾸고 가족을 바꾸고 주변 사람들의 의식을 바꾼 임팩트! 콜린은 말한다. "우리는 모두 한배를 타고 있다. 그것이 위안이다. 나만 두렵고, 외롭고, 걱정되는 게 아니다. 우리 모두 자신을 어쩔 줄 모른다. 하지만 한 가지, 서로 돕는 법은 알고 있다." 그렇다. '나 홀로'는 두렵다. 그러나 소통하고 연대하면 두려움은 사라진다. 인권을 위해선 연대가 필요하다.

한편, 여기서 남는 구조적 문제는, 자본주의 '대량 생산-대량 소비-대량 폐기' 방식으로부터 이득을 얻는 이들이 그 문제점과 모순을 잘 인식하고 더 이상 그를 유지하지 않겠다는 결심을 대대적으로 할 수 있는가 하는 점이다. 이 점에 대해 영화 속 주인공 콜린은 간접적으로 말한다. 우리는 지금껏 더 편리하게 살기 위해 더 열심히 일했다고, 그러나 어느 순간부터 주객전도가 일어났다고 말이다. 더 편리하다는 것은 더 많이 일할 수 있다는 것이고, 이것은 더 많은 돈을 버는 것과 연결된다. 그러나 이것은 곧 더 많이 일하기 위해, 더 편리하게 살기 위해, 그 돈을 다 소모해 버리는 것으로 이어진다. 한마디로, 우리는 자본의 증식 운동을 위한 톱니바퀴에 불과하다. 게다가 자본의 증식 기계는 총체적 파국을 향해 달리지 않는가? 만일 인류 전체가 이런 진지한 통찰을 한다면, 그리하여 중독 시스템 자체를 포기하고 전혀 다른 삶의 방식을 실천한다면 희망이 싹트지 않을까? 요컨대, '익숙한 삶과의 결별'이야말로 희망의 근거다. 그를 위해서라도 "서로가 서로를 돕기" 시작해야 한다. 어쩌면

이 점이야말로 이 영화가 우리 모두에게 던지는 무언의 화두일지 모른다.

물론, 일본 학자 사이토 고헤이 교수가 『지속 불가능 자본주의』(다다서재, 2021)에서 말하듯, 이런 개인적 실천은 자칫 '그린 워싱'(green washing) 즉, 자기기만에 그칠 위험이 크다. 따라서 이러한 '나부터' 실천과 함께 파괴적인 시스템 자체를 어떻게 바꿀 것인지에 대해서도 깊이 토론해 나가야 한다. 사이토 교수는 '탈성장 코뮤니즘'을 구조적 대안으로 제시한다. 핵심은 크게 다섯 가지로, 사용가치 경제, 노동시간 단축, 분업 폐지, 생산과정 민주화, 필수노동 중시다.

셋째, 이 영화(2009년 제작, 다큐멘터리)는 영화 자체를 생태적으로 만들었다는 점에서 삶에 대한 책임감을 스스로 실천했다. 우선, 이 영화는 파국과 공포, 두려움을 통해, 즉 충격 요법을 통해 사람들에게 메시지를 전하려 하기보다 유쾌하고 뜻있는 실천을 통해 감동을 준다. 다음으로, 「노 임팩트 맨」의 감독 로라 가버트와 저스틴 쉐인은 '콜린'의 요구에 따라 영화 제작 과정에서부터 환경을 지키는 방안을 실행에 옮겼다. 촬영 과정에서의 '노 임팩트' 프로젝트는 절약, 재사용, 재활용의 세 가지 형태를 띠었다. 영화 촬영의 주 도구인 카메라도 새로 구입하는 대신 기존의 디지털 캠코더를 선택했다. 또 「노 임팩트 맨」은 한 명의 촬영 기사가 배낭 속에 작은 카메라와 무선 마이크로 폰을 넣고 등에 멘 채 촬영했다. 이 촬영 기법은 주인공들을 좀 더 근거리에서 자연스럽게 촬영하게 했다. 나아가 제작진은 자동차 대신 전철과 자전거로 이동했으며, 주인공을 따라가며 촬영할 때도 자전거나 인력거를 활용했다. 조명도 인공조명 대신 자연광이나 초를 최대한 활용했다.

물론, 나는 70억 인구 중에 과연 몇 명이 이 영화를 보고 감동을 받아 '나부터' 그리고 '더불어' 실천에 나설지에 대해 거시적 비관을 한다. 그러나 나는 콜린처럼 '나부터' 깨어나 꾸준히 실천하는 사람들이 많아질 때 그 작은 실천의 삶 자체가 우리 후손들에게 작은 교과서가 되리라 믿는다. 그 핵심은 자본주의와 중독에서 벗어난 새 삶의 방식을 실천하는 것! 그리하여 마침내 지구 종말이 오더라도, 그로 인해 인류의 대다수가 멸종하더라도, 최후에 살아남은 몇몇 중에 이런 진지한 실천을 배운 아이들이 있어 그다음 세상을 이끌 새 출발이 된다면, 그리하여 후손들이 지속 가능한 인권을 누리며 산다면, 그것이야말로 현재 '나부터' 실천의 존재 이유다. 거시적 비관 속에서도 미시적 낙관을 하는 근거다.

'지금 여기서' 느끼는 참된 행복

어느 대기업 회장이 은퇴하고 한적한 시골에 내려왔다. 그런데 그 곁에는 볼품없는 한 노인이 홀로 낚싯대를 드리우고 있었다. 잔잔한 강물과 호젓함으로 오랜만에 평온한 시간을 보내던 회장이 마침내 노인에게 말을 걸었다.

"여보시오, 당신은 무얼 하던 사람이오?"

노인이 말했다.

"그저 한갓 촌부일 따름이오."

이 말을 들은 회장은 마치 자랑이나 하듯 지나온 자신의 삶을 유창하게 늘어놓았다.

"나는 오랫동안 열심히 일해서 세계적인 기업을 일궈냈다오. 돈도 대단히 많이 벌었지요."

"그래서요?"

"난 돈을 많이 벌어서 은퇴 후에는 멋진 별장을 짓고 이런 시골에서 여유로이 지내는 것이 꿈이었소."

이에 시골 노인이 말했다.

"그렇소? 난 오래전부터 이렇게 종일토록 낚싯대를 드리우고 있었소이다."

물론 이 이야기를 읽고 무릎을 탁 치는 우리가 모두 그 시골 노인처럼 살기는 어려울 것이다. 또 어찌 보면 굳이 그렇게 할 필요도 없다. 그러나 분명한 것은 우리가 삶을 대하는 태도에 따라 구체적인 삶의 모습이 각양각색으로 나타날 수 있다는 것이다.

참된 행복에 이르는 길은 과연 무엇인가? 내가 보기에 은퇴한 대기업 회장은 돈의 패러다임 속에서 긴 위계질서의 가장 높은 자리를 차지하고 난 뒤에 비로소 '삶의 패러다임'을 찾았다. 그나마 마지막에 패러다임을 바꾼 것은 다행이지만, 그 순간까지 그는 경쟁자를 물리치기 위해, 더 높은 이에게 인정받기 위해, 권력자들에게 잘 보이기 위해, 세계 최고의 명예를 얻기 위해 진정한 자기를 잊고 살아야만 했다. 그러나 시골 노인은 처음부터 삶의 패러다임 속에서 살아왔기에 경쟁자를 물리치고 높은 사람에게 잘 보이고 자기 능력을 과시해야만 하는 그런 '강박증' 자체를 모르고 살 수 있었다.

나는 우리의 젊은 학생들, 청소년들, 어린이들, 아동들이 처음부터 삶의 패러다임 속에서 오순도순 살아가는 모습을 그려본다. 마치 제각각의 얼굴과 재주를 가진 다람쥐들이 서로 격려하고 도와 가며 살아가는 모습을 보듯. 또 마치 시골 노인이 들과 산에서 뛰놀며, 강가에서 가재도 잡고 논에서 우렁이나 미꾸라지도 잡으면서 커왔듯. 그런 가운데 아이들은 과연 무엇이 정말 재미있는 일이고 과연 무엇이 정말 하고 싶은 일인지 차츰 배우고 깨닫게 될 것이다. 그럴 때 어른들은 아이들이 정말 배우고 싶은 것을 친절하고 소상하게 잘 가르쳐 주면 된다. 아이들을 점수로 비교하면서 평가할 필요도 없다. 굳이 점수를 준다면 '절대 평가' 개념으로 아이들 각자가 어떤 면에서 어떤 발달을 보여 주는지, 무엇을 더 잘하고 무엇을 더 흥미 있어 하는지, 이런 것들만 평가하면 된다. 그러면 굳이 아이들을 수직적 서열로 세울 필요도 없다. 모두는 모두에게 필요한 존재임을 가르치고, 그리하여 아이들이 자기 재주를 맘껏 뽐내고 더욱 향상시킬 수 있는 그런 터전을 마련해 준다면 아이들은 자아실현은 물론 자기 생계 또한 너끈히 해결할 수 있을 것이다. 그런 점에서 경제 구조도 모든 아이들이 각자의 취향과 재주를 발휘할 수 있는 구조로 재편해야 한다. 나는 이렇게 사람과 사람, 사람과 자연이 하나의 공동체로 어우러지는 사회를 '생태 민주주의' 대안 사회라 본다. 어렵더라도 그렇게 가야 모두 더불어 건강하게 살 수 있다.

아이들의 참된 행복을 위하여

3부

희망학교, 꿈선생님

인디언 아이들의 시험과 백인 아이들의 시험

미국의 어느 학교에 인디언 아이들이 전학을 왔다. 어느 날 선생님이 "자, 여러분 이제 시험을 칠 터이니 준비하세요" 했다. 백인 아이들은 우리가 그랬던 것처럼 필기도구를 꺼내고 책상 가운데에 책가방을 올려 짝꿍이 엿보지 못하게 함으로써 시험 칠 준비를 했다. 그런데 인디언 아이들은 마치 게임이라도 하려는 듯 책상을 돌려 둥그렇게 모여 앉는 것이 아닌가? 그래서 선생님은 "얘들아, 시험 칠 준비하라고 그랬잖니?"라고 화를 냈다. 이에 인디언 아이들이 말했다. "선생님, 저희들은 예전부터 어려운 문제가 있을 때마다 서로서로 도와 가며 해결해야 한다고 배웠어요"라고 말했다고 한다.

바로 이것이다. 사람이 살아가는 과정 자체가 시험이 아닌가? 그리고 삶의 과정에서 부딪히는 온갖 문제들을 풀기 위해 공부하는 것이 아닌가? 그리고 그런 삶의 문제를 지혜롭게 푸는 데는 서로 경쟁하는 것보다는 서로 협동하는 것이 훨씬 낫지 않은가? 이러한 목적과 과정이 모두 결여된 오늘날의 공부와 시험은 과연 무슨 의미를 지닌단 말인가?

학교에서 치르는 시험이나 고등학교나 대학 입학을 위한 시험은 사실상 학생들을 한 줄로 세워서 공부 잘하는 사람과 못하는 사람으로 가려내기 위한 것이다. 그것도 따져 보면 대체로 암기력이 훌륭한 사람과 그렇지 못한 사람으로 구분되는 것 같다. 이러한 방식은 아마도 뛰어난 기억력이 필요한 분야에서 일을 할 사람을 가려내는 데는 도움이 될 것이다. 그러나 그 외의 분야에는 별로 쓸모가 없다. 또 근본적으로는, 쓸모 기준으로 사람을 구분하는 것 자체가 별로 기분이 좋지 않다. 모든 존재는 그 자체로 소중하기 때문이다. 그런데도 우리는 수십 년을 그렇게 하고 있다. 우리 어른들이 해 온 방식을 우리가 배워 왔고 우리가 배웠던 것을 다시 우리 아이들에게 대물림하고 있는 것이다. 약간씩 모양은 달라졌지만 내용상으로는 마찬가지다.

이제부터라도 시험과 평가, 점수와 등급이 가지는 의미에 대해 풍성한 토론을 벌여 나가야 한다. 누구를 무엇을 위한 시험인지, 누구를, 무엇을 위한 점수인지에 대해 물어야 한다.

여기서 나는 중학교 시절 영어 시간에 선생님이 시험 성적에 따라 우리 엉덩이를 몽둥이로 때렸던 기억을 떠올린다. 지난번 시험 성적보다 이번 시험 성적이 같거나 오르면 안 맞았지만 내려가면 그 격차만큼 두들겨 맞았다. 나는 당시에 선생님이 우리를 위해 합리적이고 정당한 방법을 쓴다고 생각했다. 결국은 우리 성적을 올리려고 하는 일이었기 때문이다. 물론 선생님마다 방법은 조금씩 달랐다. 어떤 선생님은 왼손으로 왼쪽 볼을 잡고 오른손으로 오른 볼을 때렸다. 어떤 선생님은 그냥 손바닥만 때리는 것으로 그쳤다. 또 어떤 선생님은 말로만 좀 더 열심히 하라고 격려하고 지나갔다.

물론 그걸로 체벌이 끝나는 건 아니었다. 종례 시간이 되자 전교 석차가 담긴 종이를 들고 담임 선생님이 들어오셨다. 우리는 이제 전교 석차가 내려간 만큼 몽둥이찜질을 당하는 그런 시간을 보내야 했다. 예컨대 나는 3월 월말고사에서 전교 7등을 한 적이 있었는데 4월 월말고사에서 전교 30등을 하는 바람에 '엎드려 뻗쳐!'를 한 뒤 무려 23대의 몽둥이찜질을 당했다. 한 대 두 대 내려치면서 선생님의 얼굴은 점차 이성을 잃고 스스로 격화되었다. 나중에는 때리는 것 자체에 동력이 걸린 듯했다. 죽을 지경이었다. 그러나 "악!" 소리를 낼수록 몽둥이 강도는 더 세어졌다. 그래서 나는 "악!" 소리도 내지 못하고 아파서 눈물을 쏟으며 이를 악물었다. 그러고는 "다음엔 꼭 성적을 올려서 '선생님, 제 성적 좀 봐주세요!' 하며 복수해야지!"라고 생각했다. 바로 그것이 선생님이 원하는 바였다. 그래야 자기도 올라가고 학교 이름도 올라간다. 그래서 무엇을 하려는 것인지는 잘 모르겠지만.

이런 과정을 겪으며 나는 오로지 성적을 올리는 것만이 일차로는 선생님께 두들겨 맞지 않는 길이고, 이차로는 부모님께 효도하는 길이며, 삼차로는 조국과 민족을 위한 길이라고 믿었다. 그래서 "우리가 맞는 매는 모두 다 피가 되고 살이 된다"고 믿었다.

그 정도로 나는 그런 폭력 앞에 거부감을 갖기는커녕 스스로 '수용'하고 있었다. 게다가 나는 그 선생님들이 너무나 실력 있게 보였고 따라서 "나도 커서 저런 선생님이 되어야지" 하고 생각했다. 요컨대 나는 '실력' 있는 선생님, 그러나 이유야 어떻든 폭력을 휘두르는 선생님 앞에 매를 맞으면서도 '강자 동일시'를 했던 셈이다.

그런데 지금 생각해 보면 나는 당시 영어 선생님이 우리 반에서 가장 공부를 못하던 급우에게 했던 말이 가슴에 사무친다. 그 친구가 영어 시험에서 여러 번 0점을 받자 그 선생님은 "야, ○○야, 너는 맞을 필요가 없다. 그냥 들어가라!" 하신 것이다. 아마 그 순간 그 친구는 요즘 말로 "아싸—" 했을지도 모른다. 그러나 내가 보기에 그 친구의 가슴속 다른 구석에는 "나는 선생님마저 포기한 놈", "더 이상 가망성이 없는 놈"이라는 낙인이 박혔을 것 같다. 매를 맞으며 울던 나도 불쌍했지만 매를 맞을 필요조차 없게 되었던 그 친구가 더 불쌍하다. 지금 같았으면 그 친구를 포함한 모두가 그 선생님 앞에 몰려 나가 "선생님, 제발 때리지는 마세요!"라고 말렸을 터인데 말이다.

복잡한 반성,
잃어버린 학교를 찾아서

애국가와 국기에 대한 맹세

"나는 자랑스러운 태극기 앞에 조국과 민족의 무궁한 영광을 위하여 몸과 마음을 바쳐 충성을 다할 것을 굳게 맹세합니다."

초등학교 시절부터 중고등학교를 마칠 때까지, 그리고 간혹 공식적인 행사가 있을 때마다 우리는 이 국기에 대한 맹세를 들으며 속으로 굳게 다짐을 해왔다. 조국과 민족에 대한 변함없는 충성을 말이다. 그 맹세 뒤에는 당연히도 애국가를 불렀다. 애국가는 "동해물과 백두산이 마르고 닳도록"이란 1절로 시작하여 "이 기상과 이 맘으로 충성을 다하여 괴로우나 즐거우나 나라 사랑하세"라는 4절로 끝났다.

내가 가만히 세어 보니 초중고 12년 교육 기간 동안 대강 300번에서 500번 정도의 맹세와 애국가 제창을 해 온 것 같다. 영화 「국제시장」에도 잘 나오듯, 한동안은 오후 늦게 국기 하강식 때 길거리에서조차 가던 길을 멈추어 서서 가슴에 손을 얹고 충성을 맹세했다.

심지어는 밤늦게 텔레비전을 보다 보면 방송이 끝날 무렵 태극기와 애국가를 또다시 보게 된다. 이런 점에서 애국가는 거의 일상생활이 된 셈이다.

그런데 애국가나 국기에 대한 맹세의 경우, 수십 번 수백 번 반복되다 보니 나중에는 아마도 글귀 하나하나의 의미를 되새기기보다는 거의 자동적으로 외우고 지나간 것 같다. '건성'으로 한다고나 할까? 그냥 하나의 의례로 한다고나 할까? 사실 이래서는 원래의 엄숙한 맹세가 가지는 의미조차 많이 퇴색된다. 이런 통탄할!

나는 이런 식의 맹세는 별 의미가 없다고 본다. 진정으로 '조국'과 '민족'을 사랑하라고 가르치려면 차라리 그 공허한 맹세의 시간들을 모았다가 아이들이 들에 핀 풀꽃 하나라도 좀 더 자세히 관찰할 시간을 갖도록 하는 것이 나으며, 어려운 이웃을 방문해서 그들을 돕거나 이야기 나눌 시간을 갖는 것이 훨씬 더 나을 것이다. 물론 선생님들이 자율적으로 판단해서 더 나은 대안을 찾아가는 것이 옳겠다.

나는 독일에서 온 교수 한 분이, 밤늦게 텔레비전 방송이 끝날 무렵 애국가와 함께 나오는 바탕 화면들을 보고 "저 아름다운 한국의 금수 강산이 잘못된 산업화 과정에서 얼마나 빨리 파괴되는가를 보면 정말 안타깝다"라고 한 말을 기억한다. 백두산은 잘 모르겠지만 동해물은 갈수록 오염이 심하고 특히 공업단지가 있는 해변은 예외 없이 오염투성이다. 금수 강산이 '오염 강산'으로 변한 것이다. 심하게 말하면 이미 "동해물과 백두산이 마르고 닳"아 버린 지 오래다. "무궁화 삼천리 화려 강산"은 어디로 사라졌는지 한번 찾아가려면 매연가스 펑펑 쏟으며 오래오래 달려가야 한다. 자동차 산업의 중흥을 위해 또 건설업의 중흥을 위해 온 나라에 자동차 도로는 펑펑 잘 뚫렸다. 또 그렇게 달려가는 만큼 금수 강산은 더 많이 파손된다. "하느님이 보우하"실 대상은 이제 더 이상 찾아보기 어렵다. 또 전국의 "남산 위에 저 소나무"조차 자동차 매연가스 따위로 말라비틀어질 지경이다. 그래서 "바람서리 불변함은" 한낱 박제화된 꿈에 불과하다. "가을 하늘 공활하"기는 하지만 냉장고나 스프레이 따위에서 나오는 프레온 가스 때문에 성층권의 오존층이 심하게 파괴되었다. 이 오존층은 원래 태양의 자외선을 차단하여 피부암 같은 것을 예방하는 효과가 있다. 또 비가 오지 않는 한 스모그 때문에 도시의 하늘은 우중충하다. 요즘은 도시나 시골이나 날마다 (초)미세먼지에 신경을 곤두세우며 살아야 한다. 그간 우리는 경제 성장이라는 이름 아래 '집단자살체제'를 창조한 게 아닐까?

나아가 국기에 대한 맹세나 애국가 속에서 그토록 소중하게 그려진 바로 그 '조국'과 '민족'이라는 이름 아래 그리고 '국익'이라는 이름 아래 자행된 자유의 억압을 생각해 보라. 그렇게 고통받고 목숨을 잃은 수십만, 수백만의 이웃들을 생각해 보라. 인간의 존엄성, 개성과 자율, 풀뿌리 민주주의는 온데간데없고 조국과 민족, 국익을 위해 몸과 마음을 바쳐야 한다니, 이것은 좀 심하게 보자면 독일의 히틀러나 일본의 천황 체제와 별다르지 않은 일이 아닌가?

내게는 우리가 고등학생이던 그 어느 때에 학생회 간부의 일원으로 강릉의 신사임당 수련원이나 경주의 화랑교육원 같은 곳에 가서, 조국과 민족의 앞날을 짊어질 '엘리트'로서 어떤 정신 자세를 가져야 할지 집중 교육을 받았던 기억이 있다. 정치적으로는 박정희 시절이었다.

다른 것은 몰라도 수료식을 하기 직전 날 밤, 우리 모두가 큰 강당에 모여야 했던 기억은 지금도 생생하다. 어느 정도 분위기가 잡히자 강당의 모든 불이 꺼졌다. 동시에 무대 한가운데 있는 벽 부분에만 빛이 들어오면서 그 중심에 자리 잡은 숭고한 태극기만 밝게 빛났다. 그리고 우리 모두는 「어머니 은혜」를 합창해야 했다. 이 노래를 부르며 눈물을 흘리지 않는 학생은 아무도 없었다. 그때 우리는 과연 무슨 생각을 하며 울었을까? 내 기억에는 아마도 조국과 민족에 대한 무한한 충성과 어머니의 끝없는 은혜에 대한 감사의 마음이 서로 범벅이 되어 하나가 되었던 것 같다. 말로만 듣던 '군사부' 일체가 내 가슴 깊은 곳에서 느껴지는 그런 순간이었다. 수료식을 하면서 나는 '어머니의 은혜에 보답을 하기 위해서라도 조국과 민족에 무한한 충성을 다 해야겠다'라고 다짐한 것 같다. 물론 그런 충성심은 내 머리가 커지면서, 또 내가 충성을 맹세했던 바로 그 조국이 민주화 운동을 무참히 탄압하는 것을 보면서 갈수록 '상대화'되었지만 말이다. 지금은 오히려 조국과 민족이 기득권층의 물질적 이해관계를 위해 만들어지고 가공되는 것이 아닐까 하는 의혹까지 생겼다.

여하튼 나는 개인의 자유나 개성이 억압되는 국가 발전이나 민족 중흥은 기득권층의 이익을 수호하기 위한 것이라 본다. 반면에 공동체적인 삶을 도외시한 채 오로지 자기 자신이나 자기 가족만을 위해 살려는 태도 역시 고리타분한 기득권층을 닮아가는 모습이라 본다. 요컨대 개인의 자율성과 책임성이라는 측면과 공동체의 건강한 발전이라는 측면이 조화와 균형을 이루도록 하는 것, 이것만이 바람직한 대안이 아닐까 한다. 개인은 공동체 발전의 전제가 되고 공동체는 개인 발전의 전제가 되는 사회, 이것이 바람직한 미래 사회일 것이다. 학교교육은 이런 관점에서 근원적 변화를 해야 한다. 이제 우리에게는 새로운 맹세가 필요하지 않을까? 아니 거창하면서도 공허한 맹세보다는 작으면서도 올바른 실천을 하는 것이 더 중요하다.

운동장 조회와 대통령의 목소리, 그리고 유치원 아이들

고등학교 시절, 정확히 기억나지는 않지만 매주 월요일이나 토요일 아침에 우리는 넓은 운동장에 모여 전교 조회를 했다. 어떤 친구들은 막간을 이용해 농구를 한 게임 하거나 '동네 축구'를 하기도 했다. 운동장에 와글와글 모여드는 그 순간만큼은 오랜만에 다른 반 친구들을 만날 기회이기도 했고, 1년 전에 같은 반이던 친구가 다른 반으로 갔을 때 느낀 서운했던 감정들, 그런 걸 조금 달랠 수 있는 시간이기도 했다. 한참 만에 얼굴 보며 만난다는 것은 얄팍해진 공동체적 관계의 공백을 메우는 것이다. 그렇게 운동장은 매우 활기찬 공간이었다. 그래서 나는 교실보다 운동장이 좋았다. 요즘 말로 그곳은 우리들의 '생활 세계'였다. 적어도 공식 조회가 시작되기 전까지는….

그러나 조회가 일단 시작되면 조금 전까지의 활기는 어디론가 사라지고 질서와 엄숙함과 규율이 우리를 압도했다. 당시에는 학교 안에 군대 문화가 강하게 자리 잡고 있었는데, 학생회 대신 들어선 학도호국단이 가장 상징적인 것이었다. 그 호국단의 대장인 학생 '연대장'의 입에서 "연대-차려-엇, 열중쉬엇, 차려-엇!" 하는 구령

복잡한 반성, 잃어버린 학교를 찾아서

이 떨어지면 우리들은 마치 잘 훈련된 독일 병정과도 같이 일사불란하게 착착 움직였다. 그렇게 하는 것이 훌륭한 우리 학교 학생의 참모습이라고 생각하면서. 일단 장내를 정돈한 다음에 나오는 것은 늘 그렇듯이 '국기에 대한 경례'와 '국기에 대한 맹세'였다.

특히 조회를 이끌던 선생님의 멘트, "국기에 대한 맹세는 박정희 대통령 각하의 육성으로 듣겠습니다"라는 멘트는 당시 우리로 하여금 묘한 '자부심' 같은 걸 느끼게 했다. 대통령의 목소리를 직접 듣는다는 건 '영광'이었다. 카랑카랑하고 낭랑한 목소리였다. '나라를 이끄는 대통령은 훌륭한 분'이라는 일종의 '무의식 같은 의식'이 작용했을 것이다. 그러면서 '조국과 민족'에 대해 '무한한 충성'을 다할 것을 거듭 다짐했다. 그런 식의 운동장 조회가 고교 시절 (1977~1979) 3년 내내 이어졌다. 그럴수록 나의 다짐은 잊을 만하면 되살아나고 또 잊을 만하면 되살아나곤 했다. 별다른 현실적 근거도 없이 단지 관념적으로만 말이다.

조회가 끝나면 우리는 씩씩한 행진곡에 발맞춰 행진했다. 그것도 팔을 '앞사람 어깨까지 높이!' 들어 올렸다 내렸다 하며. 그러나 당시엔 그 모든 걸 왜 그래야 하는지 잘 몰랐다.

그렇게 한참의 세월이 흐른 뒤, 나는 2000년경 7살짜리 둘째 아이 아롬이와 6살짜리 막내 한울이를 가까운 유치원에 입학시키려고 데리고 갔다. 비슷한 또래의 아이들이 올망졸망 엄마 손을 잡고 유치원 교실로 모여들었다. 20명은 족히 넘었다. 마치 밭에서 싱싱한 새싹들이 노래를 부르며 힘차게 올라오는 분위기였다. 유치원 선생님도 유아 교육에 탁월한 안목과 능력이 있다고 들었기에 안심이 되었다. 더구나 일반 유치원과는 달리 학과 공부에는 별로 매달리지 않고 놀이와 경험 위주로 운영한다고 해서 더욱 기뻤다.

　그런데 정식으로 입학식이 시작되자 놀라운 일이 벌어졌다. 그야 말로 '아무것도 모르는' 아이들에게 '국기에 대한 경례'를 시키는 것이었다. 첫날이라 그런지 '국기에 대한 맹세'는 없었다. 물론 아이들은 '국기에 대한 경례'를 알 리 없었다. 오른손으로 눈을 비비는 아이들, 머리를 만지는 아이들, 엄마한테 달려가는 아이들, 뒤를 돌아보며 어리둥절해 하는 아이들…. 그야말로 '개판'이었다. 유치원 선생님과 원장 선생님은 어머니들 앞에서 어쩔 줄 몰라 했다. 원장 선생님은 "아이들이 아직 잘 몰라 그런데, 2주일만 지나면 잘하게 될 겁니다"라며 어머니들을 안심(?)시키려 했다. 그러나 나는 속으로 '차라리 가르치지 말지…' 했다. 나는 아이들이 차라리 들로 산으로 가서 그리고 학교 텃밭에서 풀, 꽃, 나물, 벌레와 나무, 열매 따위를 보고 만지고 느끼고, 그림도 그리고 그를 바탕으로 말하고 생각하게 하는 것이 더 낫다고 보았다.

　저 유명한 발도르프(Waldorf) 교육의 창시자 루돌프 슈타이너도 아이들이 만 7세까지는 다섯 가지 이상의 감각의 형성기이며, 다음 14세까지는 희로애락을 포함한 감성의 형성기라고 하지 않았던가. 그 뒤 21세까지는 논리적 사고의 형성기라고 한다. 물론 이런 아이디어를 기계적으로 받아들이면 곤란하겠지만, 아이들에게는 그때그때마다 시기를 놓치지 말고 발달시켜야 할 측면들이 있을 것 같다. 그래야 '전인교육'이 된다. 현실적 실천이 결여된 관념만의 교육, 현실적 근거 없는 무조건적 애국심과 민족주의, 이런 것들이 유교주의적 가부장 문화와 결합되어 오늘날 우리가 경험하는 여러 가지 불만족스러운 현실을 낳은 게 아닐까?

복잡한 반성, 잃어버린 학교를 찾아서

'스승의 날' 유감

계절의 여왕 5월은 가정의 달이자 어린이의 달이요, 청소년의 달이다. 부모님의 은혜에 감사를 드리는 달이며, 날로 푸르러지는 신록의 아름다움에 감사와 찬미를 보내는 달이다. 동시에 우리를 길러주신 선생님의 은혜를 되새기는 달이기도 하다. 전국의 각 교육청들에서는 '잃어버린' 선생님을 찾아주는 일을 하기도 한다.

예로부터 우리는 '스승의 그림자는 밟지도 말라'는 다소 권위주의적인 말까지 하면서 스승에 대한 존경심을 나타내기도 했다. 그러나 불행하게도, 요즘에는 '참된 스승도 없고 참된 제자도 없다'는 말이 공공연하게 나올 만큼 신뢰와 존경, 그리고 사랑과 보살핌으로 맺어지는 스승과 제자 사이의 아름다운 관계들이 물신적인 사회화 과정 속에서 많이 왜곡되거나 파괴되었다. 몇 가지 예만 들어 보자.

첫째는 '사랑'의 매가 화풀이의 매로 둔갑하면서 선생님과 학생 사이에 일종의 적대 관계가 형성된 것이다. 선생은 학생을 감시와 통제의 대상으로 여기고, 학생은 선생을 경계와 투쟁의 대상으로 여기는 것이다. 이렇게 된 배경에는 선생님의 개인적 성격 탓이나 학생들의 버릇없는 행위 탓도 있을 것이다. 하지만 '입시' 위주 교육과 그 뒤에 깔린 능력주의 및 실적주의 '평가' 원리가 더 강력한 원인으로 자리 잡고 있다. '세상은 1등만을 기억합니다'라는 어떤 재벌 회사의 광고로 상징되듯, 일류와 일등만을 추구하고 또 그것을 성공의 잣대로 삼는 교육 전반의 분위기가 모두를 비정상적인 관계로 몰아간다.

둘째는 선생님들의 일상적 근무 조건이 상대적으로 열악하고 교육의 비인간화가 심해지면서 선생님들이 자기 조직화 운동을 하자 '선생님도 노동자인가'라는 사회적 논쟁이 일었던 것과 관련된다. 교사의 노동 조건은 아직 선진국 대열에 들기에는 여전히 열악하다. 지난 20년 동안 출생율 저하 덕에 학급당 학생수가 평균 22명이지만, 수업 내용이나 여타 과업이 만만찮아 학생 개개인을 자상하게 돌보기 어렵다. 주당 수업 시간도 만만찮다. 쉬는 시간에는 쉴 수도 없이 많은 잡무를 처리해야 한다. 교육청에서 내려오는 공문 처리에 어깨가 결리고 눈이 아프며 허리가 휜다. 그 외에도 개별적, 집단적 학생 지도…. 이런데도 많은 기득권층과 많은 학부형들이 '도대체 어떻게 선생님을 감히 노동자로 볼 수 있는가?'라고 반문했다.

나는 '스승님의 그림자도 밟지 말라'는 말속에 담긴 선생님에 대한 존경심은 소중하다고 보지만, 그렇다고 선생님을 마치 신(령님)이라도 되는 듯 모시려는 것도 옳지 않다고 본다. 나아가 역설적으로 '노동자'를 천한 존재인 듯 취급하는 그런 발언은 더욱 용납하기 어렵다. 우리들이 쓰는 모든 생활수단을 직접 만드는 노동자를 '함부로' 생각하는 것 자체가 매우 잘못되었다. 이런 이중적 태도가 스승과 학생 사이의 정상적 관계를 왜곡하는 데 일조한 것도 사실이다.

셋째는 학부모들의 '돈 봉투'다. 1989년 전교조 출범 때부터 '촌지 안 받기 운동'을 줄기차게 벌인 결과 오늘날 촌지 문제는 거의 없다고 한다. 그런데 놀랍게도 2022년 서울 강남의 한 중학교 학부모는 학교 적응에 어려움을 겪는 아들 때문에 담임과 면담을 하고서는 돈을 보냈다는 뉴스가 있었다. '방과 후 교육' 프로그램 담당 기관을 위한 후원금 명목이었다. 하지만 돈을 받은 교사는 일주일 뒤에 문제가 될 수 있다며 돈을 돌려주었다 한다. 그 정도로 분위기는

복잡한 반성, 잃어버린 학교를 찾아서

좋아진 셈이다. 그러나 20년 전만 해도 학부모의 과반수가 교사에게 촌지를 준 적이 있다고 할 정도였다. 모두 자식 사랑에서 나오는 행위임은 명백하다. 그러나 진정한 자식 사랑은 그런 게 아니다. '남들 다 하는데 나만 빠질 수 있냐?'는 것이 합리화의 근거이지만, '나부터 하지 않아야 다른 사람도 부끄러워할 것이다'라는 태도를 가질 필요가 있다. 어떤 학부모는 돈 봉투를 조용히 돌려주는 선생님 앞에 '그래, 네가 얼마나 잘났으면 그렇게 도도하냐? 그 행동이 얼마나 오래가는지 어디 한번 지켜보자!'는 태도를 보이기도 했다. 심지어는 돈이 적어 돌려준 줄 알고 그 몇 배를 넣어 주는 경우도 있다고 한다. 이렇게 해서 선생과 학부모, 학생의 관계가 심히 망가지기도 한다. 반면에 같은 상황에서 어떤 학부모는 '아이쿠, 부끄럽습니다. 선생님 마음을 알았으니 다시는 절대 그러지 않겠습니다' 하며 빨개진 얼굴로 인사하고 돌아서기도 한다. 하지만 마음과 발걸음은 가볍다. 촌지를 상냥히 거절한 선생도 마음이 밝다.

특히 5월 15일 '스승의 날'은 많은 선생님들에게 이제 부담스러운 날이다. 선물이나 촌지 문제로 이리저리 시달린 결과이다. 어떤 교사는 "근로자의 날에 근로자들이 쉬듯이 스승의 날엔 그냥 하루 푹 쉬었으면 좋겠다"고 말할 정도다. 실제로 많은 학교들은 교문을 닫고 휴교한다. 반면, 몇몇 사람의 잘못된 모습이 전체 교사들을 욕 먹이는 경우도 있다. 성남초등학교 교장을 지낸 이상선 선생님은 "스승의 날에 스승이 진실로 바라는 것은 꽃도 선물도 돈 봉투도 아니다. 부모 마음같이 그저 아이들이 건강하고 착하게 친구들과 잘 어울리며 공부 잘하기를 바랄 뿐"이라 했다. 맞다. 학부모나 교사가 이런 선을 지키지 못한다면 지탄받아 마땅하다. 이런 뜻에서 학부모와 교사는 서로를 잘 '길들여야' 한다. 건강한 방향으로 말이다.

우리가 교육청을 통해 '잃어버린' 선생님을 찾는 일 못지않게 중요한 것은, 앞의 몇 가지 상황 속에서 잃어버린 소중한 '관계들'을 되찾는 일이다. 서로가 서로에게 상처 주는 생각이나 행위들을 이제는 그만두어야 한다. 특히 대부분의 선생님들은 '10년 뒤에도 나를 좋은 선생님으로 기억해 줄 학생들'을 기다리며 오늘 하루도 부지런히 움직인다. 작은 꽃 한 송이, 감사 편지 한 장, 아이들이 변해 가는 모습에 관한 이야기라도 서로 따뜻하게 주고받으며 환하게 웃을 수 있는 학생-교사-부모의 관계, 바로 이것을 시급히 되찾아야 하지 않을까?

기후 위기 시대, 대입보다 더 중요한 '생태 전환' 교육

이미 우리는 코로나19 사태를 꼬박 3~4년 경험했다. 심리적으로는 얼른 코로나 사태가 종식되고 하루빨리 일상으로 복귀하기를 바라지만, 실제로는 코로나 바이러스의 재유행 내지 새 변종의 출현으로 그 끝이 불투명하다. 2005년 미국에서 나온, 제임스 하워드 쿤슬러의 '장기 비상 시대'(Long Emergency) 경고는 더 이상 책 속의 호소나 경종으로 그치지 않는다. 그는 "세계 석유 생산의 정점(2005년경 지남)은 경제생활의 모든 면모를 바꾸어 버릴 것이다. 특히 종이로 된 모든 증권과 화폐를 포함하여, 자산이라고 생각되는 것들의 가치가 완전히 바뀔 것이다. […] 우리는 대부분, 지역의 구체적 경제 현실 때문에 힘들어질 것이고, 현실은 냉혹할 것이다"라고 한 바 있는데, 이는 이미 현실이다.

　따지고 보면 우리의 삶을 위협하는 '장기 비상 시대'는 코로나 바이러스와 같은 감염병의 주기적 대유행, 화석 연료 및 온실가스로 인한 지구 온난화, 가뭄과 산불, 폭염과 홍수 등으로 표현되는 기후 위기, 석유 등 화석연료의 고갈에 따른 자원 전쟁, 기존 석유 문명 및 투기성 금융에 기초한 경제 시스템 붕괴, 기후 위기와 생태 파괴에 따른 식량 대란과 물가 폭등 및 굶주림 등 복합적인 삶의 위기로 표현되고 있다. 과학자나 전문가들은 넉넉하게 잡더라도 2050년경 인류의 상당수가 극한의 생존 위기에 내몰릴 것이라 경고한다. (산업혁명 전에 비해) 지구 평균기온 1.5도 상승(이미 1도 상승)이 인류 생존의 마지노선이기 때문이다.

　바로 이 지점에서 우리는 가치 혼란을 느낀다. 지금까지 우리는 남녀노소를 불문, 열심히 공부해 좋은 대학에 진학하고 좋은 직장에 취업하면 잘 먹고 살 수 있다고 믿었다. 본인만 부지런하면 누구나 그렇게 된다고 믿었다. 그러나 현실은 딴판이다. 이미 초등생도 알듯이 부지런히 공부한다고 누구나 그렇게 성공할 순 없다. 상위 10%에 들지 못하면 '아무것도 아닌' 존재가 된다는 것쯤은 누구나 안다. 게다가 치열한 대학입시 관문을 통과하더라도 대기업 사원이나 공무원, 공공기관 직원이 되는 것은 또다시 10%를 위한 게임일 뿐이다. 설사 그런 10%의 우수한 집단에 들어가더라도 행복하고 만족스러운 대학이나 직장이 별로 없다. '성공해도 실패요, 실패하면 낭패'가 되는 이 무가치한 게임을 마냥 지속할 것인가?

　더욱 낭패인 점은, 이 대학입시나 노동시장을 둘러싼 '10%를 위한 게임'에 참여하는 그 모든 이가 추구하는 삶의 방식(더 많은 소유

와 소비 추구) 자체가 파국 내지 낭떠러지로 가는 맹목적 마라톤이
란 사실이다. 앞서 쿤슬러가 말한바, 석유 문명 내지 화석 연료에 기
초한 경제 시스템은 지구 온난화(기후 위기) 같은 재앙을 부를 뿐
아니라, 마치 영화 「설국열차」에서처럼 평소의 사회경제적 불평등
이 재난 상황 속에서도 구원의 불평등으로 재현되기 때문이다.

알고 보면 지구를 무한궤도로 달리는 '설국열차'의 상황조차 지
구 온난화의 한 결과로 초래됐다. 그것은 지구가 너무 더워지자 과
학자들이 CW-7이라는 냉각제를 너무 많이 살포하는 바람에 지구
전체가 눈과 얼음으로 얼어붙었기 때문이다. 그 최후의 생존자들이
'설국열차'를 타고 밤낮없이 달린다. 그런데 그 생존 열차 자체도 머
리 칸과 중간 칸, 꼬리 칸으로 철저히 계급화된 상태다. 머리 칸은
총지휘를 맡은 관리자들이 타고 있고, 중간 칸은 부자들과 그들에
게 시중을 드는 기술자들이 있다. 꼬리 칸은 가난한 무임승차자들
인데, 관리자나 기술자들이 이들을 살려 두는 까닭은 설국열차 시
스템의 유지를 위해 일부 사용 가치가 있기 때문이다.

이렇게 여태껏 우리가 믿어 온 가치 체계는 경제, 사회, 환경 등 복
합적 삶의 위기 앞에서 혼란에 빠진다. 대학입시와 노동시장을 통해
우리는 경제 가치(돈)를 추구해 왔다. 알고 보면 이를 근본적으로 추
동한 동력은 자본이다. 그러나 그 경제 가치 추구는 알고 보면 사회
가치(인간 가치), 그리고 자연 가치(생명 가치)를 부단히 파괴함으로
써 가능했다. 달리 말해, 자본은 사람의 살아 있는 노동과 자연의 싱
싱한 생명력을 먹고 산다. 자본이 무한정 살찌기 위해서는 사람들이
초주검이 되도록 일해야 하고 자연이 고갈될 지경까지 개발돼야 한
다. 경쟁이 없더라도 그래야 하지만, 경쟁이 치열할수록 그 과정은

더 가혹하고 더 빨라져야 한다. 바로 이것이 자본의 경제다.

자본의 경제 아래서는 가치 혼란이 올 수밖에 없는데, 그것은 경제 가치가 사회 가치나 생명 가치를 압도하기 때문이다. 자본의 경제에서는 누구나 '성공해도 실패요, 실패하면 낭패'가 되기 쉽다. 그 근본 원인은 자본이 경제 가치, 사회 가치, 생명 가치의 균형과 조화를 철저히 파괴하면서 오직 경제 가치(돈)만 추구하기 때문이다. 부자가 되기도 어렵지만 부자가 되었다고 해서 인간관계나 공동체, 자연 생태계가 균형 잡힌 상태로 유지된다는 보장이 없다. 오히려 부자가 되는 과정에서 인간적 가치나 생명 가치를 파괴한다. 한 개인도 그러한데, 사회 전체가 어떻게 모두 부자가 되면서도 공동체나 생태계를 잘 유지할 수 있겠는가? 부자가 되는 그 과정 자체가 이미 공동체나 생태계의 희생과 파손을 전제로 하는 것인데 말이다.

그렇다면 자본주의 경제에서 '생태 전환'을 한다는 것이란 무얼 말하는가? 다양한 사람들이 다양한 관점으로 이 문제를 정의할 수 있겠으나, 나는 이것이 그간의 '돈벌이' 경제에서 명실상부 '살림살이' 경제로 전환하는 걸 뜻한다고 본다.

그간의 돈벌이 경제란 앞서 말한 자본의 경제인데, 자본은 사람의 살아 있는 노동과 자연의 생명력을 상품으로 만들어 이를 화폐로 바꿈으로써 이윤을 번다. 사람의 필요 충족엔 충분함의 원리가 작용하지만, 자본의 이윤 추구엔 무한대의 원리가 작동한다. 따라서 자본의 돈벌이에는 결코 만족이 없다. 자본은 상당 부분 인간적 욕구의 충족을 매개로 상품과 화폐 경제를 존속, 확장시키지만, 그 과정에서 인간적 욕구를 억압, 왜곡, 말살하는 경향이 있다. 가장 대표적인 것이 노동력 사이의 경쟁과 분열, 차별과 위계를 체계적으로 조장하는 것(능력주의, 성과주의, 차별주의, 가부장주의, 성차별), 심지어 식민지 개척이나 외국인 노동력 수입에서처럼 사람을 노예나 야만인 내지 개돼지 취급하는 것(인종주의, 식민주의, 극우 파시즘)이다.

반면, 앞서 말한 복합적 삶의 위기 내지 장기 비상 시대에 대한 대안으로 볼 수 있는 '살림살이' 경제란, 돈벌이 내지 경제 가치의 편향적 추구를 종식하고 사람과 사람, 사람과 자연이 더불어 사는 방향('생태 민주주의')으로 경로 변경을 하는 것이다. 살림살이 경제야말로 원래 경제 본연의 의미에 부합한다. 동양에서 경제는 경세제민(經世濟民)의 줄임말이다. 경세제민이란 세상을 잘 경영하여 백성을 구제하는 것이다. 사람들의 살림살이를 잘 보살피는 것이 본연의 경제 행위다. 서양의 경제(economy) 역시 가정(oikos)을 제대로 관리(nomos)하는 것, 즉 살림살이를 잘 꾸리는 것이다. 따라서 동서양을 막론하고 경제란 '살림살이'다. 이런 뜻에서 돈벌이 경제에 대한 대안으로서의 살림살이 경제란 그저 하늘에서 뚝 떨어진 얘기가 아니라 오히려 자본주의 이전에 인류가 장구한 세월 동안 영위해 오던 삶의 원리임을 알 수 있다. 물론, 과거의 노예제나 봉건제라는 틀은 향후에 복원할 수도 없고, 복원해서도 안 된다. 그런 계급 착취의 틀을 벗은 상태에서 사람과 사람, 사람과 자연이 자유롭고 평등하게 공생하는 방향으로 살림살이 경제를 복원하는 것('생태 민주주의')이 미래지향적 대안이다.

경제가 돈벌이로 변한 것은 자본주의에 와서부터다. 서양에서 봉건제도가 저물기 시작하면서 14세기 무렵부터 르네상스와 종교 개혁 바람이 불었는데, 이것이 결과적으로 자본주의의 기초를 닦게 된다(신앙심보다 인간 이성 중시, 노동과 저축을 통한 구원). 15~16세기의 인클로저운동은 농민들을 토지와 분리해 공장 노동자로 대거 만드는 과정이었고, 18세기 산업혁명은 대공장과 기계제를 향한, 본격적인 자본주의의 출범을 알리는 신호였다. 19세기 대공장 및 기계제에 기초한 제국주의와 식민주의는 자본주의의 절정기였고, 20세기 두 차례의 세계대전은 그간 자본주의 모순이 극적으로 폭발하는 과정이었다. 그 사이 1917년 러시아에서는 사회주의 혁명이 일어났다. 그에 자극받은 듯 1945년, 2차 세계대전 종식 후엔 자본주의 역시 고전적 자유주의에서 복지국가 자본주의(케인스주의)로 변모했다. 그러다가 모순이 격화하자 1980년경부터 이 역시 신자유주의로 다시 변모한다. 신자유주의 시대란 초국적 기업과 세계 금융자본이 글로벌 경제를 주도한 것인데, 2008년 '리먼 브라더스' 사태는 그 신자유주의(자본주의)의 파산을 선언한 것이나 다름없다. 따라서 지금의 자본주의는 사실상 파산 선고에도 불구하고 '디지털'이니 '네트워크'니 '바이오'니 'AI'니 '뉴딜'이니 하면서 이미 죽은 자본주의에다 산소 호흡기를 꽂아 놓고 마치 아직도 건재한 것처럼 인위적인 수명 연장만 하는 꼴이다. 그 사이에 코로나 사태나 기후위기 등 복합적 삶의 위기가 가속화한다.

이렇게 자본주의 경제를 '역사적으로' 보면 우리는 두 가지 교훈을 얻는다. 하나는 우리가 어릴 적부터 믿어 온 자본주의라는 것이 결코 영원무궁한 체제가 아니란 것. 마치 생명체에 춘하추동이 있듯 자본주의 역시 생로병사(生老病死)라는 만물의 원리를 따른다. 과거의 노예제나 봉건제처럼 자본제 사회 역시 생로병사한다. 지금의 자본주의는 병(病)과 사(死) 사이에 있다. 그 두 번째 교훈은, 우리가 미래 지향적인 대안을 찾을 때는 자본주의의 역사적 성과는 성과대로 이어받되, 그 모순과 문제는 과감히 극복하면서 전진해야 한다는 점이다.

자본주의의 역사적 성과는 일차적으로 신분제를 타파, 부모가 노예나 농노라고 해서 자식도 그렇게 살 필요는 없도록 만든 점이다. '신분의 자유화'다. 또 다른 성과는, 과거에 왕이나 귀족이 누리던 것을 오늘날은 초등학생도 누릴 수 있게 만들었다. 효율성 내지 생산성 향상 덕이다. 가장 대표적인 것이 자동차나 비행기, 컴퓨터, 휴대폰이다. '소비의 민주화'다.

물론, 신분의 자유화, 그리고 소비의 민주화 등의 성과는 훌륭하나, 그 자체 모순도 크다. 즉, 신분이 자유로워진 건 사실이나 노동자 신분 또는 비정규직 노동자 신분과 같은, 보이지 않는 차별과 경계가 여전하다. 투기나 투자 없이 노동자로 성실히 일해 집 한 채 장만하기는 하늘의 별 따기다. 게다가 농민은 거의 사람 취급도 안 한다. 형식상 신분제가 없어지긴 했지만 실질적인 면에서는 존속한다. 인간적인 필요 충족을 위해 필요한 일이라면 다른 종류의 일을 하더라도 평등한 대접을 하는 것, 이것이 우리가 앞으로 만들어야 할 전환의 내용이다.

또, 소비의 민주화는 일견 만민 평등을 구현한 것처럼 보이지만, 알고 보면, 자본의 돈벌이 관점에서 모든 개인에게 모든 상품을 하나 이상씩 사게 만드는 것이 무한 이윤 추구에 도움이 된다. 예전엔 한 동네에 전화기나 TV가 하나만 있어도, 모두 공유하면서도 행복해하던 때가 있었다. 그러나 자본의 돈벌이를 위해선 각자 하나씩 갖는 게 돈이 된다. 게다가 여러 개별 자본이 경쟁하는 경우, 생산성

복잡한 반성, 잃어버린 학교를 찾아서

및 경쟁력 향상을 위해 부단히 기술 혁신을 하는데 이 역시 모순 투성이다. 노동 생산성이 예컨대 10배 이상 오른다고 하자. 그렇게 되면 상품 단위 당 포함되는 인간 노동은 1/10 이하로 줄어든다. 원래 이윤(잉여 가치)의 원천은 인간 노동이고 인건비를 제외한 잉여 노동이 핵심인데, 기술 혁신으로 상품 단위당 노동 가치가 줄어든다는 것은 자본이 추구하는 경제 가치가 감소한다는 얘기다. 바로 이것이 안젤름 야페 교수가 『파국이 온다』에서 시종일관 강조하는, 자본(가치법칙)의 내재적 모순이다.

한편, 이 내재적 모순이 시사하는 바는 무엇인가? 인간적 필요의 관점, 즉 살림살이 관점에서는 생산성이 10배 오르면 그만큼 생활이 풍족해지거나 여유 시간이 넘친다. 불평등 해소나 인간적 교류 증진에 이롭다. 결국 사회 가치(인간 가치) 차원에서 긍정적이다. 또, 행여 생산성 향상으로 자연 파괴가 수반되는 경우엔 살림살이 관점에서 생산성을 절제할 것이다. 자연이 파괴되면 사람이 살 수 없기 때문이다. 일례로, 제주도 해녀들은 산소통 등 더 좋은 장비를 갖추면 해산물 채취량을 몇 배나 올릴 수 있음에도 '이웃과 함께 오랫동안 먹고살기 위해' 굳이 좋은 장비를 쓰지 않는다. 이렇게 살림살이 관점에서는 경제 가치, 사회 가치, 생명 가치의 균형과 조화를 늘 염두에 둔다. 그러기에 삶의 질이 증진된다.

그러나 자본의 돈벌이 관점에서는 경쟁력을 위해 생산성을 올리는 만큼 그에 비례해 상품 단위당 잉여 가치가 줄어드는 역설이 발생하기에, (일례로, 1시간에 10개 만드는 데 그치지 않고) 그 이상으로 더 많이 만들어야 이윤이 늘어난다. 이런 식으로 사회 가치나 생명 가치가 어떻게 되건, 경제 가치만 더 빨리, 더 많이 추구하기에 불평등이 심화하고 여유 시간은 없어지고 생태계 파괴는 가속화한다. 일부 부자 그룹이 생기는 반면, 대다수는 생계에 허덕이고, 갈수록 전반적인 자연 훼손도 심해진다. 현재의 코로나 사태나 기후 위기 상황, 에너지 위기와 자원 고갈, 병든 식품 문제나 식량 위기 등이 바로 그 증거다. 그야말로 '장기 비상 시대'는 이렇게 온다.

이제 살림살이 경제의 관점에서 생태 전환 교육을 어떻게 해야 할 것인가? 이는 지금까지의 논의에서 명확해졌다. 사람과 사람, 사람과 자연이 더불어 살기 위한 교육, 현재의 복합적 삶의 위기를 극복하고 경제 가치, 사회 가치, 생명 가치가 균형과 조화를 이루게 하는 교육을 어떻게 할 것인가?

첫째, 정직한 현실 진단이다. 마치 의사가 환자의 질병을 고칠 때처럼 질병을 정확히 진단해야 그에 걸맞은 처방이 가능하다. 게다가 겉으로 드러난 증상만 치료하는 대증 요법 내지 응급조치가 필요할 때도 있지만, 중요한 것은 근본을 다스려 유사한 일이 반복되지 않게 하는 일이다. 만일 환자가 의사에게 "저는 아무 데도 아프지 않아요"라며 한사코 진단을 거부한다면 의사는 아무 치료도 할 수 없다. 돈벌이 경제가 초래한 복합적 삶의 위기라는 사회적 질병 역시 마찬가지다. 만일 우리가 '예전에도 만날 위기, 위기라고 했지만 그때마다 잘 극복해 왔지 않느냐?'라며 현재의 복합 위기 내지 장기 비상 시대를 한사코 부인한다면, 우리는 삶의 위기를 건전한 방향으로 고칠 수 없다. 오히려 위기는 더 악화하고 마침내 공멸의 순간이 더 빨리 다가올 것이다. 그런 면에서 우리네 현실을 학생들과 함께 정직하게 대면하는 것, 각종 언론의 뉴스나 자료에 나오는 현실 상황을 널리 공유하고 토론하는 것, 이것이 일차적으로 필요

복잡한 반성, 잃어버린 학교를 찾아서

하다. 코로나 상황을 예견한 듯한 영화 「컨테이젼」도 좋고, 기후 위기를 배경으로 한 「설국열차」나 「투모로우」도 좋은 교재다. 또, 더 이상 전기가 공급되지 않는 비상 상황을 배경으로 생존하는 법을 생각하게 만드는 영화 「서바이벌 패밀리」는 재미와 의미가 크다. 더 일상적으로는 날마다 뉴스 기사들을 가지고 복합 위기의 현실을 정직하게 읽어 내는 능력, 이것이 새 출발점이다.

둘째, 생태 전환을 위한 개인적 실천을 위해서는 절약과 나눔, 순환의 원리가 중요하다. 특히 똥오줌과 음식물 쓰레기, 낙엽, 부엽토, 왕겨 등을 거름으로 만들어 나무나 채소를 키우는 데 쓰는 것, 부서진 의자나 탁자를 수리하여 고쳐 쓰는 것, 아나바다 장터나 '당근마켓' 앱을 활용, 생활에 필요한 물품을 사회적으로 순환시키는 것, 이런 실천들도 의미가 크다. 교실에서도 학교 차원에서도 마을에서도 한 달에 한 번씩 아나바다 장터를 열면 좋겠다. 단순히 일회용품 사용을 줄이는 것 이상으로 나가야 한다. 나아가 학교 텃밭 같은 걸 해마다 해 보면서, 최소한 급식 때 나오는 채소의 일부라도 자립하는 경험, 이런 게 소중하다. 「설국열차」 마지막 장면에서 살아남은 여자아이(요나)와 동생뻘인 남자아이(티미)가 나오는데, 이들이 살아갈 길은 흙 속에 씨앗을 심고 채소나 곡식을 길러 내는 농사뿐이다. 이는 마치 「김씨 표류기」라는 영화에서 우리들에게 진지하게 던지는 교훈이기도 하다. 학교에서부터 작은 것이라도 가르치면 아이들이 겁을 먹지 않고 시도하게 될 것이다. 물론, 돈벌이 경제에서는 '(농부처럼) 땅 파면서 살지 않으려거든 공부를 열심히 하라'고만 가르친다. 그러나 내가 장담하건대, 세상에 파국의 순간이 닥쳤을 때 가장 살아남기 좋은 이는 농사 기술을 아는 사람이다.

셋째, 생태 전환을 위한 사회적 실천은 더 어렵다. 구조적인 문제이기도 하기 때문이다. 그렇다고 불가능한 것은 아니다. 이는 자본의 경제, 즉 무한 이윤을 위해 대량 생산, 대량 유통, 대량 소비, 대량 폐기를 일상적으로 행하는 구조의 문제다. 또 그로부터 이익을 얻는 정치가, 기업인, 금융인, 법률가, 언론인, 학자 등의 문제이기도 하다. 정부 등에서 제시한 '탄소중립 2050' 구상을 넘어서는 근본적 접근이 필요하다.

그 근본적 구조의 문제란 도대체 뭘 말하는가? 앞에서 상술한바, 자본의 무한 이윤 추구를 위해 '대량 생산, 대량 유통, 대량 소비, 대량 폐기'를 하나의 시스템처럼 움직이는 구조가 그것이다. 실제로, 대량 생산을 위해 전 세계 열대 우림이나 광산 개발, 원주민 축출이 대대적으로 행해진다. 세계적으로 노동시장이 만들어지되, 한편에서는 일중독과 과로사가, 다른 편에서는 실업과 비정규 노동이 확산한다. 또 대량 유통을 위해 저렴한 에너지(지금까지는 석유)를 대량 생산해야 하고 그를 위해 전쟁도 불사한다. 전국적, 세계적 유통망도 깔아야 한다. 이 과정은 자원 소모나 낭비를 대량화한다. 대량의 육식 습관 또한 대규모 산업 축산을 조장한다. 산업 축산은 수질 및 공기 오염만이 아니라 숲 훼손, 대량의 메탄(온실가스), 그리고 사료용 곡물의 대량 재배와 (아프리카 등지에서) 굶주림의 공존이라는 모순 등을 유발한다. 대량 소비와 대량 폐기는 두말할 필요도 없이 자원의 낭비요, 자연 훼손이다. 소비 증진을 위한 가격 인하 경쟁이 치열해지면서도 다른 편에선 값비싼 명품 중독이 조장되기도 한다. 자연으로 돌아가지 않는 플라스틱이나 비닐 등 화학제품들은 물과 흙을 오염시키고 결국에는 인간이나 자연 건강에 해롭다.

생산에서 유통, 소비, 폐기에 이르는 이 모든 과정을 아우르는 문제는, 석유나 가스(탄화수소) 에너지 사용, 대량 축산, 그리고 냉장고나 에어컨 냉매 등으로부터 6대 온실가스(이산화탄소, 메탄, 아산화질소, 수소불화탄소, 과불화탄소, 육불화황 등)가 대량 방출된다는 점이다.

이 모든 구조를 혁파하고 건강한 사회 구조를 만드는 것이 사회적 실천의 요체다. 대안적 사회 구조의 목적은 (더 이상 자본의 무한 이윤이 아닌) 인간적 필요의 충족이다. 또 그 실체는 (더 이상 대량 생산, 대량 유통, 대량 소비, 대량 폐기가 아닌) 적정 생산, 적정 나눔, 적정 생활, 적정 순환의 체계가 되어야 하고, 그를 위해 부정부패나 정경 유착 대신 정직하고 정의로운 시스템을 만들어야 한다.

약 50년 전에 슈마허 선생이 『작은 것이 아름답다』에서 강조한 '중간 기술' 아이디어는 생산에서 생활, 순환에 이르기까지 '적정 기술' 개념을 도입할 필요를 제공한다. 나아가 2008년 에콰도르나 2009년 볼리비아 사례에서처럼 헌법 자체에 '자연의 권리' 조항을 넣고, 세계 각국이 숲과 강, 산과 들판을 더 이상 훼손하지 않도록 해야 한다. '자연의 권리' 개념이란 자연을 단순한 개발과 돈벌이 대상이 아니라 마치 사람과 같은 인격체처럼 자연 역시 생존과 유지, 복원의 권리를 갖기에 자연 역시 법적 권리의 주체가 된다고 보는 것이다. 이 모든 거시적 전환을 이루기 위해서라도 사회 구성원의 의식을 고양하는 '생태적 시민 교육'이 필요하다. 한편, 구조나 제도를 생태적으로 바꾸기 위해서라도 지방 의회나 국회 의원을 뽑는 데는 개인을 뽑는 게 아니라 정당 비례대표제를 시행해야 한다. 생태 전환을 추구하는 운동이 주요 의사 결정의 주체가 돼야 한다.

나아가 시장이나 대통령을 뽑더라도 이런 생태 전환에 소신을 가진 이를 뽑아야 하는데, 그러기 위해서라도 민주당을 대대적으로 바꾸든지, 아니면 생태적 민주진보연합 같은 연대체를 꾸려야 한다. 2022년 초에 발족한 70여 시민사회단체들의 연대체인 '기후정의행동' 사례는 상징적이다.

물론, 사람과 사람, 사람과 자연이 더불어 사는 '생태 민주주의'를 올바로 구현하려면 중앙집권적 대통령제보다는 나라 전체적으로 수천 개의 마을 공화국을 만드는 방향으로 가야 한다. 이미 오래전에 인도의 마하트마 간디는 "인도의 미래를 위해서라면 약 70만 개의 마을 공화국이 필요하다"고 했다. 그렇게 되어야 민초들과 대통령, 일상생활과 정치가 분리되지 않고 삶 속에 통합된다. 그래야 민초들이 소외되지 않고 자기 삶의 주인으로, 공동체의 적극적인 활동가들로 거듭날 수 있다. 요컨대, 사람과 자연을 모두 살리기 위한 이런 개인적, 사회적 실천에 적극 동참하는 사람들을 차곡차곡 기르는 교육이 (자본을 위한 '노동력' 양성 교육이 아닌) 인격체 지원 교육이자 생태 전환 교육이다. 따라서 교사 스스로 자기 삶 속에 생태 전환의 실천을 하면서도 학교나 마을 단위에서 생태 전환 교육에 힘쓸 때 그 교육은 비로소 사회적 힘을 갖게 될 것이다.

에너지 전환? LNG는 석탄의 대안이 아니다!

내 고향 마산에도 화력 발전소가 있었다. 지금은 옛날이야기로, 1956년 가동하기 시작하여 1982년 폐쇄됐다. 내 기억에 처음엔 호

복잡한 반성, 잃어버린 학교를 찾아서

롱불을 쓰다가 마침내 전기 덕에 완전히 딴 세상이 됐다. 그러나 가난했던 부모님은 전기세를 아끼느라 변소용 작은 전구를 썼고 나도 그 희미한 불빛에 공부했다. 당시만 해도 석탄 발전이 (초)미세먼지나 이산화탄소 같은 온실가스를 방출해 폐병이나 지구 온난화를 초래한다는 문제의식은 거의 없었다. 모두 배가 고팠기에!

그런 세월이 60년 이상 흐른 지금, 우리는 지구 온난화와 기후 위기라는, 글로벌 삶의 위기 앞에 섰다. COP 26에 따르면 선진국은 1.5도 파리협정 목표 달성을 위해 2030년까지 석탄 발전소를 퇴출해야 한다. 이런 상황에서 한국 정부는 노후 석탄 발전소 28기를 LNG로 전환하려 한다. 이에 하동 남부 발전은 석탄 발전 8기 중 6기를 2031년까지 점차 LNG로 바꾸려 한다. 우선, 2027년까지 2~3기 발전소 대체를 위해 1GW급 LNG 복합발전소를 건설하려 한다.

그렇다면, 여기서 우리는 과연 LNG 복합발전이 회사의 말대로 "친환경"인지, 나아가 이것이 세계적 흐름에 발맞춘 "탄소 제로" 내지 "RE100(재생 에너지 100%)" 지향성을 갖는지 따질 필요가 있다. 결론은, LNG는 석탄의 대안이 아니다!

첫째, LNG 복합발전은 석탄 발전에 비해 이산화탄소 배출이 약 30% 감소한다지만, 대신 이산화탄소보다 온실 효과가 80배 이상 강한 메탄 방출로, '혹 떼려다 혹 붙이는' 꼴이 된다 ($CH_4 + 2O_2 = CO_2 + 2H_2O$). LNG의 핵심은 메탄($CH_4$)인데, 이것이 이산화탄소를 대체하기보다 그보다 더 고약하다는 것은 미국 환경보호청(EPA) 홈피 자료에도 나온다.

둘째, 회사는 LNG 복합발전을 한 뒤에 점차 수소와 혼소발전을 하고 그 뒤에 태양광 같은 신재생 에너지로 전환할 것이라 한다.

LNG가 석탄에서 신재생(청정) 에너지로 가는 '가교'(bridge)란 입장이다. 그러나 2020년 기준, 전국 가스 발전소의 평균 가동률은 40% 내외다. 신규 LNG 발전소 건설이 불필요하단 얘기다. 수소 발전도 실은 기술과 비용 문제가 큰 장애물이다. 나아가, 급격한 종 다양성 감소와 멸종 위기, 가뭄과 폭우로 상징되는 기후 위기 탓에 세계 차원의 대응이 시급하다. 현 화석 에너지를 곧장 청정 에너지로 전환해도 될까 말까 한데, 수십 년의 다리를 건너가라니, 그 다리 위에서 참사를 당할까 두렵다.

셋째, LNG 복합발전을 찬성하는 이들은 현 하동발전소가 '먹고 사는' 터전이라고 한다. 물론이다! 우리가 열심히 일하고 바쁘게 사는 것도 모두 '살자고' 하는 일이다. 그러나 발전소 인근부터 좀 먼 곳까지 주민들이 저주파 소음과 미세먼지의 악영향에 건강이 손상된다는 과학적 연구도 있지 않은가? 사람이 사는 데는 경제 가치(돈)만이 아니라 사회 가치(인간미, 공동체), 생명 가치(자연)가 모두 필요하다. '살자'고 하는 돈벌이고 경제인데, 건강이나 공동체가 망가지고 자연이 오염된다면, 그 모두 원점 재검토해야 한다.

석탄 발전소도, LNG 발전소도 대안이 아니라면, 우리는 대안을 어디서 찾아야 할까? 가장 먼저 확인할 것은, 현재 우리를 괴롭히는 코로나 사태나 기후 위기, (초)미세먼지와 쓰레기 문제 등은 근본적으로 우리가 편리하고 깔끔하며 값싼 것만을 추구하는 생활 방식, 즉 '대량 생산-대량 소비-대량 폐기' 시스템을 지극히 당연시해 왔기 때문이란 점이다. 그 과정에서 겪는 타자의 고통이나 자연의 오염과 파괴에 대해선 무책임한 불감증으로 외면해 왔다. 사태가 이렇게 된 이유는 한편으로 '대량 생산-대량 소비-대량 폐기' 시스템을 통해 무한 이윤을 추구하는 자본 관계 때문이고, 다른 편으로 대다수 사람들이 이 자본 관계를 당연시한 채 일자리, 소득, 경제 성장, 재물, 소비 등에 중독된 채 살기 때문이다. 바로 이 뼈아픈 성찰이야말로 근본적인 대안 탐색의 전제 조건이다. 이런 깊은 성찰 없는 대안들은 과거의 오류만 반복하고 만다. 나아가 여전히 무책임한 '값싼' 대안들은 갈수록 사태를 더 악화, 마침내 '집단자살체제'의 완성, 즉 우리 모두를 공멸로 내몰게 될 것이다. 에너지와 관련한 근본 대안은 이렇다.

첫째, 소박한 생활 방식과 절약이 첫걸음이다. 사회 전체적으로는 '대량 생산-대량 소비-대량 폐기' 시스템이 아닌, '적정 생산-적정 생활-적정 순환' 시스템을 구축한다. 각 가정마다 최대한 절전하고 대기 전력을 줄이거나 LED 전등으로 전기 사용을 효율화한다.

둘째, 현재와 같은 거대-집권적 발전 시스템 대신 소형-분권적 발전 시스템(예, 소형 태양광)을 전면 도입한다. 집집마다, 마을마다, 공장마다, 건물마다, 빈터마다 소형 태양광 등을 이용하면, 지금과 같은 발전소 주변 공해 문제나 대규모 자연 파괴는 사라진다.

셋째, 자손 대대로 재앙을 물려줄 위험이 높은 원자력이나 화석 연료(석탄, 석유, 가스) 발전을 없애는 대신 태양광이나 풍력, 수력이나 지열 등 청정 신재생 에너지를 전격 생산해야 한다. 이 과정에서 '정의로운 전환'을 위해 건강한 일자리를 많이 만들 필요가 있다.

생각건대, 지금까지 우리의 경제는 경제 가치를 위해 사회 가치나 생명 가치를 희생한, '무책임의 경제'였다. 진정 우리가 '대안'을 생각한다면, 경제 가치, 사회 가치, 생명 가치의 균형과 조화를 추구하는 '책임성의 경제'를 구현해야 한다. 지금까지 우리가 당연시한

'돈벌이'가 무책임의 경제라면, 인간적 필요 충족을 위한 '살림살이'는 책임성의 경제다. 이를 실제로 구현하기 위해서라도 마을마다, 지역마다 더 많은 공부와 토론이 왕성하게 일어나야 한다. 돈벌이에 중독된 시스템으로부터 해방되지 않으면 삶의 희망이 없기 때문이다. 아무리 생각해도 '사람 나고 돈 났지 돈 나고 사람 났느냐'던 어른들 말씀이 정말 옳다!

이 '정의로운 에너지 전환'에 관한 문제의식이 학교마다 가정마다 마을마다 왕성하게 공유될 필요가 있다. 교실마다 그 실천 방법과 관련, 왕성한 토론이 일어나야 한다. 나아가 언론과 대학, 국회가 이 문제에 주목해야 하며, 나라 정책에 적극 반영돼야 한다. 하루가 시급하다.

복잡한 반성, 잃어버린 학교를 찾아서

일류주의 강박증의 덫

'20 대 80 사회'와 '80/20 법칙'

"행복의 80퍼센트가 우리가 살아가는 시간의 20퍼센트 안에서 생긴다." 『80/20 법칙』을 쓴 리처드 코치에 따르면 '80/20 법칙'이란 노력, 투입량, 원인의 20퍼센트 정도 되는 작은 부분이 성과, 산출량, 결과의 대부분 즉 80퍼센트를 이루어 낸다는 불균형의 법칙이다. 기업가이자 경영 컨설턴트인 그는 이 80/20 법칙을 '더 적은 것으로 더 많은 것을 얻는 비밀'이라 강조한다.

쉬운 예로, 투입량의 20퍼센트가 산출량의 80퍼센트를 만들어 내고, 원인 가운데 20퍼센트로부터 결과의 80퍼센트가 도출되며, 전체 노력의 20퍼센트에서 전체 성과의 80퍼센트가 만들어진다는 것. 또 개인이 쓰는 시간의 20퍼센트만이 80퍼센트의 큰 업적을 내게 하며 나머지 80퍼센트의 시간은 단지 20퍼센트 정도의 업적만을 낼 뿐이라 한다. 이를 경영의 측면에서 보면, 전체 상품 중 20퍼센트가 매출액의 80퍼센트를 차지하며, 전체 고객의 20퍼센트가 매출

액의 80퍼센트를 구매하고, 나아가 모든 품목의 20퍼센트 또는 구매자의 20퍼센트로부터 전체 이익의 80퍼센트를 얻게 된다는 묘한 논리다.

코치에 따르면 사회적으로도 이 법칙이 적용되는데, 범죄자의 20퍼센트가 전체 범죄의 80퍼센트에 이르는 죄를 지으며, 운전자의 20퍼센트가 전체 교통사고의 80퍼센트를 낸다고 한다. 그리고 전체 기혼자의 20퍼센트가 전체 이혼율의 80퍼센트를 차지하며, 사람들은 자기가 가진 옷의 20퍼센트만을 가지고 80퍼센트 이상의 시간 동안 입고 다닌다. 자동차 엔진도 전체 에너지의 20퍼센트만이 80퍼센트 이상의 동력을 내게 되고 80퍼센트 정도는 거의 낭비된다는 식이다.

이 80/20 법칙이 우리의 이목을 끄는 이유는 무엇인가? 그는 이 것이 카오스 이론처럼 우리의 직관에 반하는 법칙이기 때문이라 한다. 보통 우리의 직관은 모든 원인이나 사물, 존재가 동등한 가치와 비중을 가진다고 보는 것. 그러나 80/20 법칙은 모든 존재는 불균등하며 차별적, 비선형적임을 전제한다. 쉽게 말해 한 회사에 다수의 노동력이 있다고 할 때 모두가 회사에 동일한 이익을 증진시켜 주는 것이 아니라 단지 20퍼센트가 80퍼센트의 이익 증대를 이룬다고 보는 것. 나머지 80퍼센트는 별 도움이 되지 않는 '짐스러운' 존재("잉여")라는 것.

이러한 인식은 개인들에게 시간 사용이나 인간관계 등에서 20퍼센트의 가치 있는 것에 집중하면 80퍼센트의 성과를 낼 수 있다는 믿음을 갖게 한다. 기업에게는 20퍼센트의 핵심 고객을 관리하도록 하며, 20퍼센트의 핵심 인력을 집중 육성하여 80퍼센트의 성과를 내는 것이 유리하다는 것. 나아가 20퍼센트의 핵심 분야 이외는 외주화를 유도하는 등 '선택과 집중' 전략이 중요하다고도 한다. 학교에서는 공부 대신 문제만 일으키는 20퍼센트만 집중 관리, 또는 공부 잘하는 모범생 20퍼센트만 집중 지원한다면, 학교 전체의 사고 발생도 현저히 줄거나 학교의 대외적 명성도 높아지게 된다. 또 사회적으로는 20퍼센트의 범죄자를 집중 관리함으로써 범죄율을 현저히 낮출 수 있으며, 법규 위반자의 20퍼센트를 집중 관리함으로써 교통 사고율도 대폭 줄일 수 있음을 시사한다.

따라서 80/20 법칙에 따르면 개인이나 조직, 학교나 사회 전체의 모든 차원에서 목적에 맞춰 최대의 효과를 얻기 위해서는, 쓸모 있는 20퍼센트를 골라 거기에 80퍼센트 이상의 자원을 투입하고 80퍼센트의 쓸모없는 것은 과감히 버려야 한다.

약 200년 전에 프랑스의 경제학자 세이는 '기업가'를 정의하면서 생산성이 낮은 분야로부터 높은 곳으로 자원을 이동시키는 자라 했는데, 현대의 금융가들은 이러한 행위를 '중재'라 한다. 80/20이든 기업가의 자원 이동 행위든 금융가의 중재 행위든, 중요한 것은 '핵심적 소수'와 '하찮은 다수'를 구분한 다음 핵심적 소수에 투자를 집중하면 최대 효과를 거둔다는 것!

이제 코치에게 남은 문제는, "80/20 법칙이 지배하는 세상에서 '성공'하려면 어떻게 해야 하는가?"다. 먼저 개인은 80/20 법칙을 수용하면서 낡은 전통에서 벗어나면 덜 일하고도 많이 벌 수 있다고 한다. 불행이나 실패의 원인을 찾으려고 굳이 따지지 말라는 충고도 한다. 나아가 시간을 '적'으로 생각하는 '시간 관리'가 아니라 시간을 '친구'로 보는 '시간 혁명'을 해야 한다. 결국 라이프 스타일

일류주의 강박증의 덫

과 직업에 대한 우리의 철학을 바꿔야 하는데, 자기가 즐겁게, 자신 감 있게 할 수 있는 일에 집중하면 성공과 행복은 자연히 따라온다. 동시에 코치는 소수의 믿을 만한 협조자와 동맹 관계를 구축하기 위해 20명의 친밀한 관계 리스트를 만들어 보라 한다. 그것이 개인 적 성공을 위한 10계명과 행복으로 가는 7가지 습관으로 압축된다.

코치는 또 80/20 법칙을 활용, 지금보다 더 나은 사회를 만들 수 있다고 한다. 80/20 법칙은 (마치 극우파들의 주장과 같이) 자연, 기업, 학교, 사회, 개인 등 모든 영역에 있어 불평등은 자연스러운 현상이며 발전의 원동력임에는 틀림없다고 하지만, 자연스러운 것이 반드시 옳다거나 그것을 방치해야 한다고 말하진 않는다. 코치는 이 법칙이 선악을 떠나 불균형의 원리가 작용하고 강력한 결과를 가져옴을 말해 주므로, 만일 실패를 극복하고 성공하려거나 더 나은 개선을 이루려면 이 법칙을 중시해서 적극 활용하면 된다고 말한다.

따라서 코치에 의하면, 사회가 『세계화의 덫』에 나오는 '20 대 80 사회'로 양극화되는 현상 자체를 잘못되었다 하는 자나 세상을 바꾸기 힘들다고 하는 자들은 모두 오류를 범하는 셈이다. 저자의 대안은 사회적 기업가 정신과 시장 자유화다. 사회적 기업가 정신이란 모든 사람들이 시장에 평등하게 참여할 수 있게 만드는 것. 그렇게 하려면 사람들에게 자산을 주어야 하고, 국영사업이나 교육, 경찰 업무의 민영화도 필요하고, 시장성 있는 기술 교육도 필요하다. 교육 안에서도 경쟁을 촉진해야 한다. 소수의 경쟁력 있는 부문과 다수의 취약한 부문을 선별하여 자유 시장에서 굳건히 버틸 수 있는 부문만 살리고 나머지 것은 가차 없이 버려야 한다. 이런 식으로

80/20 법칙을 응용, 사회적 낭비를 줄이면 일자리 상실의 두려움도 줄이고 이데올로기 대립의 종식과 만국의 공동 번영이 온다는 전망이다.

"회의주의와 비관주의를 날려 버려라. 역사 발전은 늘 소수의 사람, 일부의 조직화된 자원에서 비롯된다."

여러 가지 신선한 아이디어들을 자유롭게 표출하고 있는 코치는 교과서적인 사고와 행위에 익숙한 우리들에게 다소 신선한 충격을 준다. 그러나 이러한 1차적 충격 뒤에는 이상하게도 2차적인 씁쓸함이 나를 감싼다. 왜일까? 진실로 '현명한 사람'이 되기 위해 몇 가지만 추려보자.

첫째로 나는 이 『80/20 법칙』을 보면서 코치가 말하는 행복과 성공이란 과연 무엇인가 다시 성찰해 본다. 그것은 한편으로는 자아실현으로 표현되면서도 다른 편으로는 더 많은 물질적 소유로 요약된다. 그러나 전반적인 분위기는 전자보다는 후자를, 그것도 삶의 과정보다는 삶의 결과에 초점을 두는 것 같다는 인상이다.

둘째로, 저자는 중요한 소수와 하찮은 다수를 가려내어 소수를 키우고 다수를 줄이거나 없애라 한다. 그러나 세상 만물은 '모두' 소중하지 않은가? 설혹 중요한 소수가 있다손 치더라도 그것은 하찮게 보이는 다수가 있기에 그렇게 보일 뿐이며, 나아가 하찮은 다수가 없이는 소중한 소수가 나오기도 어렵다. 우리가 집 근처에 조용히 사색하며 걸을 수 있는 산책로가 있다고 할 때 만일 우리가 직접 발을 딛는 20퍼센트의 길만을 남기고 나머지 80퍼센트의 땅들을 모두 없앤다면 우리가 발 딛는 부분은 까마득한 절벽으로 남고 세상은 낭떠러지로 보일 것이다. 그때 어느 누가 고요히 명상을 하며 행

일류주의 강박증의 덫

복하게 걸을 수 있는가?

셋째로, '가치가 낮은 활동을 중단하라', '잉여 가치를 적게 낳는 직원은 짐스러운 무능력자들이다'라는 식의 이야기는 자본의 논리, 강자의 논리, 지배자의 논리, 제국주의 논리다. 어릴 적부터 배워 온 경제 이론 중에 1차 산업보다 2차 산업, 2차보다 3차 산업이 커져야 선진국이 된다는 것이 있다. 그러나 이것은 엄밀히 보면 선진 자본주의, 제국주의 국가의 논리다. 자기들은 부가가치가 낮아 이윤이 낮은 1차 산업보다는 2차 산업이 유리했고, 또 후진국들의 추격이 잇따르자 3차 산업이라는 다른 이윤 창출 영역을 개발한 것!

이런 논리를 내면화한 코치는 범지구적으로 나타나는 현실 모순과 문제(고용 위기, 노동 소외, 빈부 격차, 생태계 파괴 등)를 정직하게 대면하기를 두려워한다. 나아가 약자, 패자, 피지배자, 식민지 사람들의 피와 땀과 눈물을 애써 외면한다.

"역사는 자본주의의 번영 그 자체가 사회 문제의 원인이 아님을 보여 준다. 자본주의는 더 높은 생활 수준과 고용을 만들어 냈다." 과연 그런가?

나는 우리 학생들이 졸업 뒤에 20퍼센트 정도만 취업하는 현실, 또 그 고용된 20퍼센트 가운데 80퍼센트가 주변 인력으로 들러리 취급당하는 현실 자체가 문제라 본다. 대개는 이런 현실을 바꾸려 하기보다는 그 가능성 있는 20퍼센트의 그룹에 들도록 노~력, 또 노~력을 하라고 말한다. 그런 말을 하는 자는 대개 이런 불평등 구조 속에서 이익을 얻는 기득권 집단일 것이다. 이들이 그런 말을 하는 것은 쉽게 이해가 된다. 그러나 정말 이해가 안 되는 것은, 그런 구조 속에서 주변화, 잉여화, 배제된 80퍼센트 이상의 사람들조차 그런 논리를 내면화한 경우다. 저자 코치는 그런 논리를 우리가 내면화하도록 그럴듯하게 '코치'하고 있는 셈! 또 그러는 사이에 우리는 20퍼센트만이 아닌 '모두' 더불어 건강하게 살아야 한다는 의지는 물론 그런 대안에 대한 고민 자체를 하지 않게 될까 걱정스럽다.

노~력의 배신

1981년 시작한 세계가치관조사(World Values Survey)에 따르면 한국인 대다수는 "열심히 노력하면 성공한다"고 더 이상 믿지 않는다. 1990년(2차 조사)에선 응답자의 73%가 믿었지만, 2010년(6차 조사)엔 54%로 떨어졌고 2018년(7차 조사)엔 30%로 줄었다. 반면, "운이나 연줄이 있어야 성공한다"고 느낀 이는 1990년 14%에서 2010년 25%, 2018년 37%로 늘었다. 특히, "열심히 노력해도 성공하지 못한다"고 느낀 청년(1020세대)은 1990년 8.4%였는데 2018년엔 20.8%로 늘었다. 무려 2.5배다. 갈수록 '노~력의 배신'이라니!

그만큼 상당수가 자기 노력에 대한 차별적 보상을 원한다. 이는 소득 불평등에 대한 지지, 즉 미시적 차별의식이기도 하다. 예컨대, "소득이 더 평등해져야" 한다는 이는 1990년 45%에서 2010년 24%로, 2018년엔 12%로 줄었다. 반면, "노력에 따른 보상 차이가 더 커져야 한다"는 이는 1990년 39%에서 2010년 59%, 2018년 65%로 급등했다. 이는 일본 28%, 미국 30%, 중국 39%, 독일 44%, 홍콩 51%보다 높다.

같은 설문에 대한 세대별 차이도 크다. 2010년 6차 조사의 경우,

1020세대의 평등주의:차별주의는 11%:40%, 3050세대는 16%:33%, 60대 이상은 20%:42%였다. 평등보다 차별주의가 대세이지만 젊을수록 더 차별에 찬성한다. 당시 1020세대가 지금의 2030세대다. 세대가 바뀔수록 자본의 논리를 더 강하게 내면화한다는 얘기다.

이렇게 우리 사회에선 갈수록 '소득 차별에 찬성'하는 이가 증가한다. 중국, 일본, 미국, 독일과 견줘도 평등주의 성향은 최저, 차별주의 성향이 최고다. 평소에 우리는 "한가족" 내지 "운명 공동체"를 강조하지만, 막상 경제적 이익과 관련해서는 평등보다 차별을 선호한다. '공정한 차별'! 물론, 이는 세대 문제라기보다 '세태' 자체가 변했다. 이런 사회를 과연 '공정 사회'라 할 수 있을까?

그렇다면 대체 어떻게 해서 우리 사회의 가치관이 이렇게 변했나? 이는 경쟁의 내면화와 경제 가치 맹신 탓이다. 즉, 자본을 내면화한 결과다. 여기엔 몇 가지 사회적 배경이 있다.

첫째, 1960년대 경제 개발 이전만 해도 자본주의 경제 가치(돈벌이)보다 사회 가치(인간관계)나 생명 가치(만물 존중)를 중시했다. 그러나 산업화 과정에서 가치관이 뒤틀린다. 돈벌이를 위한 '새마을 운동'과 수출 공업화는 인정스러운 농어촌 공동체를 해체했고, 각종 개발 사업은 자연 생태계를 파괴했다. '가치(돈) 너머의 가치들'이 버림받은 것! 반면, 돈을 많이 번 자들은 좋은 집, 고급 양복, 비싼 차에 명품 핸드백을 들고 호텔 식당과 쇼핑몰을 휘젓고 다니며 '있어 보이는' 삶을 산다. 부자가 돼야 성공이고 '남부럽지 않게' 산다. 이런 겉모양만 보고 사람들은 어릴 적부터 '부자되기' 또는 '성공과 출세의 욕망'을 인생 목표로 삼는다.

둘째, 동일한 자본주의 산업화 과정도 1960~1980년대의 성장기와 1987~1996년 최고조기를 지나 1997년 'IMF 체제'를 경과하면서 포화기에 들었다. 성장기나 팽창기 때는 부의 크기가 증대하고 또 노동자의 조직된 힘이 커질수록 부의 분배도 비교적 순조로웠다. 당시 평등주의 의식이 비교적 강했던 배경이다. 그러나 경제 전반이 포화기에 들고 자본의 분할 지배 전략과 경쟁의 세계화 탓에 분배의 토대와 결과가 악화했다. 이제 약 20%에 이르는 대기업, 공공 부문 정규직 노동자들은 상대적 기득권층이 됐지만, 80%의 중소기업, 비정규직, 여성, 노인, 청년, 장애인, 이주민의 삶은 열악하다. 이 상황은 다수에게 '노~력의 배신'을 안겼고, 내가 한 노력과 성취에 배신을 당하지 않기 위해서라도 평등보다 차별 의식을 더욱 내면화해야 했다.

셋째, 1997년 이후 'IMF 트라우마'는 이 경향을 가속화했다. 'IMF 체제'란 사실상의 국가 부도에서 IMF 등 국제 금융기관이 긴급 구제금융을 하는 대신 '글로벌 스탠더드'란 이름 아래 한국의 사회경제 구조를 세계 자본에 유리하게 재편한 것! 100년 전 일본 식민지 체제가 조선을 제국주의 아래 복속한 것이라면, 25년 전 IMF 체제란 세계 자본주의가 한국을 포섭한 것이다. 차이가 있다면, 전자는 강압 통치 위주였는데 후자는 합의 통치인 점! 전자는 당시 독립운동가들이 민족주의와 사회주의 색채를 띠게 했지만 IMF 식 합의 통치는 신자유주의 구조조정(개방화, 탈규제, 민영화, 유연화)을 통해 온 사회에 'IMF 트라우마'를 남겼다. 즉, 사회 전반이 전례 없는 대량 해고와 고용 불안에 충격받았다. 해고는 노동자에게 죽음이고 공포다. 이제 실업은 물론, 비정규, 알바, 취업 대란이 일상이다. 민주노총이 저항하고 진보 정당이 국회에 입성해도 대세는 역부족!

"해고는 살인이다." "차라리 우리를 죽여라! "잘리기 전에 실컷 벌자."… 모두 'IMF 트라우마'의 결과다. 이게 한 세대 이상 지속되자 이제 다수는 마침내 자본주의 공정성 논리를 수용하고 만다. 즉, 어차피 세계 경쟁은 불가항력인데 여기서 살아남기 위해선 능력이나 성과가 낮은 자는 적게 받고 높은 자는 많이 받는 식이라야 '경쟁력'이 생긴다, 나아가 능력이나 성과가 뛰어난 이들만 살아남을 자격이 있다는, 자본의 공정성 논리! 이제 자본가는 물론 노동자나 일반 시민 역시 이 '공정한 차별'이 옳다고 느낀다. 온 사회의 DNA가 바뀐 셈!

그러나 아무리 숨 막히는 세상에도 숨 쉴 구멍은 있다! 희망의 여지는 모순의 틈새에서 생긴다. 위 조사에서 "경쟁은 열심히 일하게 하고 새 아이디어를 촉진한다"고 본 이는 1990년엔 81%였으나 2010년 64%, 2018년 48%로 줄었다. 반면, "경쟁은 사람들에게 최악을 부른다"는 이는 1990년 8.5%에서 2010년 12%로, 2018년 17%로 늘었다. 여전히 절반 정도가 '경쟁의 내면화' 상태이지만 갈수록 경쟁에 지치고 실망한 이들이 는다. 또, 2018년 기준, "환경 침해가 좀 있어도 경제 성장이나 고용 창출을 우선"하는 이가 43%였지만 "성장이나 일자리에 일부 손실이 와도 환경 보호를 우선"하는 이는 57%나 된다! 노력의 배신이나 이상 기후 등 삶의 위기 앞에 가치관도 꿈틀댄다! 이제, '경쟁의 배신'이 슬금슬금 낮은 포복을 한다.

이런 측면은 미시적 차별 의식에도 불구하고, 기존의 근면과 성실을 밑바탕에 둔 경쟁 신화와 심리적 거리 두기를 하거나, 성장과 고용보다 환경과 생태를 우선시하는 등, 거시적 사회의식이 고양됨을 뜻한다. 희망의 실마리다. 이는 자본의 위기가 커질수록, 분배의 물적 토대가 약할수록, 또 지구 생태 위기가 심해질수록 증폭할 가능성이 있다. 만일 이런 점에 착안, 여러 사회 운동이 연대해 사람과 사람(사회 가치), 사람과 자연(생명 가치)의 공생을 보장하는 새 사회경제 시스템을 창조하려 한다면, 그때 비로소 우리는 삶의 희망을 노래할 수 있다.

그러나 성급한 낙관은 금물! 변화를 만들 주체가 이미 경제 가치에 깊이 중독됐다면 아무리 투표를 잘해도 결과는 뻔하다. 노조나 노동자 시위를 "소음"이라 한 일부 청년들만 문제가 아니다. 솔직히 "빨갱이"나 "암세포" 논리로 노동 운동을 적대시하는 어른들(보수 대통령 포함)은 더 많다. 모두, 자본과 권력의 시선일 뿐! 따라서 근본 변화의 첫걸음은 남녀노소 불문, 우리가 맹신해 온 경제 가치를 철저히 성찰하는 것, 또, 여럿이 둘러앉아 무엇이 두려운지 솔직히 고백하는 것이다. 자본의 가치에 기초한 '공정한 불평등'을 넘어서야 비로소 '좋은 삶'이 열린다. 경쟁이나 중독으로부터 자유로운, '가치 너머의 가치관'이 절실한 까닭이다. 기껏해야 물질적으로만 성공한 '부유한 노예'는 결코 우리의 미래가 아니지 않은가?

일류대 경쟁의 끝엔 무엇이 있을까

해마다 수십만 명의 학생들이 대학입시를 치른다. 작년도, 올해도 예외는 없다. 물론 갈수록 대학 진학률이나 학생 수가 줄어든다지만 여전히 한국 고교생의 대학 진학률은 70% 이상이고 수험생은 해마다 수십만 명이다. 어쩌면 이 강고한 대학입시 '덕에' 상대적인 안

정성을 누리며 먹고사는 사람들이 꽤 많을지 모른다. 당장 대입 학원들이 그러하고, 전국의 고교가 그러하며, 입시 상담사(코디네이터)가 그러하다. 따지고 보면 유치원부터 초, 중, 고교 전체가 대입 덕에 '별 탈 없이'(아니, 탈이 생기더라도 별문제 없이) 잘 굴러가는지 모른다. 꽤 오랫동안 대학생을 가르친 나 또한 예외가 아니다. 전국의 수백 개 대학(교직원 포함) 역시 그러한 사회적 믿음과 과도한 경쟁 열풍 덕에 '말없이' 이득을 취하며, 그 연장선에서 사회 전체가 대학입시를 기둥 삼아 돌아간다. 과연 우리는 무엇을 위해 대입 경쟁에 목을 매는가?

특히 최근 뉴스들은 이 문제를 좀 더 심층적으로 생각해 볼 필요성을 제기한다. 앞서도 말했지만, 2021년에 서울대에선 405명이, 연세대와 고려대에서도 700~800명이 자퇴했다고 한다. 또, 그렇게 '목숨 걸고' 들어간 서울대의 재학생들이 2명 중 1명꼴로 우울증을 겪고 있다는 보고도 있었다. 이것은 '서울대학교 학생 복지 현황 및 발전 방안 보고서'(2015)의 일부로, 서울대 평의원회 연구팀이 서울대 재학생들을 대상으로 2015년 여름, '불안 및 우울 정도'에 대해 설문을 실시한 결과다. 그 핵심은 응답자 1천 760명 중 818명(46.5%), 즉 약 절반이 우울증을 경험하고 있는 셈이다. 통상적으로 한국 최고의 대학에 다니면 가장 행복하거나 별걱정이 없어야 한다. 그러나 이 결과는 그런 세간의 인식과 대비된다.

무엇이 문제인가? 언론들이 전하는 바로는, 사상 최악의 취업난에다 과열된 학점 경쟁 등이 청년들의 정신 건강을 악화시킨다. 실제로, 학생들은 교우 관계나 학업 문제, 진로 문제 등으로 인해 강한 스트레스를 받고 있다고 했다. 일반인들이 보기엔 최고의 스펙을 자랑하는 대학생들이라 자부심도 강하고 만족도도 높을 것으로 추정되지만, 최고의 학생들끼리 경쟁하다 보니 '말 못 할' 고민도 많고, 사회 전반적으로도 졸업장 하나로 취업이 보장되던 시대도 옛날이야기다.

이 지점에서 나는 2015년 겨울, 한 서울대생이 자살한 일을 떠올린다. 그가 자살하기 20분 전에 페이스북과 서울대 학생들의 인터넷 커뮤니티 '스누라이프'에 올린 글은 이렇다. "나와는 너무도 다른 이 세상에서 버티고 있을 이유가 없다." "여러분이 사랑하는 사람이 우울증으로 괴로워할 때는 근거 없이 '다 잘 될 거야' 식의 위로는 오히려 독이다." "죽는다는 것이 생각하는 것만큼 비합리적인 일은 아니다." "정신적 귀족이 되고 싶었지만 생존을 결정하는 것은 수저 색깔이었다."

그는 서울대 학생이기 이전에 중산층 가족의 사랑하는 아들이었고, 꿈을 키우며 살아가는 한 청년이자 인격체였다. 그런 그가, 아직도 피어나지 못한 그가, 세상에 하나밖에 없는 목숨을 스스로 끊은 이유가 무엇일까? 그것은 자신의 미래 희망이 '수저 색깔'에 의해 결정된다는 냉혹한 현실, 나아가 끝도 없이 이어지는 '생존 경쟁'이라는 현실이었다.

그 뒤 시간이 흘렀다고, 또, 촛불혁명으로 새 정부가 탄생했다고 사태가 크게 달라진 것은 아니다. 사회 전반의 우울증 역시 증가한다. 물론, 어느 전문가의 진단처럼, "현재 대학생들은 IMF 구제금융 시대에 태어나 가정이 기우는 경험을 했고 고등학생 때는 세월호 참사도 겪은 세대"인 상태에서 "여기에 취업난으로 인한 과열 경쟁 분위기까지 더해지면서 미래와 연관된 정서적 불안감이 증폭된 것"이라 볼 수도 있다. 기성세대가 경험한 'IMF 트라우마'와 더불어 2014년의 '세월호 트라우마'는 국가도, 노조도, 기업도 나 자신의 삶을 지켜주지 못한다는 인식을 강화했고, 취업난과 과열 경쟁은 사회적 연대가 아니라 '각자도생'만이 살아남는 길이란 의식을 부채질하는 것도 사실이다. 그러나 그야말로 각자도생, 즉 (타인의 삶에는 지극히 무관심한 채) 모두 제 살길만 도모하는 '팔꿈치 사회'가 심화하면 어떻게 되는가? 그 끝에 우울증과 자살 충동이 도사리고 있다는 사실을 서울대 학생들이 우리에게 일러주는 건 아닐까?

바로 이런 맥락에서 우리는 우리 자신의 트라우마나 그 기저에 깔린 두려움을 더 이상 외면해선 안 된다. 따라서 '부적응자'의 (재)적응을 위한 각종 심리상담(예, Wee 스쿨, 생활심리 상담소) 등 노력은 응급조치는 될지언정 사태의 본질적 해결엔 별 도움이 안 된다.

우리의 개인적, 집단적 트라우마와 그 기저에 깔린 두려움의 근본 원인은 말하자면, (자본에 의한) 공동체적 유대의 폭력적 파괴다. 이 폭력은 물리적인 폭력만이 아니라 언어적, 행위적, 시각적, 제도적, 문화적 형태로 표출된다. 일제가 조선을 침탈한 것은 물리적 폭력과 문화적 폭력의 결합이었다. 일베나 학폭, 극우 세력의 폭력은 언어적, 행위적, 시각적 형태가 결합되어 있고, 우리가 당연시하는 시장 경쟁 내지 경쟁 지상주의는 제도적, 문화적 폭력의 결합이다.

이승만 정권 이후 남한 권력이 민중을 대하는 태도는 물리적 폭력과 제도적 폭력이었다. 그런 사회 속에 살아온 우리 조상들은 생존의 두려움에 떨면서 나름의 생존 전략으로 '강자(승자) 동일시'을 채택했다. 일제가 승리하자 친일파가 설쳐댔고, 미군정이 들어오자

미군에 따라붙었다. 소설 『태백산맥』(조정래)이나 『빨치산의 딸』(정지아)에도 잘 묘사되듯, 전쟁이 나고 사람들을 무차별로 죽이자 상당수가 권세 있는 자에게 빌붙어 목숨이라도 건지고자 했다. 경제 개발 과정에서 돈 벌고 출세한 사람이 생기자 그들을 숭상하며 너도 나도 성공과 출세의 열망에 불타올랐다. 그렇게 해서 전국에 '교육열'이 활활 불탔고, 그 결과가 오늘날까지 우리가 당연시 해온 'SKY 대' 숭배 문화다.

일례로, JTBC 주말 드라마였던 'SKY 캐슬'은 자식을 서울대 의대에 보내지 않으면 죽을 것만 같은 강박증을 가진 부모들 이야기가 나온다. 부모의 엄청난 재력(이른바 '금수저')을 전제한 상태에서, 탁월하면서도 영악한 코디네이터(진학 설계사, 상담사)의 힘에 기대어 아이가 서울대 의대에 진학을 했으나, 아이는 결코 자신의 길이 아님을 안다. 실은 (엄마가 원하는) 서울대 의대 입학 뒤에 아이가 진정으로 자신의 길을 선택(자살이나 이별 포함)하는 것이 엄마에게 할 수 있는 최고의 '복수'였다. (놀랍게도 그 코디네이터가 공부하기 싫어하는 아이에게 동기 부여한 방식이 바로 이 '복수' 논리였다. "제대로 복수하려면 열심히 공부하라.") 아이의 일기장에는 엄마의 사랑이 진정한 사랑이 아님을 잔인할 정도로 구체적으로 기록해 놓았다. 그 기록을 나중에야 보게 된 엄마는 '하늘이 무너지는 기분'을 느꼈고 마침내 자살하고 만다. 자신의 존재 근거(정체성)가 없어졌기 때문이다. 그러나 이런 현실을 지켜본 다른 엄마 역시 (코디에게 일시적으로 분노했으나) 더 깊은 성찰을 하지 않은 채, '그래도 내 새끼는'이란 생각에 역시 자기 자식을 서울대 의대에 꼭 넣고 말겠다는 결심을 하고 동일한 코디네이터에게 지도를 애걸하며 무릎을 꿇는다.

과연 이 부모들의 강박증은 어디서 오는가? 나는 그것이 앞의 '강자 동일시' 심리에서 온다고 본다. 불편한 진실! 폭력이나 경쟁은 이것은 우열 경쟁이 심한 사회에서 살아가는 사람들이 그 내면 깊은 곳에 깃든 열등감을 벗겨내기 위해 (또는 초지일관 승승장구한 경우, 천하무적의 우월감을 유지하기 위해, 그리고 혹시라도 닥쳐올지 모르는 탈락의 두려움을 억누르기 위해) 자기 스스로에게 강제하는 생존 전략이다. 'SKY 캐슬'의 경우에는 이 부모의 '강자 동일시' 심리가 진정한 자식 사랑이 아니라 자식을 자기 열등감 회피 수단 내지 강자(시어머니)로부터 인정(사랑)받기 위한 수단으로 이용하는 데 쓰일 수 있음이 잘 드러난다.

이제, 이 폭력적 경쟁과 그것이 낳은 강자 동일시 심리를 근본적으로 극복하지 않으면 SKY로 상징되는 오늘날 모든 청년들(실은 우리 모두)의 우울증이나 자살 충동(또는 공격성) 문제를 해결할 수 없음이 보다 분명해졌다. 그렇다면 무엇부터 해야 할 것인가?

첫째, 여전히 많은 사람들은 앞서 말한 '불편한 진실'들을 인정하지 못한다. 따라서 우리의 힘든 현실 뒤에 숨은 불편한 진실들을 찾아내고 제대로 정리하는 학습 과정이 필요하다.

둘째, 동시에, 우리 스스로가 다양한 트라우마와 두려움에 시달리고 있다는 사실을 솔직히 인정하고 그것을 사회적으로 공유하는 과정이 필요하다. 진지한 대화나 토론이 절실하다.

셋째, 그렇게 둘러앉아 차나 밥도 나누면서 친밀한 분위기 속에 소통하는 가운데 경쟁이 아닌 다른 삶의 방식이 가능할지, 어떤 식이 가장 좋은지 탐색해 나가야 한다.

그런 탐색의 길, 대안적인 삶의 방식을 모색하는 과정은 결코 쉽지는 않다. '값싼' 해법은 없다. 하지만, 여럿이 같이 하면 그 길이 멀고 험할지라도 즐거울 것 아닌가. '나 홀로' 성공한 뒤에 우울증에 빠질 것이 아니라, '더불어' 나서는 길 위에서 삶의 기쁨과 관계의 즐거움을 찾을 일이다. 성공과 출세, 권력과 재력의 길이 폭력, 복수, 두려움을 낳는다면, 그에 대한 대안은 분명 사랑과 연대, 우애와 환대의 길 위에 존재할 것이다.

교육 지옥과 교육 천국의 사이

약 20년 전 여름, 독일 브레멘 대학에서 중요한 워크숍이 있어 한 달 이상 독일에 머무른 적이 있다. 거기는 아이들이 학원이다 과외다 하는 이유로 시달림을 받지 않는 곳이기에, 또 5분만 나가면 공원이나 잔디밭에서 공을 차거나 자전거를 타며 즐거운 시간을 보낼 수 있기에 한국인의 눈엔 마치 '천국'처럼 보인다. 독일 사회는 여러 측면에서 시사점이 많지만 학교교육을 조금 자세히 들여다보자.

첫째의 '신선한 충격'은 학비가 전혀 없어 누구나 열심히 배우고자 하기만 하면 학교 문이 활짝 열려 있다는 것이다. 초중고는 물론 대학, 대학원도 등록금이 거의 없다. 석박사 과정을 해도 학교에 내는 등록금이 없어 책값과 생활비만 있으면 공부를 할 수 있다. 외국인들 역시 학비를 안 낸다. 요즘 들어서는 한국 대학 등록금이 워낙 비싸 그 돈으로 독일 유학을 보내는 것이 아이들과 부모에게도 좋을 것이라는 말까지 나올 정도다. 물론 사회적으로 해결되는 이 학비는 결국 모든 사회 구성원들이 내는 세금으로 충당된다. 특히 '유리 지갑'을 가진 봉급생활자들이 총 월급의 30퍼센트에서 50퍼센트까지를 사회보장비로 내는데, 이것이 교육, 주거, 의료, 노후를 사회적으로 보장해 주는 원천이다.

둘째는 초중고의 학급당 학생 수가 현저히 적고 교과 내용이 그리 많지 않다는 것이다. 겉으로는 한국 역시 (세계 최저의 출산율 덕에) 독일에 수렴한다. 20년 전만 해도 한국의 경우 농촌 지역은 매우 이상적(?)일 정도로 학생이 적지만, 도시는 학급당 평균 40명 수준이었는데, 출산율 저하와 더불어 '자연스럽게' 22명(2022년 국가통계) 수준까지 줄었다. 독일 역시 학급당 20명 내외다. 가장 바람직한 것은 도농 격차나 지역 격차를 해소하면서 학급당 15명에서 20명 이하로 유지하는 것! 학생 수보다 더 중요한 것은 공부 내용이다. 독일에선 교과 내용이 한국처럼 많지 않아 선생과 학생이 비교적 깊이 교류, 소통한다. 선생은 학생들의 고충과 적성 등을 헤아려 가면서 개별 지도까지 한다. 또 토론식 수업에서 학생들은 자신의 생각과 논리를 조리 있게 발표하는 훈련을 '매일' 한다. 동시에 다른 학생들의 발언을 진지하게 경청하는 습관을 길러 사고 폭도 넓히고 민주적 토론 방식도 체득한다. 바로 이런 과정이 수십 년, 수백 년 계속됨으로써 창의성이 발달되고 다양성이 용인되며 상호 다름을 존중하고 남을 배려하는 사회가 되었다.

셋째로 느낀 점은 교사나 교수들에게 한국과 같은 '권위주의' 의식이 거의 없다는 점. 물론 한국도 갈수록 그런 분들이 많아지고 있지만 지금보다 10배 이상은 되어야 한다. 그러나 김누리 교수가 『우리의 불행은 당연하지 않습니다』(해냄, 2020)에서 강조하듯, 독일에서는 68혁명의 효과로 생활의 모든 분야에서 권위주의가 '사회적으로 청산'되었다는 점, 특히 교사들의 노조 활동이나 정당 활동이 자유롭다는 점이 중요하다. 따라서 독일에서는 학벌이 좋다, 나이가 많다, 돈이 많다, 직위가 높다 등의 이유로 소위 '목을 뻣뻣하게' 세우고 '똥폼'을 잡는 경우는 거의 볼 수 없다. 특히 대학 졸업식에서 사각모를 쓰거나 총장 이하 교수들이 금빛 가운을 입고 '학문적 권위'를 자랑하는 그런 모습도 사라진 지 오래다. 강의실조차 교단을 없애버려 학생과 같은 높이에서 수업한다. 나아가 초중고에서조차 일방통행식 강의보다 원탁 세미나형, 팀형 수업이 주류다.

물론 독일 사회라고 완벽한 건 아니며 당연히 부정적 측면도 많다. 하지만 최소한 위의 측면들은 한국 사회가 시급히 '자기 고민'으로 끌어안아야 할 점들이다. 광장에서의 민주주의도 중요하지만 일상의 민주주의는 더 중요하니까.

그러면 독일의 사례는 과연 우리에게 어떤 실천적 지침을 줄까? 사람들의 자기 책임성 회복이나 자질 향상은 말할 것도 없거니와 올바른 구조 혁신을 위해 최소한 세 가지의 중요한 시사를 준다고 본다.

하나는 사회의 구성원들이 월급의 많은 부분을 사회보장비로 기꺼이 내거나 그렇게 할 수밖에 없도록 시스템을 만들어 놓고 있다는 것이다. 한국의 경우 세금을 아무리 내도 이것이 우리의 '삶의 질' 향상으로 돌아오는 것이 도무지 눈에 보이지 않으니, 아무도 세금을 기꺼이 내려 하지 않는다. 따라서 사람들의 의식 수준 탓만 하지 말고 사회 시스템의 투명성을 높이고 사회 구성원들이 서로 도울 수 있는 구조를 만들어야 한다.

둘째는 그러한 돈을 관리하는 사람들은 물론, 감독자 격인 검찰이나 경찰이 정직하고 성실하게 일을 처리한다는 것이다. 우리처럼 뭉칫돈이 엉뚱한 사람들의 사리사욕을 위해 오남용되지 않아야 한다. 물론 그럴 수 없도록 장치를 잘 만들어 놓는 것이 중요하다. 최근 20년 사이만 보더라도 우선 2003년, 나라종금의 뇌물 사건은 공정거래위원장조차 공정 거래를 지키기보다 불공정 거래에 협력한 사람임을, 또 검찰과 정치인들이 그런 더러운 로비에 연루되었음을 낱낱이 보여 주었다. 2023년 지금까지 그간 나라를 뒤흔든 '대장동 개발 비리'의 종잣돈이 된 2012년경 부산저축은행 사건 역시 제대로 수사되거나 처벌되지 않았다. 또, 대장동 개발과 관련, 모종의 역할을 한 곽상도의 아들이 '퇴직금' 명목으로 50억 원을 받은 사건 역시 제대로 해명되지 않았다. 곽상도는 뇌물 수수 혐의로 재판을 받았으나 2023년 2월 8일, 서울중앙지법 1심 선고에서 무죄(!) 판정됐다. 2023년 2월 10일엔 주가 조작 혐의로 기소된 권오수 전 도이치모터스 회장이 서울중앙지법 1심 선고에서 징역형의 집행유예를 선고받는 데 그쳤다. 윤석열 대통령 부인 김건희와 최은순 역시 이 재판 과정에서 공판 검사가 이 주가 조작 과정에 연루된 점을 명백히 언급했음에도 이들에 대한 조사나 기소는 없다. 더욱 놀랍게도, 이런 일련의 비리 과정에서 주류, 대형 언론들이 침묵을 지키거나 '가짜 뉴스' 중심으로 보도한다.

물론, 독일에도 비리는 있다. 하지만, 우리에 비하면 '소박한' 수준이다. 일례로, 2012년 크리스티안 볼프 대통령이 비리 혐의가 일자 곧 사임을 했다. 그 내용은, 재벌 친구한테 돈을 6억 빌리면서 이자를 은행 이자보다 1% 낮게 준 것, 호텔 업그레이드 비용으로 약 60만 원(400유로)을 주며 특별 대접을 부탁한 것, 아내가 차를 살 때

할부 이자를 0.3% 할인받은 일, 자동차 판매원이 대통령 아들 생일 선물로 약 5만 원짜리 장난감 차를 선물한 일이다. 이 정도면 한국에선 '애교'로 넘어갈 것을 독일에선 대통령이 사임할 정도다.

이는 반부패운동 단체인 '국제투명성기구' 해마다 연초에 발표하는 '국가별 부패인식지수'(CPI)에서도 확인된다. 2022년 기준, 독일은 투명성 정도가 경제협력개발기구(OECD) 38개 회원국 중 8위인데 한국은 22위다. 세계적 최우수 10개국은 덴마크, 뉴질랜드, 핀란드, 노르웨이, 스위스, 스웨덴, 네덜란드, 독일, 룩셈부르크, 아일랜드 등이다.

셋째는 노동조합이나 직원 대표들이 자금의 관리와 제반 의사 결정 과정에 참여할 수 있는 통로를 만들어 놓고 있다는 점, 교사들도 얼마든지 정치 활동을 할 수 있다는 점이다. 독일 사회에는 '공동결정'의 문화가 온 사회적 삶의 과정에 정착되어 있다. 따라서 어느 특정 권력자가 자기 맘대로 일방적으로 어떤 결정을 내리고 시행할 수가 없다. 시간이 걸리더라도 이해당사자들이 다각적인 측면을 골고루 검토하고 민주적으로 합의를 도출해 내는 문화, 바로 이것이 우리나라에도 절실히 필요하다. 김누리 교수도 대중 강연에서 강조하듯, OECD에 가입된 선진국의 교사는 (수업 때는 중립을 유지하더라도 학교 밖에서는) 정치할 권리를 갖고 있다. 독일 국회의원 중 현직 교사 비율은 13%, 핀란드의 경우는 20% 수준이다. 한국은 현직 교사가 정치인이 될 수 없다. 정치가 더 나은 사회를 만들기 위한 공적인 활동이라면 모든 시민에게 문을 열지 못할 이유가 있는가?

이런 점에서 무엇보다 중요한 것은, 과연 우리 사회가 지금과 같은 '지옥 생활'을 묵인하며 그냥저냥 앞만 보며 참아 나갈 것인지,

아니면 모든 분야에서 진정한 '삶의 혁명'을 일으켜낼 것인지, 마침내 지혜롭고 과감한 사회적 결단을 내리는 일이다.

세상의 평화와 내 안의 평화

2001년 9.11사태 이후 온 세상이 평화를 원하는 촛불 시위를 하면서 전쟁에 반대하는데도 미국의 부시 대통령과 그 동료들은 무조건 전쟁을 원했고, 2001년 10월 아프간 침공(20년간 전쟁 지속)에 이어 2003년 3월 이라크를 무력 침공해 한 달 만에 초토화했다. 또, 1991년 구소련에서 분리된 러시아와 우크라이나 간에 긴장이 고조되던 중 2014년에 러시아가 크림반도를 합병했고 2022년 2월에는 러시아가 우크라이나를 재침공했다. 푸틴 러시아 대통령은 NATO(북대서양 조약 기구)의 불법 동진(東進), 돈바스 등 분쟁 지역의 자국민 해방 등을 명분으로 내세웠다. 러시아는 "우크라이나가 나치 세력에 점령당했다"고 주장한다. 반면, 우크라이나 대통령 젤렌스키는 서방(자본주의 진영)을 향해 자국 방어를 위한 물자 지원을 요청했다. 그는 2022년 4월, 한국 국회까지 방문(국회의원 300명 중 50명 참석), 연설하며 군수 지원을 호소했다. 그 사이 양국의 병사들은 죽어가고 자연과 마을, 생명이 파괴된다. 과연 누구를 위한, 무엇을 위한 전쟁인가?

이제 모든 사람들이 던지는 질문이 있다. 어떻게 하면 전쟁을 예방하고 평화로운 세상을 이룰 수 있을까 하는 것이다. 생각건대 전쟁과 평화에는 서로 연관된 세 차원이 있다.

첫째는 우리가 잘 아는 군사적 차원이다. 엄청난 파괴력을 지닌 대량 살상 무기(대포, 탱크, 장갑차, 초음속 미사일, 핵폭탄, 핵미사일 등)로 상대방을 굴복시키고 합법 살인과 파괴를 공공연하게 자행하는 것이 바로 군사적 차원의 전쟁이다. 이를 통해 공격자는 자기들의 정치군사적 전략을 일방적으로 강제하고, 석유와 가스 등 자원에 대한 독점권도 확보하려 한다. 이는 미국 인구가 전 세계의 5퍼센트에 불과함에도 전 세계 자원의 30퍼센트를 소비하는 현실과 무관하지 않다.

둘째는 경제적 차원이다. 지금 온 세상은 매일, 매시간 경제 전쟁을 치르고 있다. '경쟁력 강화'라는 이름 아래 국가끼리, 기업끼리, 개인끼리 목숨을 건 전쟁을 하고 있다. 효율성과 생산성을 높이지 않으면 경쟁력 게임에서 탈락한다는 논리 아래서 말이다. 우리는 초중고, 대학을 거치며 이런 논리를 강고히 신념화, 내면화한다. 생각건대, 이러한 '경제 전쟁'이 존속되는 한 진정한 평화는 없다. 요컨대, 우리는 평소에 경제 전쟁을, 비상시에 군사 전쟁을 한다. 자본과 기득권층을 위해. 민중의 입장에서는 무의미한 전쟁을 평생 하는 셈!

셋째는 사회적 차원이다. 이 차원은 더욱 다양하다. 남성과 여성, 미성년과 성년, 실업자와 취업자, 정규직과 비정규직, 외국인과 자국인, 장애인과 비장애인 사이 등에서 벌어지는 전쟁이다. 또 인간과 자연 사이에서도 전쟁이 벌어지고, 심지어 나 자신의 내면과 외면 사이에서도 돈과 권력을 더 많이 차지하려는 전쟁이 벌어진다.

우리는 전쟁이라고 하면 주로 군사적 전쟁만을 이야기하지만 나는 경제적, 사회적 차원의 전쟁이 선행되지 않으면 군사적 전쟁도 일어나기 어렵다고 생각한다. 따라서 근본적으로는 경제 전쟁과 사회 전쟁을 막을 수 있는 새로운 삶의 방식을 찾아야 군사 전쟁도 자연스럽게 예방된다.

결론적으로 내 안의 평화와 세상의 평화를 동시에 이루기 위해서는 지금까지처럼 자신과 타인, 인간과 자연의 관계를 '경쟁의 원리'로 볼 것이 아니라 '사랑의 원리'로 보고 그에 기초한 실천을 해야 한다. 결국, '관계'가 문제다. 경쟁과 분열이 아니라 자율과 연대의 관계에 기초한 생태 공동체가 우리의 살 길이다.

그러기 위해서는 예컨대 가정에서부터 아이들을 '성과주의'나 '일류주의' 논리가 아니라 철저히 '사랑'의 원리로 대하고, 소유물이 아닌 '동반자'로서 함께 살아야 한다. 학교도 입시 위주, 점수 위주 교육이 아니라 자율성과 연대성이 충만한 공동체, 책임감 있는 인격체를 육성하는 방향으로 전환해야 한다. 직장도, 건강한 먹거리와 생활필수품을 만드는 일, '삶의 질'을 높이는 일, 청정 에너지(RE100, 재생 에너지 100%)로의 전환을 중심으로 근본적인 '구조조정'을 해야 한다. 나라와 나라 사이 역시 불평등, 적대, 경쟁 관계가 아니라 대등, 공존, 연대 관계로 가야 한다. 자본주의가 사회주의를 침략해서도, 사회주의가 자본주의를 침략해서도 안 된다. 한사코 이념이 다르다면 강요하지 말고 다름을 인정하기, 이것이 평화의 요체다. 전쟁이 터지면 양쪽 지도자들은 안전한 곳에서 명령만 내리지만, 양쪽의 민초들은 모두 희생된다. 그 와중에 군수 자본만 돈벌이를 톡톡히 하고 그에 연결된 자들만 떡고물을 챙긴다. 우리가 이 본질을 안다면, 모든 전쟁에 반대하는 것이 정답! 요컨대 모든 존재가 삶의 본질을 고심하며 상부상조하면서 자율적으로 살 때 세상의 평화는 물론 내 안에도 평화가 깃들 것이다.

4부

교육 개혁의 물레

벤처 시대의 개미와 베짱이

모두들 잘 아는「개미와 베짱이」라는 이솝 우화가 있다. 개미는 여름 내내 땀 흘려 일하는데 베짱이는 시원한 나무 그늘 아래 누워 노래만 불러댄다. 베짱이는 개미에게 "너는 살기 위해 일하는 게 아니라 일하기 위해 사는구나" 하는 투로 비웃는다. 겨울이 다가 오자 개미는 먹을 것이 많은데 베짱이는 굶어 죽을 판이다. 그래 서 베짱이는 개미를 찾아가 먹을 것 좀 달라고 구걸한다. 이에 개 미는 베짱이에게 "거봐, 너는 나에게 일하기 위해 산다고 비웃더 니 지금 네 거지꼴이 참 보기 좋구나" 하는 투로 복수를 한다.

초등학교 1, 2학년 시절 교과서에서 배운 기억이 아련하다. 물 론 근면하고 성실하게 생활하라는 교훈을 주는 것으로 배웠다. 그 런데 나중에 누군가 이런 얘기를 한 기억도 난다. 즉 원래 이솝 우 화는 그런 내용이 아닌데 일본에서 '국민 교육'을 위해 이런 내용 으로 바꿨고, 그것을 우리나라에서 같은 목적으로 무조건 도입했 다는 것이다. 원래의 이솝 우화는 베짱이가 개미에게 창피를 당한 뒤 다른 어떤 이웃을 찾아갔는데, 거기선 때마침 마을 곤충들의 파티가 열리고 있었고 베짱이는 거기에서 자신의 노래 솜씨와 춤 솜씨를 맘껏 자랑하며 다른 곤충들을 즐겁게 해 주는 내용이었다 고 한다. 그래서 모두가 제 나름의 소질을 발휘하며 조화롭게 어 울려 사는 세상이 좋다는 교훈을 준다는 것! 나는 그 이야기를 들 으며 정말 아이들을 위한 동화라면 이런 식이어야 한다고 느꼈다.

신선한 충격을 받고 이솝 우화들을 열심히 찾아봤으나 어느 것이 원본인지는 판가름 나지 않았다. 더구나 일본에서 제한된 내용만을 도입했고 그걸 우리가 수입했음을 증명하기란 더욱 어려웠다. 그러나 정작 중요한 것은 최근 우리 사회의 담론들이다.

그것은 열심히 육체적 노동만 하는 개미가 아니라 창의적인 노래를 만들고 실험하는 베짱이야말로 오늘의 '벤처 시대'에 걸맞은 새로운 인재상이라는 이야기다. 사람들에게 열심히 일하지 않는다고 비아냥거릴 것이 아니라, 자기가 가진 재주를 잘 살리면 누구든지 부가 가치가 높은 상품을 만들어 낼 수 있기에 오히려 각자의 소질을 발휘할 수 있는 시스템을 만드는 것이 더 중요하다는 암시다. 대단히 좋은 이야기다.

그러나 내가 보기엔 이 이야기 역시 전통적 개미와 마찬가지로 '부의 축적'이라는 패러다임에서 벗어나지 못하고 있다. 따지고 보면 그 방법이 개미와 달라졌을 뿐이지 잘 팔리는 음반과 CD를 만들어 낸 베짱이 역시 '돈벌이'라는 예전의 패러다임 속에 갇혀 있는 것이다.

더 중요한 점은 이러한 부의 축적 패러다임에서는 모든 구성원이 '자신이 과연 누구인가' 하는 존재의 문제가 아니라 '자신의 성과가 무엇인가' 하는 능력의 문제가 중시된다는 것! 다른 구성원보다 육체적으로든 정신적으로든 더욱 뛰어남을 자랑함으로써 사회적으로 인정받으려 하고 그를 통해 더 높은 지위와 부를, 더 많은 기득권을 누리고자 하는 인간상이 바로 이 패러다임 속에 자리 잡고 있다. 이러한 패러다임이 초래하는 흥미로운 결과 중의 하나는, 사람들이 다른 존재를 경쟁 상대로 여기되 경쟁이 안 되는 상대는 무시하며 자기보다 힘이 월등히 막강한 자에게는 아부, 복종, 동일시하게 된다는 사실이다. 그 과정에서 각 개인의 외면과 내면은 자기도 모르게 분리된다. 진정한 자아를 상실하는 셈이다. 그러다 보니 자기 정체성을 그 내면에서 찾는 것이 아니라 외부에서 찾으려 한다. 노동, 성과, 쇼핑, 게임, 지위, 권력, 재산, 명성 등이 그 외적 정체성의 핵심이다. 대부분의 사람들이 삶의 다양성과 복합성에 대한 섬세한 감각을 잃어버리고 오로지 높은 점수와 많은 돈벌이에 그토록 집착하는 데는 바로 이런 배경이 있다.

많은 논란이 된 '교원 성과급 차등 지급' 문제도 이런 점에서 낡은 패러다임에 갇힌 발상이었다. 그리고 더욱 중요한 것은, 우리 아이들을 마찬가지의 낡은 패러다임에 가둬놓은 채 그런 패러다임의 담지자로 계속 대량 생산해 낼 것인가 하는 '자기 물음'이 아닐까?

다시 생각하는 백 년의 큰 설계

학교교육과 테일러주의

우리 교육의 위기 문제는 어제오늘 일이 아니다. 어쩌면 근대교육 제도가 생기면서부터 그 위기의 씨앗이 커졌다 해도 과언이 아니다. 왜냐하면 근대교육 제도는 자본주의 시장 경제에 필요한 노동력을 대량 생산하기 위해 만들어졌기 때문이다. 처음에는 대부분의 노동력이 쓰였겠지만 갈수록 소수의 20퍼센트 노동력만 선택되고 나머지는 '잉여'로 전락한다. 그리하여 갈수록 취업과 잉여 간 경쟁만 치열해진다. 한국의 높은 학구열, 부모의 교육열은 바로 이런 현실의 반영이다.

우리가 유치원 내지 초등학교 시절 이후로 기회가 있을 때마다 "여러분은 자라서 이 사회가 요구하는 훌륭한 인재가 되어라"거나 "학창 시절에는 학생의 본분에 맞게 공부를 열심히 해라"라는 말을 귀에 못이 박히도록 들은 것도, 나중에 노동시장에 나가서 자신의 노동력 가치를 높게 평가받아야만 잘 살 수 있으며 (돈벌이 또는 이윤 중심의 경제를 기조로 하는) 국가와 사회에 도움이 되기 때문이었다.

물론 그렇다고 해서 모든 분들이 학생들에게 공부만 하라고 한 것은 아니다. 많은 선생님들이 높은 분들의 권위주의나 관료주의에 스스로 도전하기도 했으며, 학생들에게 "꿈을 크게 가져라"라고 강조하기도 했다. 특히 초등학교나 대학교의 선생님들은 입시제도의 강박에 시달리는 중고등학교 선생님들에 비해, 학습 과정이나 교육 내용상 '상대적 자율성'이 강했던 것 같다. 하지만 그럼에도 불구하고 전반적으로는 국가 이데올로기, 일류 지상주의, 경쟁 중심주의가 우리 교육을 지배한 것도 사실이다.

특히 많은 논란이 일었던 교원 성과급제는 이러한 기본 분위기가 오늘날의 신자유주의 구조조정과 맞물리면서 가속도를 받아 나온 것이다. 이 교원 성과급제 논란을 부른, 성과주의나 능력주의와 관련, 나는 크게 두 가지가 유감이다.

첫 번째 유감은 이 성과급제의 기본 아이디어가 지극히 반 교육적이고 비 인간적이라는 것이다. 원래 차별적 성과급제는 20세기 초 미국의 철강공장 엔지니어였던 F. W. 테일러(1856~1915)가 체계화시킨 '과학적 관리법'에 입각한 아이디어였다. 당시 작업장들은 주먹구구식 관리와 노동 규율의 부재로 인해 효율성이 지극히 낮았다. 이런 상황에서 현장 엔지니어였던 테일러는 작업장의 질서 확립과 효율성 증대를 위해 새로운 관리 기법들을 고안해냈다. 그것이 바로 테일러주의다. 그는 군소리 없이 열심히 일만 잘하는 '일류 노동자'를 기준으로 표준 과업량을 정한 뒤; 그보다 잘하면 보너스(성과급)를 듬뿍 주고 미달하면 훨씬 덜 주는 방법으로 노동자들의 노동 의욕을 경쟁적으로 부채질하였다. 돈을 매개로 사람들을 경쟁시키면 전반적 효율이 올라간다는 것이 핵심 논리다. 그런데 이 이론 속에는 인간을 한낱 '돈벌이 기계'로 보는 편협한 인간관이 깃들어 있음을 알 수 있다. 결국 그의 새 시도는 이론적으로 인간에 대한 일면적 이해라는 비판을 받게 되었고, 실천적으로도 노동 소외를 경험한 노동자의 저항으로 한계에 이른다. 그런데 그런 아이디어를 1백 년이 지난 오늘날의 교육 현장에 도입한다니, 한마디로 어처구니가 없다. 공교육 붕괴니 교실 붕괴니 하는 언론의 선정주의도 문제이지만, 교육 문제를 '테일러주의' 방식을 통해 교사들의 군기 재확립으로 해결하려는 관료주의는 더 큰 문제다.

이런 맥락에서 두 번째의 유감이 나온다. 즉 성과급제를 둘러싼 논란의 과정 자체가 지극히 반 민주적이라는 것이다. 교원이나 공무원들의 동기부여를 위해서는, 마른하늘에 날벼락처럼 성과급제와 같은 새 제도를 내리꽂을 일이 아니라, 이들이 현장에서 어떤 고민을 하고 어떤 문제의식을 가지고 있는지를 꾸준히 진지하게 들어야 한다. 전국 방방곡곡에서 그와 관련된 토론이나 모임을 활성화하여 진정한 여론, 올바른 여론을 수렴해야 하는 것이다. 나아가 성과급제 발표 이후 교원 단체들이 극구 반대하는데도 관료들은 전혀 반대 목소리에 귀를 기울이지 않았다. (제도적) 불감증이다. 그리하여 지혜로운 교사들은 어차피 강행되는 차별적인 성과급을 모두가 골고루 나누거나 더 좋은 일을 위한 공동 기금으로 쓰는 등 나름의 대응을 하였다. 따져 보면 참교육 또는 전인교육을 위해 돈 써야 할 곳은 너무 많다. 오히려 높은 분들이 (아무도 반기지 않는) 성과급제 연구를 하느라 거금을 헛되이 쓰지나 않았는지 우려된다. 뜻있는 사람들이 자기희생적 노력으로 '불편한 진실'을 이야기할 때(이들이 꿋꿋이 존재한다는 사실은 우리 교육의 마지막 희망이다), 이를 진지하게 인정해야 한다. 그렇지 않으면 마지막 남은 희망의 불씨마저 사라진다. 참교육이란, 비록 오늘의 기득권 옹호적이고 보수적인 관료들이 이 세상을 떠난다 해도 부단히 이어져야 할 '백년지 대계'가 아닌가?

교육 바로 세우기 ―참된 교육인가, 인력 공장인가?

원래 교육이란 무엇인가? 나는 다른 건 몰라도 소크라테스(B. C. 470~399)가 교육을 정의한 방식에는 동의한다. 즉 교육(education)이란, 이미 사람 안에 들어 있는 여러 잠재력을 밖으로 끌어내는 일이라는 것이다. 어원을 보면 더 분명하다. educate란 말은 라틴어인 educare에서 왔는데, 이것은 ex(out, 밖으로)와 ducere(lead, 이끌다)의 합성어이다.

　이런 정의에서 출발한 듯, 풀뿌리 교육론의 창시자인 브라질의 P. 프레이리(1921~1997)는 『페다고지』에서 은행 저금식 교육과 문제 제기식 교육을 구분했다. 대부분의 경우 아이들을 빈 깡통으로 보고 선생은 많은 지식이나 기술들을 그 빈 통 속으로 가득 채워주는 것이 교육이라고 생각하는데, 이것이 바로 은행 저금식 교육이다. 반면 문제 제기식 교육은 아이들이 이미 갖고 있는 잠재력이나 아이디어를 밖으로 끌어낼 수 있게 여러 계기를 만들어 주는 것이 교육이라 본다. 전자는 아이들을 대상화하지만 후자는 주체로 본다는 점이 결정적 차이다. 나는 물론 후자의 입장을 취한다.

나는 이런 기본 시각에서 20년 전 김대중, 노무현 정부 때(2001~2007) '교육인적자원부' 이름부터 고치자고 호소했다. 한마디로, '인적 자원'이라는 말을 빼자는 것. 그냥 교육부라고만 해도 좋지 않은가? 그런데 이명박 정부 때는 '교육과학기술부'라 했다가, 다행히 2013년부터 '교육부'로 돌아왔다. 그러나 이름보다 중요한 것은 그 정책 내용이다. 2세대 노동력 양성이 아닌 행복한 인격체 성장을 일관되게 지원하는 것, 이것이 중요하다. 그 까닭은 이렇다.

첫째, "인재"나 "영재" 같은 용어처럼, "노동력"이나 "인적 자원"이란 말도 실은 사람을 삶의 주체보다는 도구나 수단으로 보는 시각이다. 물론 경영학이나 경제학에서는 사람을 도구화하는 측면이 매우 강하다. 그런데 그런 돈벌이 학문에서조차 최근 들어서는 인적 자원을 다시 주체로 일으켜 세우려는 노력이 일고 있는 실정이다. 현실이 이런데 하물며 올바른 인간 형성에 이바지하려는 교육부에서 사람을 인적 자원으로 보고, 교육을 잘 시켜 아이들을 양질의 인적 자원으로 육성시키겠다는 발상을 한다면 몹시 개탄할 일이다. "인적 자원" 개념에 비판이 일자 "인재"라는 단어가 선호되기도 했다. 2016~2017년의 1600만 촛불혁명으로 2017년 5월 출범한 문재인 정부도, 또 2022년 5월에 출범한 윤석열 정부도 이런 시각에서 벗어나지 못했다. 일례로, 2021년 6월 문재인 정부 교육부는 기존 미래교육기획과를 "인재양성정책과"로 개명했고, 2023년 1월부터 윤석열 정부 교육부 내 고등교육정책실은 "인재정책실"로 바뀌었다.

미국에서 정치 사상을 전공하고 일본에서 대학교수를 지낸 D. 러미스 선생은 『경제 성장이 안 되면 우리는 풍요롭지 못할 것인가』

(녹색평론사)에서, 사람을 사람으로 보지 않고 '인재'로 보거나 '소비자'로 보는 것은 사람을 단순히 생산 수단이나 소비 수단으로 보는 것이라며 이런 주장을 했다. "당신이 만약 '당신은 인재'라는 말을 들으면 모욕적인 말로 받아들여야 한다." 자본에 고용되어 경쟁력 있는 상품을 만들어 팔아 이윤을 벌거나 그런 시스템을 관리하는 역할, 상품 생산자나 소비자 역할만 잘 수행한다면 결코 인생의 참 주인공으로 살 수 없다는 뜻이리라.

둘째, 물론, 인격체 성장을 돕는 교육이라 해도 현실이 자본주의 사회이니 '노동력' 관점을 전혀 도외시할 순 없다. 그러나 삶의 주인공을 뜻하는 인격체는 노동력(자본 관계) 외에도 부모-자녀 관계, 친지 관계, 친구 관계, 이웃 관계, 동료 관계, 동문 관계, 선후배 관계 등 다양한 인간관계에 참여한다. 나아가 노동조합 활동이나 시민운동(여성, 인권, 환경, 이주민, 청소년, 장애인, 채식, 동물권 등), 정치 활동 등 다양한 사회 운동에 참여하기도 한다. 또, 개인적 취미 생활, 여가 활동, 놀이, 스포츠나 헬스 등도 하며, 동호인 활동이나 사회봉사에 나서기도 한다. 이런 식으로, 한 인격체는 자기 삶을 풍요롭게 하면서도 마을이나 지역 사회, 나라 전체의 발전에 기여하고 싶은 삶의 의지가 있다. 이러함에도 교육부는 물론 각급 학교(대학 포함)는 자라는 아이들이 오로지 대학입시와 노동시장 준비에만 몰두해야 한다고 생각한다.

그러나 아무리 생각해도 노동력의 비중은 인격체의 삶에서 10~20% 정도에 머물러야 높은 '삶의 질'이 가능하다. 물론, 우리네 현실은 노동력이 삶의 80% 이상을 차지하고 있다. 삶과 일의 균형("워라밸") 관점에서 보더라도 지나치게 일에 경도(심각한 일중독)된 삶이다. 앞으로 일의 비중을 현격히 줄이고 삶의 비중을 늘려야 한다. 그러기 위해서라도 사회 구조를 철저히 고쳐야 한다. 그러면서도 '나부터' 직업관이나 노동관을 근본적으로 성찰할 필요가 있다.

이런 면에서 오래전부터 인간 교육을 실천해 온 경남 거창고등학교(당시 교장 전성은)의 '직업 선택의 십계명'을 참고할 만하다. 얼핏 보면 엉뚱한 것 같지만, 일보다 삶을 중시하라는 취지로 보면 저절로 고개가 끄덕여진다.

① 월급이 적은 쪽을 택하라.

② 내가 원하는 곳이 아니라 나를 필요로 하는 곳을 택하라.

③ 승진 기회가 거의 없는 곳을 택하라.

④ 모든 조건이 갖추어진 곳을 피하고 처음부터 시작해야 하는 황무지를 택하라.

⑤ 앞을 다투어 모여드는 곳은 절대 가지 마라. 아무도 가지 않는 곳으로 가라.

⑥ 장래성이 전혀 없다고 생각되는 곳으로 가라.

⑦ 사회적 존경 같은 건 바라볼 수 없는 곳으로 가라.

⑧ 한가운데가 아니라 가장자리로 가라.

⑨ 부모나 아내나 약혼자가 결사반대하는 곳이면 틀림이 없다. 의심치 말고 가라.

⑩ 왕관이 아니라 단두대가 기다리고 있는 곳으로 가라.

셋째, 국가의 존재 이유가 국민의 행복 증진(헌법 10조)에 있다면, 교육부나 다른 부서들 역시 그 정책이나 제도의 궁극적 목적이 국민 행복 증진이어야 한다. 그러나 과거 정부는 물론 현 윤석열 정부는 더 노골적으로 교육부의 역할을 산업(경제, 자본)에 필요한 인력 양성 정도로 여긴다. 일례로, 2022년 6월 초, 윤석열 대통령은 서울 용산 대통령실 청사에서 열린 국무회의에서 "교육부는 과학기술 인재를 공급하는 역할을 해야 의미가 있다"고 강조했다. 대통령은 반도체 등 첨단 산업 인재 육성의 필요성을 강조하며 "교육부가 경제부처라고 생각하고, 산업통상자원부와 중소벤처기업부, 과학기술통신부 등과 연계해 정책을 검토하면서 인력을 제대로 키우라"고 교육부에 강하게 주문했다. 만일 그런 역할을 제대로 하지 못한다면 "교육부가 개혁의 대상이 될 수 있다"는 경고다.

대통령의 교육관이 이 정도라면 대한민국 교육의 미래는 없다고 해야 할까? 아니면, 오히려 지금까지의 모든 정부가 해 온 교육 정책이 사실상 산업(경제와 자본)을 위한 노동력 공급 정책이었음을 매우 솔직하게 고백했다고 봐야 할까? 이렇게 되면 오히려 교육부 명칭도 '인력양성부' 정도로 고치는 게 어떨까?

같은 맥락에서 윤 대통령은 2023년 2월 초, 경북 구미시를 방문해 '제1차 인재양성전략회의'를 주재했다. 인재양성전략회의는 2023년 1월 첨단 산업 분야에 지역의 고급 인력 양성을 위한 '범부처 민관합동 인재 양성 협업 체계도' 구축을 위해 정부 차원에서 마련됐다. 출범 후 처음 개최된 이 회의는 금오공대에서 열렸는데, 교육부, 과학기술정보통신부, 산업부, 보건복지부, 환경부, 고용노동부, 중소벤처기업부 등 관계 부처 장관들이 대거 참석했다. 또, 이철우 경북도지사, 김장호 구미시장, 곽호상 금오공대 총장도 동석했다.

생각건대, 윤석열 정부에서 교육부는 자본의 새로운 이윤 공간을 창출하기 위한 인력 양성에 정책 초점을 둘 것으로 보인다. 그간의 교육부가 사실상 자본을 위한 인력 정책에 기여하면서도 적어도 겉으로는 품위 있는 인격체 양성 내지 깨어난 민주 시민 양성을 내세웠던 것에 비하면 이제는 더 이상 '위선'을 행하지 못하게 되었다. 검찰총장 출신의 대통령이니 약간의 비판이나 수정 제안조차 격노나 보복을 유발할 가능성이 크기 때문이다.

그러나 상황이 아무리 엄중해도 교육부가 할 일은 따로 있다. 교육부가 인격체에 초점을 둔다면 노동력(인력) 문제는 차라리 노동부가 담당하는 것이 마땅하다. 이런 면에서 그간 교육부나 교육청 등 교육 당국에서 참된 인격체 교육을 위해 불철주야 노력해 온 수많은 이들이 고작 5년 정도의 정책적 퇴행과 권위적 분위기 앞에 생존을 위해 모든 걸 포기하는 우를 범하지 않기를 빈다. 권력은 짧고 삶은 길다.

새로운 인간상을 위하여

물론 어떤 식으로든 사람은 먹고살기 위한 활동, 즉 경제 활동을 할 수밖에 없다. 따라서 경제 활동을 올바르게 또 능률적으로 하기 위해서라도 어떤 방식으로든 교육 또는 훈련을 받을 필요가 있다. 그러나 그렇다고 해서 돈벌이 패러다임, 이윤 패러다임을 당연시한 바탕 위에서 교육이 오로지 그 돈벌이에 유용하게 쓰일 '자원'을 효율적으로 길러 내야 한다는 발상은 지나치게 편협한 것이다.

그리고 이미 이런 시각은 일제 이후 100년 가까운 세월 속에서 참된 사회를 만드는 데 실패한 모형임이 증명되지 않았는가? 아니면 상식처럼 말하는 대로 그동안은 성공했다손 치더라도, 그것은 이제 '21세기를 위한 시대적 요구' 즉, 모든 영역에서 삶의 민주화 및 생태적 재구성에 미달하는, 한계치에 이른 것이 아니던가?

나는 여기서 D. 러미스의 『경제 성장이 안 되면 우리는 풍요롭지 못할 것인가』, 김종철 선생의 『비판적 상상력을 위하여』, 그리고 E. F. 슈마허의 『내가 믿는 세상』 등에 나오는 인간관에 대해 잠시 고찰하면서 왜 우리가 인간관을 바꾸지 않으면 안 되는지 말하려 한다.

앞의 세 책들은 모두 풀뿌리의 자율 능력에 대해 조건 없는 신뢰를 보인다. 반면 전통적 경제학을 추종하는 전문가나 국가 관료들은 물질주의 철학과 그에 기초한 돈벌이 경제학 때문에 결코 사람을 사람으로 보지 못한다.

이미 1973년 『작은 것이 아름답다』로 잘 알려진 슈마허는 "조잡한 물질주의 철학은 정책 수립자들이 사람을 생각하기 이전에 재물을 생각하도록 유도한다"며, 궁핍한 이들에게 필요한 재화를 만들어 주려고 할 것이 아니라 스스로 만들 능력을 갖추도록 도와야 한다고 말한다.

한평생 풀뿌리 민초들이 생태적 감수성과 비판적 상상력을 갈고 닦으며 인간적 유대감을 차곡차곡 쌓을 것을 주문해 온 고 김종철 선생도 2008년 『비판적 상상력을 위하여』에서 "나와 비슷한 마음으로 살아가는 내 이웃들에게 약간의 위로가 되고, 나아가서 그들을 서로 연결해 주는 작은 끈이 된다면" 하는 마음으로 초판본을 펴냈다. 2022년에 나온 개정판에는 '기후 위기 시대의 민주주의'라는 글이 실려 있다. 여기서 선생은 엘리트들끼리의 권력 다툼에 불과한 선거는 허구라 고발한다. "민주주의란 원래 '인민의 자기 통치'를 뜻한다. 이 점을 염두에 둔다면, 우리는 민주 정치에서 중요한 것은 예외적인('특출한') 인간이 아니라, 어디까지나 평범한 사람들의 감정과 욕구와 생각이라는 것을 인정하지 않을 수 없을 것이다." 결국, 보통 사람들이 가진 생각과 욕구, 감정이 중요하다. 이들이 "어떻게 자기들의 삶에 관한 결정권을 상호 주체적으로 행사하면서 공생 공존의 질서를 구축하고 유지할 수 있는가" 하는 점이 가장 중요하다는 얘기다. 이 맥락에서 선생은 마크 트웨인의 명구를 상기한다. "만약에 선거로 진정한 개혁이 가능하다면, 선거는 벌써 오래전에 (지배층에 의해) 불법화되었을 것이다." 그렇다면 그레타 툰베리 같은 청(소)년들이 "자신들의 미래를 뺏지 말라고, 지구가 불타고 있는데 정치가들이 대체 뭘 하고 있느냐고 절규"하는 상황에서 민주주의를 어떻게 심화할 것인가? 선생은 아메리카 토착민들이 "일곱 세대 이후 자손들에게 미칠 영향을 고려하면서" 집단적 의사 결정을 해 온 것에 착안, '기후시민의회' 같은 것을 도입하자고 한다. 전문가의 깊이 있는 정보 제공도 중요하지만, 무작위 추첨으로 선발된 시민들의 집단 지성이야말로 (숙의) 민주주의의 초석이기 때문이다.

미국 출신으로서 일본인이 된 러미스 선생도 풀뿌리 민주화의 관점에서 사람에 대한 신뢰를 말한다. "잊어서는 안 될 것은, '여론'이라는 것은 텔레비전의 뉴스 전달자나 탤런트가 만드는 것이 아니라, 민중의 구성원인 개인이 만든다는 것입니다. … 우선은 자기 자신이 변하는 '민주화'가 필요합니다." 그것은 그가 "인간에게는 매우 강한 복원 능력이 있다는 것", 다시 말해 스스로 삶을 개척해 나가는 힘이 있음을 믿기 때문이다.

앞서도 말했거니와, 우리 사회가 정말 필요로 하는 사람이란, 단순한 돈벌이의 도구가 아니라 함께 행복을 만들 주체이다. 돈벌이를 중시하는 패러다임에서는 오로지 소수만이 돈을 많이 벌어 피상적 행복을 느끼겠지만, 삶의 질을 중시하는 패러다임에서는 모든 구성원이 더불어 건강하게 살고자 하기에 모두가 실질적 행복을 느끼고자 한다. 지금의 돈벌이 패러다임이 사회 양극화와 불평등을 낳는다면, 우리는 이제 모두가 행복하게 살 수 있는 '삶의 질 패러다임'으로 이행할 준비를 해야 하지 않겠는가?

참을 수 없는 전문가의 가벼움

1984년 밀란 쿤데라의 『참을 수 없는 존재의 가벼움』은 삶의 가벼움과 무거움을 다룬다. 구소련 체제의 감시와 통제 대신 자유와 평등을 추구했던 1968년 '프라하의 봄'이 한 배경을 이룬다. 외과 의사인 토마시의 가벼운 사랑과 사진작가 테레자의 묵직한 사랑이 대비된다. 또, 영혼이 자유로운 화가 사비나의 가벼운 삶과 자상하고 진지한 학자 프란츠의 묵직한 삶도 대조된다.

2023년 대한민국 현실에서 왜 내겐 '참을 수 없는 전문가의 가벼움'이란 말이 떠오를까? 2022년 10월 말, 서울 이태원 '핼러윈 축제'에 모여든 젊은이 159명이 어이없는 참사로 희생된 일은 너무나 무겁다. 반면, 시민 안전을 책임지는, 판사 출신 장관이 "특별히 우려할 정도로 많은 인파가 모인 건 아니"며 "경찰이나 소방 인력을 미리 배치함으로써 해결할 수 있었던 건 아니"라 한 발언은 가로수 낙엽보다 가벼웠다.

따지고 보면, 이런 가벼움은 결코 처음이 아니다. 2022년 9월 21일, 윤석열 대통령이 뉴욕에서 미국 바이든 대통령을 만난 직후 내뱉은 어휘가 "날리면"이냐 "바이든"이냐 하는 논란이 있었다. 평소엔 세상의 모든 소리를 명쾌히 밝히듯 자신만만했던 모 대학 소리연구소는 엉뚱하게도 "판독 불가"라는 가벼운 결론을 내렸다. 또, 35년 경력의 한 속기사는 그간 수사기관들과 많이 일해 왔다면서도 당시 논란과 관련, "'바이든'이 아니라 '날리면'으로 들린다"며 가뿐히 정리했다.

대한민국 전문가의 가벼움은 법정에서도 쉬이 발견된다. 수십 년 전 시국 사범의 경우, 상당수는 헌법상 보장된 국민의 자유권(예, 언론 출판, 집회 결사의 자유, 양심의 자유)을 행사했음에도 판검사의 가벼움으로 인해 억울한 죽음이나 옥고를 치렀다. 그중 일부가 수십 년 뒤 힘겨운 재심 과정으로 '무죄' 판결을 받은들, 이미 당사자는 가고 없다. 또, 초등생도 잘 아는 '무전유죄, 유전무죄'는 어떤가? "대한민국의 법은 만인에게 평등한 게 아니라 (돈과 권력을 쥔) 만명에게만 평등하다"고 비판했던 노회찬 의원이 생각난다. 노동자, 농민, 서민들은 가벼운 죄를 지어도 큰 수모를 겪거나 수치심에 낯을 들기 어렵지만, 재벌과 권력자들은 중죄를 지어도 "조금 미안…" 할 뿐, 먼지처럼 가볍게 털어 낸다.

잘 드러나진 않지만, 환경이나 에너지 전문가들은 어떤가? 이들에게 환경과 에너지는 경제 성장과 돈벌이의 도구일 뿐, 결코 생명의 근원과 지속 가능성을 성찰할 계기가 아니다. 꼬박 3년 이상 지

다시 생각하는 백 년의 큰 설계

구 전반을 장악한 코로나 위기, 갈수록 심각한 기후 위기 등에 대해서도 이들 전문가들은 눈과 귀를 틀어막고 초미세먼지보다 가볍게 외면한다. 새만금, 공항, 발전소 등 대형 사업에 필수적인 환경 영향 평가 역시 이들 전문가의 가벼움으로 인해 지극히 형식적인 요식 행위로 그친다. 이들에게 1979년 미국 스리마일섬 원전 붕괴, 1986년 체르노빌 원전 붕괴, 2011년 일본 후쿠시마 원전 붕괴 등은 '강 건너 불'처럼 가배얍다. 한편, 57조 원 규모의 폴란드 원전 수출 계획이 미국 웨스팅하우스에 밀려 공수표가 된 것은 그들 전문가에겐 엄청 아까울 터! 반면, 그들에게 밀양 송전탑 투쟁이나 성주 사드 투쟁, 지리산 산악열차 투쟁, 설악산 케이블카 투쟁, 제주 강정마을이나 용천동굴 투쟁 등은 모두 '돈벌이 사업에 귀찮은 장애물' 정도로 가볍게 치부된다.

게다가 노동 전문가는 어떤가? 굳이 여기서 과거 '창조컨설팅' 같은, 민주노조 박살 전문가 집단을 논하고 싶진 않다. 이들은 이미 유성기업, 상신브레이크, 발레오전장, KT, 연세의료원, 문화방송 등에서 노동조합 깨기 전문가였음이 만천하에 드러났기 때문! 최근 노동 전문가들의 억지 해석으로 노동시간(현재는 주 52시간제 아닌 주 40시간제다!)을 교묘히 연장하려는 발상은 어이없고 경박하다. 나아가 민법상 손해배상과 노동법상 책임 문제를 다루는 논리를 보라. 노동자의 쟁의 행위 뒤에 전개되는 회사 측의 수십, 수백억 원 손배소가 핵심 문제다. 회사 입장을 대변하는 언론이나 전문가들은 파업 등 쟁의 행위로 인한 손실을 민법상 천문학적 손배소로 배상 받으려 한다. 돈도 돈이지만 노동 통제의 새 기법이다. 그러나 이들은 노동법의 기원이 곧 민법의 허점을 메우는 특별법임을 모른다.

노동법은 민법에 우선한다. 그들은 또 쟁의 행위의 '불법성'만 부각한다. 그러나 왜 노동자가 불법을 감수한 행위를 하는지에 대해선 침묵한다. 대다수 쟁의 행위는 노조 조건에 관한 사측의 불통과 부당함에 기인한다. 이런 점을 간과한 채 자본의 눈으로 큰소리침으로써 노동 전문가들은 참을 수 없는 가벼움만 드러낸다.

그러나 최근 전문가 가벼움의 최우수는 단연코 학술 전문가다. 영부인 김 씨의 국민대 박사 논문 검증 사례로 들춰진 오늘날 대학 전문가야말로 최고봉인 셈! 박사 논문은커녕 논문, 아니, 학부생의 기말 리포트도 안 되는 걸 박사 논문이라 접수한 것도 문제거니와 그 심사 과정도 수수께끼다. 나아가 '복사' 수준인 박사 논문에 지도교수 서명 날인까지 한 건 초등생도 웃을 일이다. 게다가 이것이 온 사회의 이슈가 되자 다수의 교수를 포함한 자체 검증단이 '결론적으로 아무 문제 없음'으로 정리한 건 참 어처구니없다! 이 모든 사태는 지금도 전국 곳곳에서 논문을 쓰느라 땀 흘리는 수천, 수만의 연구자들을 가볍게 우롱했다.

일찍이 이반 일리치 선생은 『누가 나를 쓸모없게 만드는가』에서 "전문가 시대는 인간을 불구자로 만든다"고 일갈했다. 일리치는 상품, 화폐, 노동에 대한 과도한 의존이 결국은 "근대화한 궁핍"을 부르며, 마침내 전문가들에게 배타적인 권위와 권력을 준다고 했다. "전문가에게 중요한 것은 개인을 고객으로 정의하는 권위이며, 그 고객에게 필요를 결정해 주는 권위이고, 새로운 사회적 역할을 알려주는 처방을 하는 권위다." 철학 없는 전문가 또는 '전문가 백치'에 의한 전문가 독재는 그렇게 완성된다.

참을 수 없는 전문가의 가벼움을 끝장내는 첫걸음은 민중이 자

다시 생각하는 백 년의 큰 설계

신 안에 있는 삶의 자율성(power in people)을 재발견, '강자 동일시'를 그만두는 것이다. 자본이 아닌 사람의 기준, 기계가 아닌 생명의 기준으로 삶의 자율성과 공동체성을 회복하기! 이해득실(interest) 관점을 경계하면서 간디 선생이 말한 '마을 공화국'을 만들고 재미나게 살면 된다. 이것만이 전문가 독재가 초래하는 삶의 소외를 극복하고 하루를 살아도 사람답게 사는 길이다. 삶은 결코 가볍지도, 마냥 무겁지도 않다. 다만, 내면의 정직한 느낌(feeling)을 속이지 않고, 책임성(responsibility) 있게 뚜벅뚜벅 걸어갈 뿐!

현실적 대안: '교육-노동-복지-농업'을 패키지로 풀자

나는 꽤 오래전부터 한국 사회가 좀 더 행복해지려면 (더 이상 '경쟁력' 중심이 아니라) '삶의 질' 중심으로 구조조정을 해야 한다고 주장해 왔다. 삶의 질 중심 구조조정! 그것은 현재 한국 사회가 남녀노소를 불문, 삶의 기쁨보다는 스트레스와 불안감에 시달리기 때문이다. 그렇게 된 배경은 결국 일제 식민 시대 이후 '역사 바로잡기'가 생략된 채 권력과 부의 욕망에 중독된 자들이 한국 자본주의를 주도하고 있기 때문.

서양을 기준으로 약 500년의 역사를 가진 자본주의 사회경제 시스템은 역사적으로 신분의 자유화와 소비의 민주화라는 성취를 보여주었다. 그러나 정규직 노동자는 물론 비정규직, 여성, 청년 알바, 외국 이주민 등은 겉으로 자유롭게 살지만 실은 '현대판 노예'와 다름없는 삶을 살기 일쑤다. 취업을 해도 불안하고 온갖 '갑질'에 시달리지만, 취업을 준비하는 학생들 역시 행여 '잉여'가 되지 않을까 하는 두렵다. 나아가 소비의 민주화는 물질적 생활 수준을 높여 주었지만, 쓰레기 더미, 미세 플라스틱, (초)미세먼지, 인간성 상실, 물신주의 팽배, 불평등과 양극화 심화, 자원 고갈, 지구 온난화, 기후 위기 등 제반 모순들과 함께 간다. 이제 많은 사람들은 인류 멸종 내지 지구 파국을 진지하게 걱정한다.

바로 이런 상황에서 그 누가 마음 편하게 삶의 기쁨을 음미하며 살 수 있겠는가? 따라서 이제부터라도 우리는 그 모순과 한계를 드러낸 자본주의와 '헤어질 결심'을 단호히 할 때다. 물론, 무슨 일이든 하루아침에 될 리 없다. 하지만 평균 80년 정도 사는 인생, 20년 정도 학생으로 공부하고 40년 가까이 노동으로 세월 다 보내고 나머지 20년 정도 행복하게 보낸다는 우리네 인생 시간표를 보면, 이는 처음부터 끝까지 '자본의, 자본에 의한, 자본을 위한' 인생살이에 불과함을 깨닫게 된다. 한 번밖에 없는 인생, 한마디로 '헛살지' 않기 위해서라도 사회적 삶의 구조를 근본적으로 바꾸어야 한다. '탈 자본'적 삶의 구조를 생태 민주주의(사람과 사람, 사람과 자연이 더불어 사는 사회) 방식으로 만들기 위한 내 나름의 혁신 대안은 이렇다.

첫째, 개성 있는 평등화 교육(헌법 11조 및 31조): 초등학교 및 중학교 시절엔 공통 필수 교과는 최소화하고, 아이들이 자신만의 재주, 재미, 의미에 기초한 관심 분야를 찾게 한다. 방과 후 활동이나 동아리 활동 시간을 적극 활용하면 좋겠다. 시인이 되고 싶은 아이, 춤을 추고 싶은 아이, 학자가 되고 싶은 아이, 의사가 되고 싶은 아이, 과학 발명을 하고 싶은 아이, 청정에너지를 개발하고 싶은 아이 등과 같이 관심 분야별로 고교 및 대학 공부를 한다. 학교별로 다를

다시 생각하는 백 년의 큰 설계

수도 있고, 학급별로 다를 수도 있다. 고등학교 평준화처럼 대학 역시 평준화를 한다. 유럽의 대다수 대학처럼 고교 졸업 시험에서 일정 기준만 통과하면 누구나 대학 진학이 편하게 재설계한다. 나아가, 졸업 이후 자신의 관심 분야에 취업하면 직업 간 격차를 갈수록 줄여 나간다. 현재의 수직적 사회를 수평적 사회로 서서히 바꾼다. 그리하여 관심 분야 내지 전공 분야는 다를지라도 생활 수준의 차이는 많이 나지 않게 사회를 재설계한다. 요컨대, '개성 있는 고교-대학-직업 평등화'를 확실히 이루게 되면, 집집마다 '나부터 교육혁명'이 쉬워지고 따라서 누구나 자신만의 꿈을 품고 성장하며 성인이 되어서도 생계 걱정 없이 이웃과 더불어 살 수 있다. 그래야 참된 선진국이다.

둘째, '일-삶 균형'(워라밸) 향상(헌법 32조, 34조 및 121조): 사회의 일각에는 장시간 노동 및 과로사가, 다른 일각에는 실업자나 비정규직이 많은, 노동 양극화를 해소하여 "인간다운 생활"을 보장하려면 '노동시간 단축과 일자리 나누기'를 꾸준히 해 나가야 한다. 5천2백만 인구가 인간다운 삶의 필요 충족을 위해 집은 얼마나 지어야 하며 학교와 교사는 얼마나 필요하고 어린이집과 유치원은 얼마나 확충해야 할지, 또 대중교통이나 문화예술 회관은 얼마나 지어야 할지 등등을 모두 계산한 뒤 노동 가능 인구로 나누면 하루 노동시간이 나온다. 물론, 민주적 계획에 따라 생산할 물품과 자유로운 시장에서 공급될 물품을 구분할 필요가 있다. 어느 것이건 기본 계획을 잘 세워 사회적 필요와 노동 가능 인구를 적절히 매칭해 노동 양극화를 해소한다. 처음엔 하루 8시간씩 하더라도 노동 생산성이 올라가면 해마다 조금씩 퇴근 시간을 앞당긴다. '모두 일하되, 조금씩 일하는' 방식이다. 더 중요한 것은, 노동 내용이다. 사회적 필요 충족과 삶의 질 향상에 도움 되는 물품이나 서비스를 공급하는 일을 해야지, 돈이 된다고 뭐든 만들어 내는 식이어선 곤란하다. 이역시 민주적 토론과 숙의를 통해 결정하는 것이 좋다. 이를 위해서라도 노동자나 그 대표들이 중요 의사 결정에 참여하는 경영 참가제 또는 공동 결정제를 일터마다 도입한다.

셋째, 일상생활의 사회 공공성 향상(헌법 10조 및 34조): 한 아이가 태어나 성장하여 어른이 되고 노인이 되기까지의 생애 주기별로 기본 인권을 사회적으로 보장해야 한다. 현재 임노동자가 받은 월급을 가장 많이 쓰게 되는 분야부터 사회 공공성으로 해결하면 굳이 장시간 노동을 하지 않아도 된다. 가장 시급하고 중요한 분야만 꼽으면, 주거 공공성, 육아 및 교육 공공성, 의료 공공성, 노후 공공성이다. 평소에 우리가 내는 세금을 집중 투입하면 사회 공공성 증진, 즉 일상생활의 '탈 상품화'가 얼마든 가능하다. 돈이 없어서 못하는 게 아니라 의지가 없거나 개념이 없기 때문에 못하고 있다. 물론, 조세 정의와 조세 투명성을 드높이는 것이 사회 공공성 향상을 위한 전제 조건이다.

넷째, 농촌 공동체 및 유기농 활성화(헌법 10조 및 121조): 한 가정의 밥상을 엄마 아빠가 차린다면 온 사회의 밥상은 농민이 차린다. 아무리 휘황찬란한 도시도 농어촌에서 먹을거리가 공급되지 않으면 절망한다. 농민들이 생계 걱정을 하지 않도록 잘 지원하되, 특히 유기농 농민을 공무원 대접하면 좋겠다. 그러면 젊은이들도 유기농 공무원이 되기 위해 몰려들 것이다. 이런 식으로 식량(곡물) 자급률을 현재의 20% 수준에서 점차 90% 이상으로 높여야 한다.

특히, 콩이나 밀과 같은 주요 곡물 자급률을 제고해야 한다. 유럽과 북미 선진국들은 이미 곡물 자급률이 100%를 넘는다. 예컨대, 주요국의 2021년 곡물 자급률은 러시아(151%), 캐나다(133%), 미국(120%), 유럽연합(110%), 중국(92%), 영국(88%) 등이다. 한편, 영국 『이코노미스트』가 발표한 2022년 '식량 안보 지수' 순위에서 한국은 OECD 38개국 중 32위로 바닥이다. '식량 안보'가 대단히 위험하다. 동시에, 그간 산업화 내지 경제 성장 과정의 희생양으로 전락한 농어촌 생태 공동체를 대대적으로 활성화해야 한다. 농촌 역시 도시 이상으로 살기 좋은 곳으로 만들어야 귀농, 귀촌 인구가 증가하고 도농 격차도 해소된다. 두레, 품앗이, 계 등 미풍양속을 살려내고 마을 도서관이나 문화관을 활성화하여 인문학 모임이나 시민 아카데미 같은 활동을 지원해야 한다.

물론, 이런 현실적 대안이 곧장 '탈 자본 사회'를 구현하는 건 아니다. 하지만 그 방향으로 가는 다리(bridge) 역할은 할 수 있다. 문제는 일반 시민들이 '탈 자본'의 문제의식을 얼마나 깊이 공유하는가, 그리고 그런 대안 사회를 얼마나 절실히 원하는가에 달려 있다. '나부터' 출발하되, 바닷물 소금과 유사한 '3.5% 법칙'처럼 전 인구의 3.5%만이라도 '더불어' 가야 하고, 마침내 60% 이상이 같은 마음이라면 세상은 희망적이다. 이것이 우리가 갈 길이다.

물론, 최소한 위의 '삶의 질' 중심 구조 혁신을 위해서라도 언론 개혁과 검찰 개혁 같은 시대적 과제가 완수되어야 한다. 그래야 진실과 정의가 바로 선다. 동시에, 기득권 엘리트 내부의 권력 경쟁에 불과한 현재의 선거 제도 역시 대대적으로 바꾸어야 한다. 일례로, 지방 의회나 국회의 의원을 뽑을 때는 지역별로 뽑지 말고 100% 정당 투표(각 정당의 정책을 중심으로 투표)를 하여 각 정당이 얻은 표의 비중만큼 의원을 선정하면 좋겠다. 또, 시장, 군수, 도지사, 교육감, 대통령 등을 직선제로 뽑되, 과반 투표가 되지 않은 경우 결선 투표제를 실시하면 좋겠다. 앞으로는 검사장과 법원장 역시 직선제로 선출하면 좋겠다. 선거 연령도 대폭 낮추어 고1 학생들도 투표권을 가지면 좋겠다. 그렇게 되면 중고교 학생들도 우리 삶에 중대한 영향을 끼치는 사회적 이슈들에 관심을 갖고 토론도 많이 벌이게 될 것이다. 우리의 일상 의식을 바꾸는 데는 교육과 언론이 중차대한 역할을 한다.

당연히 이 정도의 변화라도 결코 쉽지 않다. 그러나 '나부터' 변화의 설계도를 그려나가면서 이웃과 '더불어' 새로운 세상을 꿈꾼다면 언젠가 탈 자본의 생태 민주주의는 서서히 다가올 것이다. 교육 운동을 포함, 건강한 사회 운동은 언제나 '좀 더 나은 세상'을 향해 함께 길을 걷는 일 아니던가.

이런 전망과 철학으로 탈 자본 평등 사회를 위한 '5개년 계획'을 될 때까지 해보는 것도 좋겠다. 과거 박정희 시대에서 배울 게 있다면 바로 이 '5개년 계획'이다. 흔히 교육을 '백년지 대계'라 하는데, 교육을 포함한 사회 전반을 탈 자본 방향으로 민주적으로 혁신하겠다는 목표를 세우고 이 '5개년 계획'을 꾸준히 20차까지 하면 100년 동안 완수할 수 있다. 이런 각오로 모두 합심하면 무엇이 두려우랴? 모두 더불어 행복하게 살자고 하는 일인데!

낡은 패러다임, 뒤틀린 교육 시스템

보수와 깡보수, 대중요법

정신과 전문의 정혜신 선생은 "의학에서는 보수적이라는 말과 치료라는 말을 합해 대증요법(conservative therapy)이라 부른다"며 보수성과 대증요법은 일맥상통한다고 말한다. 대증요법이란 질병의 원인을 치료하기보다 겉으로 드러난 징후만 치료하는 것이다. 따지고 보면, 보수적인 사람은 그런 식으로 행동한다. 이런 맥락에서 본다면, 진보적인 사람은 근본 요법, 즉 문제의 뿌리를 밝혀 원인을 없애려는 방법을 쓴다.

　4천만의 골칫덩이, 교육 문제에 있어서도 대증요법과 근본 요법은 하늘과 땅만큼 차이가 난다. 예컨대 수학 점수가 낮아 고민하는 학생에게 대증요법을 쓰자면, 점수를 높이기 위해 학원이나 과외를 하라고 권할 것이다. 아니면 좋은 참고서나 문제집을 추천해 주거나 공부하는 비법을 가르쳐 줄 수 있다. 그러나 아이 입장에서 근본 요법을 쓰자면, 우선 아이가 왜 수학에 흥미를 못 느끼는지 물어

보고 흥미를 갖게 관심을 기울인다. 다음에는 학생의 진정한 관심이 어디 있는지 물어보고, 설혹 수학을 포기하는 한이 있더라도 그것을 추구하도록 돕는다. 그런데 이런 접근법을 가로막는 입시제도나 학교 제도가 있다면, 동료 교사나 학생들이 힘을 합쳐 새로운 제도를 만들어야 한다. 참교육 운동이나 대안 교육 운동은 근본 요법을 추구하는 예라고 본다. 반면 그런 접근이 없이 시험 성적 올리는 데 매우 유능하고 자상한 선생님들은 대증요법을 추구하는 사례다.

정혜신 선생은 '성찰이 없는 보수'를 '수구'라 규정한다고 했지만 나는 이를 '깡보수' 내지 '꼴통'이라 부른다. 독일말로는 '콘크리트 머리'(Betonkopf)라 부른다. 그냥 보수는 생각과 입장이 대증요법적이긴 하되 다른 사람의 입장을 들어 주려 하고 이해하려 한다. 심지어는 다른 생각과 자기 생각을 절충하려는 시도도 한다. 그러나 꼴통들은 지금까지 자신이 알아 온 모든 가치들이 '절대 진리'라고 믿는다. 세상이 그래왔고 자기 주변이 온통 그런 사람들이며 그런 식의 책과 이야기만 접했으니 그것만이 진리라고 믿는 것이다. 특히 기득권층에 성공적으로 진입한 꼴통들일수록 자신의 경험에 비추어 절대 진리를 정당화한다. 그러기에 자기와 딴판으로 생각하는 자들을 도저히 이해하지 못한다. "어떻게 같은 시대를 사는데 저렇게도 다를 수가…", "어떻게 인간이 그런 생각을…" 하다가 나중엔 "저놈은 빨갱이", "저놈은 공산당" 하고 한마디만 외치면 끝이다. 그들로서는 이것만이 '근본 요법'이다. 이것을 '매카시즘'이라 했던가?

1950년대 전반기 미국 정가에 광풍을 몰고 왔던 매카시즘, 그 정체는 무엇인가? 1950년 2월이었다. 당시 보수 공화당 상원의원 조지프 매카시(Joseph McCarthy)가 폭탄 발언을 했다. "국무부 내 공산주의자 205명의 명단이 여기 있다!" 아무 근거도 없는 이 발언 탓에 「모던 타임즈」로 유명한 찰리 채플린이 추방당하고 과학자 로젠버그 부부가 사형까지 당했다. 심지어 아인슈타인과 월트 디즈니, 그리고 트루먼, 아이젠하워 대통령까지 의심을 받았다. 이런 식으로 옷을 벗은 공직자만 5천 명이 넘는다. 자유 민주주의 본산지, 미국의 실상이다. 그러나 매카시 청문회를 가만히 지켜보던 미국 시민들은 염증을 느꼈다. 여론과 분위기가 돌변했다. 매카시가 매카시 당했다. 이 일련의 사태를 미국에서는 "빨갱이 소동"(Red Scare)이라 부르며, 미국 역사에서 가장 비이성적인 시기로 꼽는다.

이 반이성적인 광풍이 태평양을 건너 한국에 수입된 것이 '빨갱이' 논법이다. 보수 기득권 세력이 자신의 기득권 상실 또는 정당성 상실을 두려워한 나머지 자기 방어 차원에서 상대방을 '빨갱이'로 낙인찍어 배제하는 수법이다. 말로 하다가 말문이 막히거나 아무 근거가 없을 때 그들은 상대방을 무조건 '빨갱이'로 내몬다. 그러고는 무책임하게 사라진다. 상대방이 아무리 합당한 근거를 대고 올바른 얘기를 해도 이미 낙인은 새겨졌고 특히 언론에 한 번 나가고 나면 주워 담기 어렵다. 그런 식으로 당한 사람들이 한국만 해도 수를 헤아리기 어렵다.

미국에서 그런 '빨갱이 사냥'이 노골화한 것이 1950년부터라 했지만, 사실은 1917년 러시아 혁명 이후 자본주의 세계는 공산주의라는 유령 앞에 벌벌 떨었다. 물론, 자본주의와 마찬가지로 공산주의 역시 모순과 한계가 많다. 그럼에도 자본주의를 옹호하고 찬양하며 그로부터 이익을 얻는 집단은 '무조건' 자본주의 편이다. 누군가 자본주의에 약간의 비판만 가해도 그는 금세 '빨갱이'로 내몰린다.

낡은 패러다임, 뒤틀린 교육 시스템

일본 제국주의가 조선을 농락하던 1925년 일제는 '치안유지법'을 제정, 모든 저항 세력을 '빨갱이' 취급했다. 앞서 말한 소설 『태백산맥』이나 『빨치산의 딸』에 잘 나오듯, 1945년 (형식적) 해방 후에 남한을 점령한 미 군정 역시 전평, 인민위원회, 건국준비위원회, 노조 활동가 등을 모두 '빨갱이' 취급했다. 1948년 남한 단독 정부(이승만) 수립 전후는 물론, 1950~1953년의 한국전쟁 기간 중에도 사람다운 세상을 염원하거나 창조하고자 하는 그 모두가 '빨갱이'로 내몰려 죽임을 당했다. 1960년대 이후 독재 정권 아래서도 '말 잘 듣고 일 잘하는' 사람이 아니라면 '빨갱이' 의심을 받았다. '빨갱이'로 내몰려 피를 흘리거나 죽임을 당하는 꼴을 무수히 지켜본 사람들은 '모난 돌이 정 맞는다'는 말을 상식 내지 기본 철학으로 삼게 되었다.

　　바로 이것이 오늘날 대한민국 사회가 보수화, 꼴통화한 역사적 배경이다. 지금부터라도 이 매카시즘의 정체(근거 없이 상대방을 매도, 억압, 배제)를 제대로 알고 매카시즘 자체를 차분히 극복해야 한다. 그래야 온 사회에 자유로운 토론과 창의적인 대안들이 다양하게 분출할 수 있다. 대한민국 헌법 19조는 '양심의 자유'를 보장하고, 헌법 21조는 '언론, 출판, 집회, 결사의 자유'를, 22조는 '학문과 예술의 자유'를 보장한다. 그 무엇이 두려운가?

　　'나부터 교육혁명'에서 제시되는 그 모든 아이디어 역시 매카시즘의 공포를 넘어 사람답게 사는 세상을 꿈꾸는 맥락에서 나온 것이다. 이런 이야기를 아무 거리낌 없이, 아무 두려움 없이 할 수 있는 세상이 '열린 사회'요 '자유 사회'다. 그런 게 불가능한 사회는 당연히 '닫힌 사회' 내지 '감시 사회'로, 겉으로는 화려하게 발전하는 것 같지만 내면의 성장이나 성숙은 정지된 상태로 천천히 곪거나 썩을 수밖에 없다.

그러나 우리의 현실은 여전히 척박하다. '반공' 이데올로기가 정권의 안위를 추구하고 부정부패, 인권 말살을 감추는 수단으로 악용되었다. 독재 정권 밑에서는 정경 유착과 관치금융, 독과점 심화, 계층 간 지역 간 불균형 발전이라는 경제 고질병도 뿌리를 내렸다. 매카시즘의 망령은 여전히 살아 있다. 툭하면 '좌익'으로 찍히고 견해가 다르면 '용공 좌경'이나 '종북 좌파'로 몰리기 십상이다. 방송국 PD에서 교사, 판사까지….

그러나 그 무엇도 진실을 감출 수는 없다. 2003년 5월에 그 진원지 미국에서도 진상이 공개되어 매카시즘에 의해 희생된 사람들이 결코 '죽일 놈'이 아니었다는 사실이 드러났다. 우리나라에서도 그간 '빨갱이'로 몰려 희생당한 사람들이 대부분 민주화 인사들이거나 인권 운동가였음이 드러났다.

우리의 '꼴통'들은 아직도 교육계나 경제계, 사법계, 경찰계, 정계 등에서 맹위를 떨치고 있다. 그러나 21세기 들어 꼴통들의 헤게모니가 추락하고 있음을 확실히 본다. 그들이 제아무리 낡은 패러다임 속에서 기득권 구조를 옹호하고 아이들을 그 기득권 경쟁에 몰아넣음으로써 전체적으로 모든 경쟁자들을 한 손에 장악하려 해도 세월이 가고 다른 생각을 하는 아이들이 자라는 것을, 다른 유형의 선생님들이 나오는 것을 가로막을 수는 없다. 심지어는 그들의 시녀로 일했던 군경이나 정보기관마저 달라지고 있지 않은가? 물론 성급한 기대는 금물이지만 말이다. 그간 그들이 말한 '빨갱이'들(진보주의자)이 꿈꾼 사회가 결코 세상을 망치는 일이 아니라 세상을 살리려는 시도였음이 만천하에 드러나고 있다.

낡은 패러다임, 뒤틀린 교육 시스템

그러나 꼴통들보다 빨갱이들이 더 나은 이유 하나는 다른 데 있다. 꼴통들은 자기들끼리만 잘 살기 위해 반대 세력을 죽여서라도 없애고자 하지만, 빨갱이들은 그 꼴통들조차 인간화시켜 미우나 고우나 더불어 살아가려고 한다는 점이다. 물론 이 빨갱이들도 스스로 성찰하며 헤쳐가야 할 자기모순들이 있다. 과연 우리의 꼴통들과 빨갱이들이 함께 사는 사회가 가능할까? 그래서 아이들에게 "같은 문제라도 꼴통이라면 이렇게 풀고 빨갱이라면 저렇게 풀 텐데, 모두 같이 살려면 어떻게 해야 좋을지 한번 토론해 보자"는 식으로 가르칠 수 없을까?

편리의 대가와 기후 위기

장면 1 조용한 마을에 굴착기 소리가 요란하다. 느닷없이 산과 언덕이 사라진다. 아파트 신축 간판도 내 걸린다. 숲과 논밭 대신 시멘트 덩어리 고층 건물이 빼곡히 선다. 지하도시를 연상케 하는 지하 주차장에서부터 자기 집까지 엘리베이터가 오간다. 비밀번호를 모르는 외부인은 접근금지! 고급 아파트일수록 추위나 더위, 자연을 철저히 차단, 깔끔하다. 운 좋으면 아파트 시세가 해마다 쑥쑥 오른다. 편리하면서도 투자 가치 높은 아파트, 참 멋진 세상이다!

장면 2 스마트폰으로 쿠팡이나 아마존 등 웹사이트를 검색한다. 비슷한 물품 중 가격비교표를 보고 '가성비' 좋은 걸 고른다. 마침내 사고 싶은 상품을 선택한 뒤 신용카드로 결제한다. 하루나 이틀 뒤 택배 차가 집까지 신속 배달한다. 박스 속엔 해당 상품이 포장지로 잘 싸여 있다. 쓰레기는 분리수거만 하면 끝! 선택의 자유, 참 편한 세상이다!

장면 3   친구들과 비행기를 타고 동남아 여행을 한다. 여행사가 만든 패키지 상품이라 내용도 알차게 보인다. 현지 특산물 쇼핑까지 있으니 금상첨화! 제주 여행과 비교해도 그리 비싸지 않다. '한류' 분위기 탓인지 한국 돈이 통하기도 한다. 은근한 자부심까지 느낀다. 가이드에 따라선 현지 전통시장 구경 뒤 특별 요리까지 즐길 기회를 준다. 돈이 주는 자유, 참 좋은 세상이다!

그러나 이 그럴듯한 상품, 화폐, 자본의 세상도 결코 공짜가 아니다! 이 세상 그 모든 책들을 다 읽고 한 줄로 요약하면 '세상에 공짜는 없다'고 하지 않던가? 대량 생산과 대량 소비 과정에서 자원과 에너지가 얼마나 낭비되며, 지구 온난화와 기후 위기를 부르는 온실가스는 오죽 많이 나오는가? 한편, 대량 폐기 쓰레기는 어딘가 사라져 '어머니 대지'를 괴롭히거나 미세 플라스틱이 되어 채소나 생선의 형태로 다시 우리 몸속으로 돌아온다.

자본주의가 선사하는 편리함의 대가는 따질수록 어마 무시하다. 겉보기에 깔끔, 편리해도 아파트는 환경 호르몬과 라돈 검출 위험이 있고 이웃, 자연까지 교묘히 분리한다. 터 조성 과정부터 논밭과 숲, 산을 없앤다. 이렇게 야생 동물 서식지를 철저히 파괴한 결과가

낡은 패러다임, 뒤틀린 교육 시스템

'코로나19' 사태 아니던가? 또, 편리한 인터넷 마케팅, 플랫폼 시장, 택배 회사, 해외 관광과 여행, 자동차 대중화 등은 모두 대량 생산, 대량 소비, 대량 폐기와 연동해 기후 위기를 촉진한다. 앞서 라다크 사례에서 보았듯, 우리가 동남아 등 가난한 나라에 여행을 많이 가고 돈을 쓸수록 그 지역 공동체와 생태계는 망가진다. 불편한 진실! 비행기 한 대는 자동차 3천 대 분량의 온실가스까지 내뿜는다. 많은 학자들은 2050년을 인류 생존의 마지노선이라 한다. 기후 변화 정부 간 협의체(IPCC) 최근 보고서는 이걸 2040년으로 당겼다. 그간 온 세상이 '잘 살겠다'고 멈추지 않고 빨리 달려왔는데, 그 결과가 인류 생존 위기라니, 근원적 자기모순! 노동 역시 자본과 공범 신세다. 편리함의 대가가 우리 자신의 존재 위기, 멸종 위기라니! 무서운 일이다.

나와 가족들은 30대 때 약 10년 동안 아파트에 살았다. 만사 편리했지만 늘 마음속엔 '이게 아닌데' 하는 느낌이 있었다. 농협에서 주관한 주말 텃밭을 7평 남짓 일구며 서서히 수도권 탈출을 꿈꿨다. 1999년 충남 조치원 시골 마을에 전통 살림집을 짓고 아이 셋을 키웠다. 벌레에 물리고 풀과 싸우면서도 자연 속에 깃들어 사는 삶에 수시로 감동했다. 깔끔한 수세식 화장실 대신 소박한 생태 뒷간을 쓰면서 물 낭비, 전기 낭비 없이 오히려 내 똥오줌으로 텃밭 퇴비까지 만드니 완전히 딴 세상!

2022년 봄, 하동으로 이사했지만, 여전히 생태 뒷간을 쓴다. 이삿짐 팀장도 "이사 경력 10년에 화장실을 싣고 나르는 경우는 처음"이라 하며 함께 웃었다. 시골 생활의 또 다른 맛은 나날이 변하는 텃밭 작물, 나무, 산과 하늘, 바람을 통해 삶의 변화무쌍함을 직접 느끼는 것이다. 살아 있음의 느낌이다. 게다가 이웃들은 수시로 뭔가 나눈다. 씨앗을 나누고 묘목을 나누며 떡을 나누고 일을 거들기도 한다. 그러면서 자식 자랑, 손주 자랑 등 온갖 수다를 떨기도 하고 걱정거리를 나누기도 한다. 이런 게 사람 사는 세상이다.

1987년 『중독 사회』를 쓰기 전 미국의 앤 윌슨 섀프 박사는 오스트레일리아 원주민 노인을 만났다. "당신네 백인들은 수백 년 전에 과학기술의 길로 나아가기를 결정했잖소? 그런데 그렇게 하면 분명 이 지구가 망가짐을 알지 않소? 바라건대 너무 늦기 전에 이 점을 잘 깨달으면 좋겠소." 섀프 박사의 놀란 눈에 노인이 말을 이어갔다. "내 말은 과학이나 기술 자체가 나쁘다는 뜻은 아니오. 다만 당신네들이 영적 발달 차원에서 충분히 성숙하지 못한 까닭에, 이 지구를 파괴하지 않는 방식으로 과학이나 기술을 창조할 수 없다는 얘기일 뿐이오."

그렇다! 자본주의 생산력은 눈부시다. 그러나 바로 이 눈부신 발전과 인간적 성숙의 부조화 탓에 지금 지구가 위기다. 동일한 생산력도 자본주의 방식으로 사용하면 사람과 지구를 파괴한다. 그러나 그것을 사람과 공동체를 위해 쓰면 삶의 지속 가능성이 높아진다.

노인이 토로했다. "우리 종족도 얼마든지 과학기술을 발전시킬 수 있었다오. 실제로 우리는 막대한 자연 자원과 우수한 지적 능력까지 지녔소. 하지만 우리는 그렇게 하기를 일부러 선택하지 않았다오. 왜냐하면 우리가 이 지구상의 모든 생명을 드높이는 방향으로 과학기술을 발전시킬 정도로 영적 성숙이 충분하다고 생각지 않았기 때문이오." 노인의 말은 지금 우리에게도 적용된다. '포기의 미학'이다! 만일 우리가 이 높은 생산력을 올바른 방식으로 사용할 역량이

낡은 패러다임, 뒤틀린 교육 시스템

안 된다면, 게다가 더 이상 지구가 견디기 힘들 지경이라면, 그리하여 인류 자체가 절멸 위기에 내몰렸음을 진지하게 인정한다면, 지금부터라도 많은 걸 내려놓기 시작해야 한다. '내려놓기의 미학'!

팀 버튼 감독의 영화 「찰리와 초콜릿 공장」에서 사업주 윌리 웡카는 "내 맘이 병드니까 초콜릿도 병든 거야"라 한다. 영성(관계성)을 무시한 이성(계산성)이 세상을 망친다. 꼬마 찰리가 어른 윌리를 깨우친 셈! 자본 주도의 과학기술, 그 깔끔함과 편리함에 중독된 채 무책임하게 사는 한, 우리네 삶은 더 이상 유지가 불가능하다. 과연 우리는 이 '불편한 진실'을 정직하게 대면할 수 있는가?

지리산과 섬진강, 한려수도 품에 싸인 경남 하동군과 남해군에 15만 볼트 송전탑 건설 프로젝트가 진행 중이다. 최초의 '주민 주도형' 입지 선정이라는 거창한 구호와 달리 사실상 마을 사람들이 배제돼, 불씨를 안고 있다. 더 근본적으로, 발전 회사가 공식 홈피에서는 "지속 가능한 친환경 에너지 전환과 탄소 중립"을 외치지만 석탄과 가스를 과감히 '포기'하려 않는다. 기업이 환경, 사회, 지배 구조(ESG)를 중시하거나 재생 에너지를 100% 사용한다는 계획(RE100)에 진정성이 있다면, 송전탑을 포기하고 분권형 에너지 생산, 최대 절전과 에너지 효율 향상, 소규모 태양광 발전(예, 건물이나 창고 지붕, 마당, 주차장, 도로나 철로 변)에 힘써야 한다.

일반인도 지구 온난화와 기후 위기 앞에서, 그레타 툰베리처럼 "우리들 집(지구)에 불이 났으니 모두 불 끄는 행동을 해야" 한다. 2022년 9월 24일 서울 광화문과 시청 일대에서 전국 360여 개 단체 수만 명이 '기후정의행진'에 나섰다. 서울시나 경찰이 가로막고 싶었지만 소용없었다. 위기는 외면하거나 회피한다고 사라지는 게 아니다. 기후정의 대행진과 같은 시민행동은 그간 무심코 누린 편리의 대가를 책임성 있게 직시, 대안을 찾는 소중한 걸음이다.

야구치 시노부의 「서바이벌 패밀리」는 편리의 상징인 전기가 사라질 때 그 대안은 소박한 농어촌 생태 공동체임을 알린다. 도시 불빛이 없으니 별도 밝다. 대통령부터 일반인까지 '조금 먹고 조금 싸는' 포기의 미학을 실천할 때 삶의 희망이 생긴다. 『녹색평론』 김종철 선생의 마지막 권두언처럼 "이 세상에서 가장 무서운 바이러스는, 공생의 윤리를 부정하는, 그리하여 우리 모두의 면역력을 끊임없이 갉아먹는 '탐욕'이라는 바이러스다". 이 자본의 탐욕 바이러스에 한사코 저항하는, 행동하는 민중이 갈수록 병드는 세상에 대한 진정한 백신이다!

장애인 시위가 드러낸 '자본의 시간'

2021년 말부터 전국장애인차별철폐연대(전장연)의 시위와 농성이 거세게 전개됐다. 특히, 2021년 12월 20일, 월요일 출근 시간대에 수도권 전철 5호선 왕십리역에서 출입문과 스크린 도어 사이에 휠체어 바퀴를 넣는 방법으로 열차 출입문 작동을 저지해 열차 운행을 지연시키기도 했다. 시민들이나 당국으로부터의 비난과 처벌을 감수하고 진행된 전장연 운동은 2022년 수십 차례 벌어졌고 2023년에도 이어진다. 그 와중에 추경호 기재부 장관이나 오세훈 서울시장 등과 면담도 이뤄졌지만 아직 충분한 결론이 내려지지 않았다. 이들의 요구는 장애인 이동권과 생활권을 제도적으로 보장,

예산에 반영하라는 것! 보다 구체적으로 이들은 장애인 권리예산의 2023년도 본예산 반영과 장애인 권리 4대 법률 제정, 서울시의 장애인 탈시설 지원 조례 제정 등을 원한다. 한마디로, 동료 시민으로 인정하라는 것!

이들은 애당초 윤석열과 이재명이 겨루던 20대 대통령 선거 토론에서 장애인 예산을 논하면 시위를 중단하겠다고 했다. 2021년 12월 초부터 서울 지하철에서 시위가 시작됐다. "출근길 시민 불편" 등 여러 "욕의 무덤"과 논란에도 불구하고 전장연 시위가 계속되자, 2022년 2월 21일 대선 토론회에서 정의당 심상정 후보가 약 1분간 장애인 예산에 대해 언급했으며, 2월 23일 서울역 시위 현장을 심 후보가 방문하면서 3월 2일까지 출근길 시위는 잠시 중단됐다.

한편, 대선 토론이 열린 2월 25일엔 공항철도 퇴근길 시위가 진행됐다. 2월 28일 전장연은 "만약 이재명, 윤석열, 심상정, 안철수 등 대통령 후보 중 누군가가 집권할 경우 장애인 권리예산 반영 약속을 한다면 출근길 선전전은 멈추겠다"고 하며, 상황의 극적 변화가 없을 시 시위를 장기적으로 지속할 뜻을 밝혔다. 마침내 2022년 3월 9일 선거에서 국민의힘 윤석열 후보가 당선된 뒤에도 별다른 진전이 없자 3월 24일부터 시위를 재개했다. 마침내 3월 30일 대통령직 인수위 면담 이후 출퇴근 시위 대신 삭발 투쟁이 전개됐다. 전장연은 인수위 측에서 4월 20일까지 답변이 없거나 원론적 답변만 내놓을 경우 시위를 재개하겠다고 했다. 이런 싸움이 2022년 내내 이어졌고, 2023년에도 이어진다. 여전히 국가 예산이나 서울시 조례에 장애인 요구가 충분히 반영되긴 난망하다.

대부분의 언론은 장애인 시위가 불러온 시민들의 불편함을 호소

3부―교육 개혁의 물레

하거나 표면적으로 드러난 법률 위반 문제를 다룬다. 그러나 언론이 이런 식이라면 장애인들이 아예 "욕의 무덤"에 들어갈 각오까지 하고 진행한 집단행동의 의미를 이해할 수 없다. 여기서는 전장연 시위에 대한 시민사회 및 정치권 반응과 관련, 크게 세 측면에 대해 한 걸음 더 깊이 성찰한다.

첫째, 국민의힘 이준석 대표가 "(전장연 시위가) 지하철 출입문에 휠체어를 끼워 넣고 운행을 중지하도록 해서 다수의 불편을 야기해 본인들의 뜻을 관철하는 것은 매우 비 문명적"이라 발언한 부분이다. 아무리 정권 장악을 목표로 하는 정당 조직이라 하더라도 유권자 내지 국민의 호응과 지지를 얻어야 하는데, 이 발언은 과연 정당 대표의 발언인지 의심스럽다. 이 대표의 눈에 전장연 시위가 "비 문명적"이라는 근거는 두 가지다. 하나는 다수의 시민들에게 불편을 끼친 점, 또 하나는 휠체어를 지하철 출입문에 끼워 운행을 방해한 점. 그러나 이른바 유럽 '문명' 국가들은 그런 불편과 불법, 합법을 넘나들며 전개한 온갖 사회 운동과 '68혁명' 등에 힘입어 오늘날 우리가 부러워하는 복지 사회를 만들었다. 물론, 처음부터 불법이나 파괴를 정당화해선 안 된다. 하지만, 이 점(불법과 파손)만 부각해서 목숨 건 당사자들의 행위를 비난하고 무시한다면 그런 태도야말로 '반문명적'이고 '반사회적'이 아닐까?

둘째, 시민사회 일각에서는 "자신의 기본권을 보장받기 위해 타자의 기본권을 침해하는 것 아니냐"는 비판이 일기도 했다. 얼핏 들으면 정말 맞는 말처럼 보인다. 그러나 이 비판이 정당하려면 그 속에 나오는 "자신"과 "타자"가 동등한 조건에 있어야 한다. 그런데 전장연 시위자들이 어떤 사람들인가? 이들은 휠체어가 아니면 마음

낡은 패러다임, 뒤틀린 교육 시스템

대로 이동하기도 어렵고 엘리베이터가 없으면 계단을 오르내리기 힘들다. 이른바 '시설'에 수용된 장애인들은 마치 옥살이하듯 삶의 통제를 받는다. 게다가 장애인의 이동권과 생활권, 교육권, 노동권 등을 보장하라는 외침이 20년 이상 지속되고 있음에도 정부 예산에 제대로 반영되지 못하는 실정이다. 이런 상황에서 이들이 기자들과 시민들을 향해 "출근길 지하철을 타는 것 때문에 수많은 욕설과 혐오 표현은 감당하겠다. 출근길 시민들의 욕설을 이해한다"면서도 "비록 '욕의 무덤'에 들어가서라도, 대한민국 사회가 20년을 외쳐도 중증 장애인들의 기본적이고 최소한의 권리를 보장하지 않는 무관심과 불평등의 사회는 변해야 한다"고 외치는 절박한 심정을 역지사지로 느껴보라. 하버드대 마이클 샌델 교수의 『정의란 무엇인가』라는 책이 베스트셀러가 된 들, 형식적인 논리를 근거로 장애인(또는 사회적 약자) 동료 시민들의 애환에 공감하지 못하면 그 무슨 소용이랴?

셋째, 나는 이번 전장연 시위가 사회적 논란을 키우게 된 까닭이 '출근길' 시위라는 점에 주목한다. 왜 그런가? '출근길'이란 압도적 다수의 직장인들이 일하러 가는 길 아닌가. 이게 왜 문제인가? 그것은 돈 받고 일하는 직장에 정시 출근해야 하기 때문이다. 많은 시민들은 "장애인 시위로 출근에 지장을 받아 회사에서 곤욕을 치렀다"고 불편해한다. 직장인만이 아니라 대다수 시민들도 약속 시간에 맞춰 이동하기 어려워 장애인 시위를 꺼린다. 당연한 일이다.

그러나 세상을 좀 더 넓고 길게 보라. 한편, 우리는 통상적으로 직장에 출근하고 열심히 일하는 것, 즉 자본주의 일상을 매우 '신성시'한다. 자본주의 노동은 개인적으로 안정된 소득을 확보하는 과정이기 때문이고, 사회적으로는 국가 경제 발전에 이바지한다고 믿기 때문이다. 그런데 우리의 모습을 찬찬히 보면 전장연이 공항철도에서 '퇴근길' 시위를 했을 때는 언론이나 시민들이 그렇게 악의적 시선을 보내진 않았다. 왜? 퇴근길이야 직장인들이 약간의 자기 시간을 희생하면 되니까.

바로 이 지점에 작은 비밀 또는 은밀한 진실이 숨어 있다. 그것은 우리가 자본의 돈벌이 과정에 지장을 초래하는 걸 대단히 금기시한다는 점이다! 출근길엔 절대 늦어서는 안 되고, 사람의 시간은 좀 참아줄 수 있지만 자본의 시간을 절대 잠식해선 안 된다! 왜냐하면 자본주의는 그 누구도 도발해서는 안 되는 체제이기에! 이것이 중요한 포인트다. 만일 누군가 그 체제를 문제 삼는다면 그는 공산주의자나 사회주의자, 빨갱이일 것이다! 바로 이 '낙인의 두려움'이 우리를 사로잡는다.

따라서 누가 뭐라 하든 자본주의 안에서 출퇴근 열심히 하면서 돈 많이 벌고 상품을 많이 소유, 소비하는 게 나도 좋고 경제도 살린다고 믿는다. 바로 이것이 『중독의 시대』(개마고원, 2018) 또는 『중독 공화국』(세창출판, 2021)에서 내가 강조한, '체제 동일시' 내지 '강자 동일시' 심리다. 그러나 이 심리는 결국 우리가 자본을 '내면화'한 결과이다. 각도를 달리 보면, 우리는 자신도 모르는 사이에 자본주의의 순기능을 위해 일하는 '노동력'으로서의 삶을 정상이라 생각한다. 장애인 동료 시민들은 그런 정상적인 모습에 견주면 비정상으로 보이기 쉽다. 그러나 과연 이 다양한 생명 세계에서 그 무엇이 정상이고 무엇이 비정상인가?

보통 우리가 버스나 지하철을 타고 갈 때, 장애인이 휠체어를 굴

낡은 패러다임, 뒤틀린 교육 시스템

리며 힘겹게 타는 모습을 보면, 한편으로 안쓰러우면서도 다른 편으로는 답답함을 느끼기 쉽다. 왜 답답할까? 깊이 생각해 보면, 그것은 우리가 속도에 중독되어 살기 때문이다. 그 속도는 사람의 속도가 아니라 자본이 만들어 낸 속도다.

사람의 속도는 어린아이가 기기 시작하면서부터 생긴다. 상기해 보라. 7~8개월짜리 아기가 막 기기 시작할 때의 경이로움을! 또 그 아이가 벌떡 일어서기 시작하고 걷기 시작할 때의 기적 같은 순간들을! 그러나 아이가 자라서 학교에 가고 운동장에서 100미터 달리기 경쟁 같은 걸 하기 시작하면서부터 우리는 '자본의 속도'를 배운다. 자본의 관점에서는 절뚝거려서도 안 되고 수시로 쉬어서도 안 된다. 오로지 '더 빨리' 또는 '최고 빨리'를 달성하라고 한다. 그 사이에 우리는 자본의 속도를 내면화한다. 이제 '뒤처짐'에 대한 두려움이 생긴다.

이런 면에서 우리가 대중교통을 이용할 때, 장애인이나 노약자가 더딘 속도로 움직이는 걸 보고 스스로 갑갑하거나 답답함을 느낄 때, 우리는 오히려 우리가 평소에 얼마나 자본의 속도에 중독되어 있는지 성찰해야 한다. 아무리 짧더라도 그 순간만큼은 '비난'의 시간이 아니라 '성찰'의 시간이어야 한다. 그것이 곧 우리가 평소 자본주의적 삶의 방식을 내면화하고 당연시한 탓에 잊어버리고 또 잃어버리고 만, '사람의 시간', 곧 인간성을 되찾는 길이다.

이런 성찰과 통찰에 이른다면, 우리는 이렇게 결론 내릴 수 있다. 전장연 동료 시민들의 절박한 호소와 시위는 결코 "자신의 기본권을 보장받기 위해 타자의 기본권을 침해"하는 "비문명적" 행위이거나 "다수 시민을 볼모로 자기 이익을 관철하는 집단이기주의"가 아니라 자본주의 삶의 패턴과 속도에 중독되어 무엇이 건강하고 무엇이 병든 것인지 분별력조차 잃어버린 우리 자신의 불감증을 일깨우는 죽비 소리와 다르지 않다. 대통령이나 국회의원, 그리고 일반 시민들이 이 죽비 소리에 제대로 반응하고 연대할 때 정책이나 예산 문제도 하나씩 풀릴 것이다.

낡은 패러다임, 뒤틀린 교육 시스템

전혀 다른 길

힐러리와 암소

이런 일화가 있다. 1995년에 미국 대통령 부인 힐러리 여사가 방글라데시의 한 마을을 방문하여, 그간 말로만 듣던 빈민 여성을 위한 자치 은행인 '그라민 은행'이 얼마나 잘 되고 있는지를 직접 확인하고자 했다. 힐러리는 마을 여인들이 자치 은행의 도움으로 암소, 닭, 오리를 키우며 약간의 소득을 버는 정도인데도 의외로 자신감 넘치며 당당하고 행복해하는 것에 대단히 놀랐다. 오히려 마을 사람들은 힐러리에게, 당신은 "암소가 있느냐", "자기 소득이 있느냐", "아이들이 여럿 있느냐"고 거꾸로 물으며, "참 안 됐군!"하고 동정할 정도였다. 껍데기에 불과한 권력, 돈, 명예가 아니라 스스로 살아갈 수 있는 삶의 토대가 있느냐는 것이었다.

많은 소비를 위한 많은 돈의 소유, 많은 돈을 벌기 위한 과다 노동 등이 현재 우리의 삶을 지배하고 있다. 우리는 자기 내면의 진정한 욕구를 발견하고 이를 직접적으로 충족시키기 위해 건전한 노력을 하기보다는, 더 많은 돈과 더 많은 소비를 통해 이를 '대리 충족' 시키려 한다. 그러나 이러한 대리 충족은 갈수록 내면의 공허함만 키운다. 그 결과 더 많은 소비 욕구를 느끼고 공허감은 더 커진다. 게다가 옆 사람과 외면적인 비교를 해가며 자본과 언론이 유포하는 광고와 유행에 따라 소비 경쟁에 돌입하기도 한다. 도중에 빚이 늘고 파산하며 신용 불량자로 낙인찍힌다. 아니면 한꺼번에 큰돈을 벌기 위해 범죄를 저지르거나 부정부패의 사슬에 엮이게 된다. 우리 사회에서 일중독과 소비 중독이 함께 깊어지는 것은 바로 이런 까닭에서이다.

그러나 앞의 일화에서 보듯 자립성, 자율성을 키우는 사람들은 물질적 소비에서가 아니라 자립적 삶의 과정 속에서 행복을 찾는다. 삶의 자율성과 총체성, 그리고 공동체성에 기초하지 않은 우리의 생활양식이 얼마나 파괴적일 수 있는가는 최근의 '세계화' 물결 속에서도 분명히 확인된다.

선진 강대국 주도로, 그리고 선후진국 막론하고 지배층 및 독점 자본가에 의해 주도되는 신자유주의 세계화의 결과는 그들의 선전과는 달리, 한마디로 '절망의 세계화'라 표현될 수 있다. 그것은 제3세계의 빈곤화 및 희망의 상실, 실업의 급속한 증대와 임금의 저하, 소규모 생산자들의 도산, 교육과 의료 체계의 약화, 자립성과 자율성의 파괴, 공동체와 생태계의 훼손, 범죄와 이민의 증가, 이와 동시에 이뤄지는 북반구 납세자들에 대한 수탈과 사회적 공격(사회 보장의 후퇴), 마약의 증대, 온실 효과 등 기상 이변의 촉진, 그리고 일부 세계적 기득권층의 사치와 낭비, 자본의 과잉으로 인한 경제의 투기화, 부자들의 재산 보호를 위한 방범과 보안·감시 장치의 고도화, 사회적 위화감의 확산 등이다. 이를 보다 구체적으로 살펴보자.

아프리카의 경우 사하라 사막 이남의 47개 정부 중에서 30개 정부가 국제 기구들이 차관을 매개로 강제하는 구조조정 프로그램에 종속되었는데, 그 결과 빈민의 삶이 크게 유린당했다. 1980년대에 이들 나라의 평균 국민총생산은 해마다 2.2퍼센트씩 하락했으며, 1990년 1인당 국민 소득은 1960년대 독립 당시의 수준으로 후퇴했다. 이미 1988년에 유엔은 "가장 취약한 인구 그룹들, 특히 여성과 아동, 장애인, 노인들이 가혹하고 치명적인 영향을 받았다"고 결론을 내린 바 있다.

남미의 경우도 예외는 아니다. 남미 사람들은 외채를 통한 부의 유출을 두고 멕시코의 정복자인 '코르테즈 이후 가장 악랄한 약탈자'라고 비판하며 1980년대를 '상실의 10년'이라 부른다. 예컨대 1990년의 1인당 국민 소득은 1980년과 동일한 수준이었다. 심각한 영양 결핍과 그에 이은 콜레라가 이들 나라를 괴롭힌다. 세계의 지배자들이 칠레 같은 나라를 구조조정의 성공 사례로 제시하지만, 칠레에서는 1970년대 초반 이후 실질 임금이 40% 이상 하락했고 굶주림이 만연하며 영양 결핍으로 수많은 사람들이 고통당하고 있다.

한편, 세계은행이 자랑하는 '동아시아의 기적'도 실은 세계은행이나 IMF의 개발 프로그램, 시장 중심적 경제 운용, '충격 요법' 등에 따른 것이 아니라 강력한 정부 보조와 감독에 힘입은 바라는 반론도 있다. 즉 일본, 한국, 말레이시아, 싱가포르, 대만, 홍콩 등은 영미식 자유 시장 모델이 아니라 강력한 국가가 경제 개발을 추동하는 모델에 의해 성공할 수 있었다는 것이다. 물론 이런 사례가 그 개발(독재)의 사회적 정당성을 보장하는 것은 아니지만, 최소한

IMF나 세계은행 등의 시장 만능주의 아이디어가 만병통치약이 아님을 방증하기에 충분하다.

나아가 국제연합아동기금(UNICEF)에 따르면 구조조정 프로그램의 반 민중성 때문에 아프리카, 아시아, 라틴아메리카에서는 1982년 이후 해마다 5세 이하의 아동 중 적어도 600만 명이 사망한다고 한다. 또 국제연합개발계획(UNDP)은 현재 제3세계의 12억 인구가 절대 빈곤에 처해 그 숫자가 10년 전보다 두 배로 늘었고, 사하라 이남 아프리카 아동의 절반 이상이 굶주리거나 영양 부족을 겪으며, 16억 인구가 식수난으로 고통받고, 20억이 넘는 인구가 실업이나 불완전 고용에 시달린다고 한다. 오늘날 세계에서 가장 부유한 1/5이 가장 가난한 1/5에 비해 150배나 더 많은 소득을 얻는다. 게다가 세계 여성 노동자들은 멀 하지 교수에 따르면 수출자유지역에서 저임금, 장시간 노동으로 혹사당하면서도 "구조조정으로 좌절당한 남성들이 주로 여성과 아이들한테 분풀이를 하고 있기에 이중, 삼중으로 억압받고 있다"고 한다.

결국 세계 어느 나라 가리지 않고 대량 실업의 고통, 노동력의 일회용품화, '20 대 80 사회'로의 분열, 갈수록 낮아지는 노조 조건, 높아지는 노동 소외, 그리고 삶의 토대인 생태계의 가혹한 파괴, 민초들의 삶의 자율성 상실, 공동체의 파괴, 민주주의와 삶의 질의 파괴 등으로 몸살을 앓고 있는 것이다. 바로 이것이 우리 사회도 빠지고만 '세계화의 덫'이 아닐까?

이러한 현실에 대해 세계 민중의 저항 또한 거세게 일고 있다. 이미 1994년부터 풀뿌리 저항을 조직해 온 멕시코의 사빠띠스따 농민군이 그러하고, 1999년 12월 미국 시애틀의 WTO 각료회담 저지를 위한 세계 민중의 저항 이후 다보스, 워싱턴, 멜버른, 프라하, 서울, 제노바 등으로 이어진 '저항의 세계화'가 그러하다. 2008년 미국발 세계 금융 위기의 실상이 드러나자, 2011년 10월 뉴욕에서는 "월가를 점령하라"는 시위가 벌어져 전 세계의 깨어난 시민들을 흥분하게 했다.

2018년 이후 스웨덴의 그레타 툰베리로 상징되는 기후 위기 청소년 행동이 온 세상으로 확대되었으며, 2022년 9월에는 기후정의 행진이 한국을 포함, 세계 곳곳에서 열렸다. 지금도 세계 곳곳에는 남미에서 출발한 '비아 캄페시나'(농민의 길) 운동이 벌어지며, 탈자본 생명 평화 사회를 갈망하는 작은 운동들이 산불처럼 일어났다 꺼지고, 또다시 일어난다.

우리 사회에서도 비록 획기적인 돌파구는 열지 못했지만, 정리해고 및 신자유주의 구조조정에 대한 분노와 저항의 물결이 꾸준히 조직되어 왔다. 특히 2016~2017년 모두 1천 600만 명이 거리로 나섰던 촛불혁명은 독일의 유력 신문(Die Zeit)에서도 "이제 미국과 유럽은 한국에서 민주주의를 배워야 한다"고 보도할 정도였다. 물론, 민주주의를 향한 운동은 결코 순탄하지 않다. 풀뿌리 민초들의 운동은 자유주의 정당(예, 민주당)의 권력 장악에 이용당하기 일쑤이고, 결국 보수당과 민주당의 줄다리기, 특히 극보수당의 저질 발목잡기로 인해 한발자국도 나아가지 못하고 진흙탕 속에서 허우적거리기 쉽다. 그럼에도 민초들은 포기하지 않고 일어난다. 그리고 외친다. "진실과 정의는 반드시 승리한다!" 이 모든 노력들은 세상을 망가뜨리기 위해서가 아니라 모두 더불어 사는 세상을 만들기 위해 필요한 산고(産苦)임을 알기 때문이다.

과학기술 선진국과 『간디의 물레』

생태적 감수성을 일깨우고 사회적으로 널리 공유하기 위해 1991년 말부터 격월간 『녹색평론』을 펴낸 김종철 선생(2020년 작고)이 1999년에 펴낸 『간디의 물레』는 나에게 '신선한 충격'을 주었다. 이른바 '과학기술 선진국'을 내세우는 국정 방향에 비추어, '간디의 물레'는 마치 박물관에 보관된 물레를 보며 잠시나마 과거에 대한 향수에 잠길 수 있는 계기를 준다.

그러나 여기에 나오는 '간디의 물레'란 원래 인도의 비폭력주의, 비타협주의 운동가인 마하트마 간디가 식민지 종주국 영국에서 수입되는 직물을 거부하고 인도의 민중들로 하여금 전통적 가내 수공업을 통해 생필품을 자급 자족하자고 강조한 데서 나온 말로, 훨씬 심층적이다. 한걸음 더 나아가 간디의 깊은 통찰에 따를 때, 근대 서양의 산업 문명이란 인간의 '근원적 영혼'의 요구는 개의치 않고 물질적 이익의 확대만을 위해 인간과 자연에 대한 착취와 억압의 구조를 제도화해 왔기에, 이것만큼 무서운 폭력은 없다는 것!

결국 간디가 인도 민중에게 매일 한두 시간만이라도 물레질을 하자고 권유한 것은 정치 경제적 필요 이상의 의미를 띤다. 즉 '간디의 물레'는 인간의 노역에 도움을 주면서도 결코 인간을 소외시키지 않는 인간적 규모의 기계를 전형적으로 보여 준다. 따라서 거대 기계에 수반되는 복잡하고 위계적인 사회 조직, 지배와 피지배의 구조, 도시화, 낭비 따위를 원천적으로 막을 수도 있다. 나아가 생산 수단이 민중 자신의 손에 있을 때 비로소 착취 구조가 종식된다는 점도 간디는 간파하고 있었다.

『간디의 물레』는 고용 위기와 노동 소외, 생태계 위기 등 여러 합병증에 시달리는 현대인 모두에게 올바른 위기 타파에 필요한 통찰력을 준다. 가장 중요한 것은 위기의 근본 원인을 제대로 '인정'해야 한다는 것이다. "오늘날 우리가 경험하고 있는 전대미문의 이 생태학적 재난은 결국 인간이 진보와 발전의 이름 밑에서 이룩해 온 이른바 문명, 그중에서도 특히 서구적 산업 문명에 내재한 논리의 필연적인 결과로서의 사회적, 인간적, 자연적 위기라는 사실을 명확히 인식하는 것이 무엇보다 중요하다."

이것과 더불어 필요한 것은 공해, 오염, 자연 파괴 따위의 문제는 결코 과학기술의 발달에 의해 근원적으로 치유될 수 없다는 것을 솔직히 '인정'하는 일이다. "과학기술이 모든 어려운 문제를 해결해 주리라는 어리석은 믿음이 지배하고 있다는 점도 오늘의 크나큰 비극을 가중시키는 주요한 요인이라고 할 수 있다."

결국, 우리는 오늘날의 삶의 위기를 치유하는 과정에서 기술 만능주의와 통제 만능주의의 신화로부터 자유로워져야만 한다. "현대 사회에서 과학기술의 윤리성 문제는 매우 복잡한 논쟁거리이지만, 우리는 무엇보다 오늘날 고도의 과학기술 체제가 과연 얼마나 생명 가치를 지지하는지를 물어보아야 한다. [⋯] 오늘날 지구상의 농토에서 광범하게 사용되고 있는 살충제나 제초제가 본래 화학 무기로 개발된 사실은 무엇을 의미하는가? 흔히 원자력의 평화적 이용에 관해 말한다. 그런데 주의해야 할 것은 이 가공할 에너지를 받아들이는 순간 사람의 일상생활의 공간이 전쟁터를 방불하게 된다는 사실이다. [⋯] 현대 과학기술을 지배하고 있는 세계관이 기계론적이고 단편적인 탓에 엘리트 과학기술 집단의 심리구조가 극히 무

전혀 다른 길

책임한 관료주의적 성격을 갖고 있다는 비판은 되풀이되어 왔다."

생각건대, 자본주의 경제란 '돈 놓고 돈 먹기' 사회로, 일정액을 투자한 뒤 이윤을 추구하는 가운데 자연과 사람에 대해 무책임한 태도를 보인다. 모든 상품의 원료나 에너지원은 자연에서 오는데, 대량 생산을 위해 원료나 에너지원이 고갈될 때까지 채굴한다. 그 사이에 자원은 고갈되고 자원이 있던 땅에서 살던 사람이나 동물은 추방된다. 폭력이 개입한다. 기계를 통해 노동 생산성을 높이는 과정은 노동시간 연장과 노동 강도 강화, 산업 재해 증가로 이어지기 일쑤다. 갈수록 강과 바다, 물과 흙, 공기는 오염되고 마침내 마실 물도 귀해진다. 그 사이에 지구 온난화를 유발하는 온실가스(이산화탄소, 메탄, 아산화질소, 수화불화탄소, 과불화탄소, 불화유황 등)가 지구를 덮는다. 현재 지구의 온도는 18세기 후반 산업혁명 이전보다 1도 정도 올랐다고 하는데, 앞으로 0.5도만 더 올라가면 지구에 사람 살기가 힘들다고 한다. 그런 경고가 나옴에도 '대량 채굴-대량 생산-대량 유통-대량 소비-대량 폐기'를 기본 구조로 작동하는 자본주의 시스템은 아랑곳하지 않는다. 인류가 "집단자살체제"를 만들고 스스로 갇힌 꼴이다. 이런 면에서 자본주의 경제는 '무책임'의 경제라 불러 마땅하다. 자본이 돈벌이를 위해 각종 비용·위험 부담은 자연이나 사회로 떠넘기면서도(책임 전가), 달콤한 수익과 이윤은 사유화하기 때문이다. 따라서 바람직한 인간적 대안은 '책임성'의 경제를 만드는 것이다.

바로 이러한 맥락에서 우리는 1979년 미국 스리마일섬의 원전 붕괴, 1986년에 옛 소련의 우크라이나에서 일어난 체르노빌 원전 참사는 물론, 2011년 일본 후쿠시마 원전 붕괴, 나아가 우리나라 원자력 발전소(2023년 2월 현재, 총 25기 중 21기 가동)에서 수시로 일어나는 고장이나 중수 누출 사고 등을 다시 한번 생각해 보아야 한다. 근본적으로 원자력(핵)은 겉보기에 '청정, 저렴, 고효율' 에너지로 보이지만, 실제로는 인류 전체를 "완벽한 죽음"으로 내몰 수 있다. 이미 1945년 8월 초, 일본 히로시마와 나가사키에서 그 징후를 본 바 있다. 또, 핵 발전에 소모된 핵연료봉은 지하 500미터 이하에서 무려 10만 년을 저장해야 방사능 반감기가 된다. 이미 한국에서도 약 2만 개의 핵연료봉이 쌓였는데, 이를 어떻게 처리하는지 아무도 모른다. 우리는 어디서건 방사능에 피폭당할 위험이 크다.

게다가 아무리 기술적 통제를 잘한다고 하더라도 완벽하기 어렵다. 특히 "우리는 확실히 안전하다"며 국민을 안심시키던 당국이 막상 사고가 터지자, "별문제 없는 사건"이라며 문제 자체를 부인하려는 태도를 보인 것, 문제가 커지자 "사고의 원인은 직원들의 어처구니없는 실수 때문"이라고 간단히 넘어가려 한 것 등은 우리 사회 내부에 심각한 문제가 깔려 있음을 드러낸다. 기술 만능주의, 관료주의, 무사안일주의, 중독 조직 현상(한 조직이 마치 개별 중독자처럼 운영되는 것) 등이 우리 사회를 깊이 지배하고 있는 것이다.

여기서도 우리는 '간디의 물레'가 주는 시사점이 대단히 큼을 알게 된다. 우선은 검소하고 절약하는 생활 방식이 저 어마어마한 전력 수요 자체를 줄여 원자력 발전소가 필요 없게 만들 것이다. D. 러미스는 세상 사람 모두가 로스앤젤레스 시민과 같이 소비하려면 지구가 다섯 개 있어야 한다고 경고한다. 이대로 달리다간 공멸하기 쉽다는 것이다.

나아가 자발적으로 간소한 삶은 관료주의가 아닌 풀뿌리 민주주

전혀 다른 길

의의 확대, 거대 기술 중심주의가 아닌 민초에 의한 '적정 기술'의 사용(슈마허)을 촉진한다. 또 이것은 바람이나 태양, 바닷물 등 자연의 힘을 활용한 대체 에너지의 개발을 장려할 것이다. 마침내 이러한 변화는 우리가 원자력 시대, 정보화 시대에 갖게 되는 모종의 두려움을 자연스럽게 극복하고 인간과 인간, 인간과 자연 사이에 신뢰와 존경을 바탕으로 한 '새로운 관계 맺기'를 가능하게 한다.

바로 이런 점에서 '과학기술 선진국'과 같은 자랑하기식 구호에 매달리지 말고 참된 삶의 방식을 위한 방향 전환을 진지하게 모색해야 한다. 같은 맥락에서 "요즘 학생들은 어려운 이공계를 기피한다"면서 학생들을 나무라기 이전에, 참된 인간의 얼굴을 가진 과학과 기술이 무엇인지, 어떻게 만들어 나갈 것인지를 연구하고 실험하는 새로운 접근이 필요하다. 올바른 개념과 필요한 자원을 차분히 준비해서, '간디의 물레'가 상징하는 대안적 과학기술을 진지하게 모색하기 시작한다면 훨씬 많은 학생들이 의미 있는 공부를 하기 위해 스스로 몰려들 것이다.

최고의 생산력은 사람 —대안 교육, 적극 지원을!

최고의 선진국으로 불리는 미국에서조차 초기에는 노골적 폭력이 노사 관계를 주도했다. 예컨대 1886년 5월에 시카고에 약 20만 명의 노동자들이 모여 '8시간 노동제'를 요구하고 맥코믹 농기계 공장 같은 데서 파업이 일어나자 수십 명의 용역 깡패들이 난입하여 몽둥이를 휘두르고 경찰이 노동자들에게 발포하여 수백 명이 죽어갔다. 저 유명한 '메이데이'의 기원이다.

수많은 이들의 피와 땀과 눈물을 먹고 1935년의 뉴딜형 노사 관계가 탄생한 뒤 비로소 노조는 합법화되고 단체 교섭과 파업이 보장되었으며 사용자들의 부당 노동 행위는 규제되었다.

1997년 IMF 구제금융으로 상징되는 경제 위기 이후 한국 노사 관계가 한동안 '악화'했다. 민주노총이 연대파업을 선언하고 수만 명의 노동자들이 이에 참가하기 때문이 아니다. 또 한국노총이 전국 노동자대회까지 열며 총력 투쟁에 돌입하려 해서가 아니다.

여기서 노사 관계의 '악화'라는 말은 노사정 등 노사 관계 당사자들이 이성적 수준에서 갈등을 해결할 수 있는 의지와 능력을 잃었다는 뜻이다. 특히 2001년 인천의 대우자동차와 울산의 효성공장 사태, 2009년 쌍용자동차 사태, 2010년 발레오전장, 2011년 KEC, 유성기업, 상신브레이크, 만도, 콘티넨탈 등의 노조 파괴, 그리고 2012년 SJM 노조 파괴 시도 실패 등에서 보듯 '공권력'의 이름 아래 폭력이 난무하고 일부 사용자들은 신뢰와 성실에 기초한 교섭을 회피한 채 '용역깡패'들을 동원해 노동조합을 깨부수려고까지 하였다.

내가 여기서 이성적 수준에서의 갈등 해결을 말한 것은, 당장 모두가 협상 테이블로 되돌아가자는 말은 아니다. 모두가 진지한 토론과 교섭을 하기 위해서라도 우리 사회가 기본적으로 그 운영 원리에 있어 이성적 방향 전환을 해야 한다는 말이다. 다시 말해 더 이상 '세계화와 신자유주의는 거스를 수 없는 대세이니 하루빨리 그에 적응하자'는 말이나 '한국 자본의 대외 신인도가 추락하고 제2의 환란이 올지 모르니 노동자들 집단 행위는 자제하라'는 식의 인식을 냉철히 되짚어 봐야 한다는 것이다. 지난 세월 우리가 경험한 잘못된 현실, 한마디로, '고 노력, 저 행복'은 우리가 지금처럼 맹목적으로 달릴 것이 아니라 '전혀 다른 길'을 가야 함을 말한다. 빈부 격차, 고용 위기, 의욕 저하, 교육 붕괴, 삶의 위기 등이 그 증거다.

결국 구조개혁의 옳은 방향은, 대내외적으로 자립성과 자주성, 민주성과 자율성을 확장해 나가는 데에 있다. 소수 거대 자본의 이익에 봉사하는 신자유주의 개혁 프로그램이 아니라, 대다수 민초들이 인간다운 삶을 영위할 수 있도록 경제 정책, 산업 정책, 노동 정책, 교육 정책을 전향적으로 고쳐야 한다. 먼저 깨어난 사람들이 각 분야에서 문제 제기를 하고 대안을 제시하면, 아집과 편견, 고정관념에서 벗어나 이를 진지하게 검토하고 수용하려는 풍토를 만들어야 한다.

파업 발생 직후 언론에 자주 등장하는 '생산 손실액 수천억' 또는 '수출 차질 수억 달러' 등의 표현은, 달리 말해 노동자들의 피와 땀과 눈물 없이는 그 엄청난 부가 결코 생산될 수 없음을 반증한다. 2003년 5월, 8월에 이어 2022년 6월, 12월에 일어난 '화물연대' 파업(안전운임제 기한 연장과 확대 적용 요구)은 노동자들이 멈추었을 때 세상도 멈출 수 있음을 똑똑히 보여주었다.

노동자들도 처음부터 파업을 원하지 않는다. 문제는 '왜 파업에 나설 수밖에 없도록 만들어지는가'이다. 일부 사람들과 경찰·검찰은 몇몇 '주동자'나 '배후 인물'을 단속하면 된다고 말하지만, 이런 인식이야말로 사적·공적 '폭력'의 원천이 된다. 불꽃 몇 점을 끈다고 들판의 불길이 진화될 리 만무함을 우리는 이미 '메이데이'의 역사에서 배웠다. 문제는 불씨 자체를 예방하는 것이며, 그러기 위해선 사회 운영의 원리와 내용을 근본적으로 바꾸어 나가야 한다.

이런 점에서, 대안 교육의 대명사로 알려진 '간디학교'에 대한 해당 교육 관청의 지원 중단 등 관료주의적 통제 시도가 2005년경 전향적으로 재검토된 것은 아주 다행이다. 우리 사회의 희망은 더 이상 '싸우면서 일하고 일하면서 싸우는' 박정희 시대의 산업 전사가 아니라, 창의성과 자율성, 다양성과 생명력을 갖춘 온전한 '인격체' 속에 있음을 알아야 한다. 지금 높은 자리를 차지한 교육 관료들은 때가 되면 떠나지만 우리 아이들은 그리고 그 후손들은, 대를 이어 이 사회를 창조할 주체들이다. 그래서 미래를 내다보는, 전망 있는 정책을 펼쳐야 한다.

대안학교들이 속속 생기는 것에 대해서, 또 기존 학교 안에서 새로운 바람이 이는 것에 대해서, 낡은 패러다임에 갇힌 나머지 '공교육 붕괴'만 두려워할 것이 아니라 공교육 지양의 계기로 삼고 대안적 노력들을 적극 지원해야 한다. 다행스럽게도 2007년 부산에서 교육감 직선제 이후 진보 교육감의 시대가 서서히 열렸다. 2018년 6월 선거에선 17개 시도 중 14개 시도에서, 2022년 6월엔 (좀 줄어든) 9개 시도에서 진보 교육감이 당선되었다. 그리하여 전국 곳곳에서 혁신 교육, 행복 교육, 무지개 교육 등 그 이름은 달라도 공교육 혁신을 위해 노력해 왔다.

그나마 교육 영역은 자본 관계의 간접 영향권이다. 하지만 노동 영역은 자본 관계의 직접 영향권에 있기 때문에 적대 관계가 더 노골적으로 드러난다. 이런 맥락에서 노동자를 비롯한 풀뿌리의 '목숨 건' 문제 제기를 폭력으로 억압하거나 마이동풍 식으로 대하지 말고 사회 운영의 방향타를 바꾸어야 한다. 모두가 그토록 열광하는 '생산력 향상'의 진정한 원천은 '살아 있는 사람' 그 자체에 있기

전혀 다른 길

때문이다. 우리의 일상에서 인간 존중 내지 생명 존중 사회가 되지 않으면 그 어떤 정치나 경제도, 그 어떤 교육과 종교도 아무 소용 없을 것이기에.

'탈 자본 교육'을 위하여

"현실은 그렇다 치고 후손들에게만큼은 더 나은 세상이 되면 좋겠다"고 하는 이들이 많다. 그러나 과연 '더 나은 세상'이란 무엇인가? 또, 아무리 좋은 세상을 만들어도 그 세상을 이어받는 '후손들'이 시원찮다면? 그래서 내 화두는 두 가지다. 첫째, 과연 현실적 삶의 고통에 대한 근본 대안은 무엇인가? 둘째, 동시대인, 특히 후손들은 어떤 가치관으로 살아야 하나?

교육 영역은 이 두 질문과 긴밀히 연결된다. 한편으로, 교육의 내용과 방향에 따라 전혀 다른 인간형이 탄생하기 때문이고, 다른 편으로, 객관적 사회 구조(좋은 세상)조차 결국은 사람이 주체적으로 만들기 때문이다.

오늘날 대한민국이 극도의 경쟁과 각자도생, 능력주의, 기술·물질·황금 만능주의, 사회경제적 양극화 속에서 높은 스트레스, 우울증과 자살률을 기록하는 것도 모두 이런 문제와 연관된다. 물론, 시민사회 내지 사회 운동이 없었던 건 아니다. 오히려 모순적 현실로 인해 우여곡절을 겪으면서도 온갖 사회 운동이 부단히 이어진다. 교육 운동 역시 그렇다.

여기서는 주로 2000년대 이후 민주·진보 교육 운동이 기득권 동맹 주도의 신자유주의 시장화에 저항하는 가운데 놓친 게 뭔지 성찰하면서도, 자본주의 교육을 보다 근원적으로 성찰하고자 한다. 이는 앞서 말한 두 가지 화두, 즉 과연 어떤 세상을, 또 과연 누구에게 물려줄 것인가에 대한 실마리를 찾는 과정이다.

두 마리 토끼 잡기?   서로 다른 방향으로 뛰는 토끼 두 마리를 동시에 잡을 수 있을까? 어떻게 할 수 있을까? 쉽지 않지만, 두 가지 생각이 든다. 하나는 토끼몰이를 하는 사람들이 무수히 많다면 할 만하다. 다른 하나는 토끼 한 마리 잡기도 만만찮은데 굳이 두 마리 토끼를 한꺼번에 잡아야 하는가 하는 점이다. 하나만 잡아도 여럿이 함께라면 자연스럽게 둘 잡는 건 시간 문제일 뿐!

교육에서 두 마리 토끼란 무엇일까? 그것은 인성과 실력이다. 물론 이들은 실질적인 사회관계(상황, 맥락) 속에서 구체화한다. 예컨대 박정희 식 개발 독재 상황에서 인성이란, 근면, 자조, 협동과 같은 새마을 정신, 또는 조국과 민족에 대한 충성심과 애국, 애족심 따위를 뜻했다. 또, 당시 통용된 실력이란 초중·고 시절 무수한 시험에서 높은 점수와 등수를 기록하는 것, 나아가 'SKY 대학' 진학, 각종 국가 고시 합격, 특히 고등 고시(사법 고시, 행정 고시, 외무 고시) 합격을 의미했다. 물론 이런 내용과 방향은 지금도 크게 변하지 않았다.

하지만 1990년대 이후 이른바 '신자유주의 세계화' 물결이 온 세상을 휩쓸면서 우리 교육계도 신자유주의 시장화의 덫에 걸린다. 이 맥락에서의 실력이란 세계화와 정보화 물결 속에서 살아남을 수 있는 국제 경쟁력, 영어 능력, 창의성, 소프트웨어 실력, IT(정보 기술)를 활용한 신지식인, 시장 불확실성 속에서의 문제 해결력 등을 뜻하게 된다. 같은 맥락에서 인성이란 개방성, 다양성, 적응성, 유연성 등을 뜻한다. 따라서 제도권 교육도 이런 내용의 두 마리 토끼를 잡으려 했다.

이런 흐름과 달리 진보 교육 운동은 제도권 안팎에서 나름 대안을 상상하고 실현하려 분투했다. 제도권 안에서는 1989년 5월 28일 전국교직원노동조합(전교조)을 세웠다. 그러나 그 직후 7월 1일, 문교부가 전교조 교사 1천 527명을 파면, 해임하는 바람에 위기에 내몰렸다. 그러나 불굴의 교육 민주화 투쟁으로 1999년 7월 합법화(교원노조법)를 쟁취했다. 다시 박근혜 정부가 2013년 9월 법외 노조로 규정하고 목을 죄자 법정 투쟁을 벌여 2020년 9월 재합법화를 쟁취했다. 동시에 전교조는 교사의 정치 활동 합법화, 수능 절대 평가, 대학 무상교육 등을 내걸고 투쟁한다. 같은 맥락에서 전교조 전국교육공무직본부, 전국학교비정규직노조, 참교육을위한전국학부모회 등 20여 단체는 2020년 11월부터 '대학 무상화, 대학 평준화' 운동을 전개했다. 현행 9등급 상대 평가(영어와 한국사는 절대 평가)인 수능을 전 과목 절대 평가 방식으로 바꿔 합격과 불합격만 가리자, 일반 사립대를 공영형으로 전환하여 공동 선발, 공동 학위 수여를 하자, 대학 서열을 없애자는 요구다. 나아가 연간 약 12조 원 수준인 대학 교육도 무상화하자고 요구한다. 그 외도 그간 교육 운동은 무상급식, 무상 교복, 반값 등록금, 사교육 철폐, 대입 전형 다양화, 자사고나 특목고(과학고, 외국어고) 반대 등을 통해 교육의 시장화나 신자유주의화에 맞서 왔다.

한편, 제도권 내 교육 혁신을 위해 교육감 직선제 운동도 탄생했다. 2007년 부산에서부터 교육감 직선제가 실시됐다. 그러나 직선제라고 해서 꼭 교육 혁신이 되는 건 아니었기에 이후 혁신 교육감 내지 진보 교육감 운동이 커졌다. 마침내 2018년 6월 선거에서 17개 시도 중 14개 시도에서 진보 교육감이 당선되었다. 진보 교육감들은 혁신 교육, 행복 교육, 무지개 교육 등 그 이름은 다르지만 교육 혁신을 위해 진력 중이다. 2022년 6월 선거에서는 아쉽게도 9개 시도에서만 진보 교육감이 당선됐다.

제도권 밖에서는 대안 교육 운동이 특히 1990년대 중반 이후 활성화했는데 가장 대표적인 곳이 1997년 산청 간디학교다. 물론, 그 사이에 전국 곳곳에 다양한 대안학교들이 생성되어 현재 대략 100군데를 넘는다. 서울과 경기 지역에서만도 고양자유학교, 발도르프학교(광주, 서울, 성남, 안양, 양평, 청계), 더불어가는배움터 길, 동림자유학교, 수지꿈학교, 벼리학교, 맑은샘학교, 수원칠보산학교, 볍씨학교, 산돌학교, 산학교, 불이학교, 꿈틀자유학교, 무지개학교, 파주자유학교, 하남꽃피는학교, 산울어린이학교, 한걸음학교, 닻별학교 등이 있다. 학교마다 특성은 다소 다르지만 대체로 이들은 사랑과 자율성, 공동체의 가치를 중시하며 아이들의 자유로운 성장을 돕는다.

물론, 제도권 밖의 대안학교가 '특성화 학교' 형식으로 교육 당국의 인가를 받으며 제도권 속으로 들어간 경우도 있고, 기존 공립 학교가 혁신 교육의 일환으로 제도권 밖의 대안 교육적 요소를 대폭 수용하기도 한다. 이런 식으로, 아이들의 행복한 성장을 중시하는 방향성 안에서 제도권과 비제도권이 수렴할 필요가 있다. 최근 고조된 혁신 교육감 물결도 다양한 교육 혁신 열망을 반영한다.

그러나 제도권 안이건 밖이건 참된 교육을 실천하기란 정말 힘겹다. 제도권 밖의 대안학교들은 늘 생존 문제와 씨름하고, 제도권 내 혁신학교들은 변화의 한계와 씨름한다. 결국, 이는 인성과 실력이라는 '두 마리 토끼' 문제로 귀결된다. 더 중요하게는, 그런 인성과 실력이 과연 무엇을(누구를) 위한 것인가 하는 점이다. 결국, 제도권 안팎을 불문, 근본 장애물 두 가지는 역시 대학입시 및 노동시장이다.

대학과 노동시장 위계 속에서의 개혁?　　　　아무리 대안 교육이나 혁신 교육을 외쳐도 부모나 교사들이 무력감을 느끼는 지점이 있다. 한편으로는 아이들의 자발성과 활력이 느껴지지 않을 때, 다른 편으로는 대학입시나 취업 전망 때문에 불안감이 엄습할 때다. 전자는 주체의 문제고 후자는 제도의 문제다. 그러나 이 둘은 분리되지 않는다. 우리네 삶을 꽁꽁 얽매고 있는 제도, 특히 대학과 노동시장이 크게 봐도 상위 10~20%만을 위한 것이기 때문! 이런 조건 속에서 과연 누가 개성을 맘껏 펼치며 자유로운 꿈을 꿀 수 있겠는가? 아이들의 자발성과 활기가 저조한 것이 특정인 탓이 아니란 말이다.

'전환교육연구소' 박복선 소장은 교육공동체 벗이 발간하는 『오늘의 교육』(2023년 1·2)에서 "학교 태 중심의 대안교육운동은 시효가 끝났다"고 진단하고 그 대안으로 "도서관에서, 작업장에서, 거리에서, 교도소에서 자발적으로 모이고 흩어지는 작은 배움의 공동체를 많이 만들고 그것들을 연결하는 작업"을 하자고 제안한다. 요컨대, '학습 네트워크' 또는 '정의와 돌봄의 공동체', 나아가 생태주의, 탈성장, 커먼즈, 에코 페미니즘 등 여러 운동들과 접속하고 새로운 실천을 도모하는 것이야말로 '교육의 생태적 전환'과 더불어 '좋은 삶'을 구현하는 실질적 대안이라는 것! 바로 이런 대안을 위해서라도 우리는 대학입시나 노동시장이라는 양대 장애물을 직시하면서 관통해 이겨내야 한다.

그간 민주·진보 교육 운동이 신자유주의(개방화, 탈규제, 민영화, 유연화 등)나 시장화(상품화) 반대를 내세우며 '혁신'을 외치긴 했지만, 대학입시나 노동시장 앞에서 속수무책일 수밖에 없었던 것도 결국 자본주의라는 거대한 틀 속에서 작동하는 대학 및 노동 시스템 때문이다. 요컨대, 역사적으로 노예제나 봉건제처럼 우리들의 삶을 지배하는 자본제 사회에 대한 근본 성찰 없이는 그 어떤 혁신도 헛발질로 끝난다. 이 문제를 크게 대학 서열화, 노동 차별화, 자동 주체화로 나눠 보자.

첫째, 대학 서열화! 『학교 없는 사회』를 쓴 이반 일리치 선생처럼 근본적으로 보면, 행복한 삶을 위해 과연 대학 진학이 필수인지 따질 필요가 있다. 하지만 오늘의 시점에서는 대학 공부조차 사회적 평균으로 수용되기에 여기선 서열(위계)화에 초점을 맞춘다. 인간적으로 서열화에 찬성할 이는 없다. 그러나 자본의 관점에서는 서열화가 중요하다. 하나는, 어차피 모든 '인적 자원'이 같진 않으니 '우수한' 인력을 양성하기 위해 상위 그룹(엘리트)을 추려야 한다는 논리. 다른 하나는, 서열화의 기본 틀 위에서 치열한 경쟁을 시켜야 각 인적 자원의 잠재력이 최대로 발휘될 것이라는 논리. 이 두 논리의 공통점은 사람 사이에 연대와 소통이 아니라 질투와 분열을 조장한다는 것, 이를 통해 전체 사회를 효과적으로 통치, 착취한다는 점이다. 요컨대, 경쟁은 지배와 동전의 양면이다!

이런 통찰을 진지하게 수용한다면 우리는 그 대안으로, '개성 있는 평등화'를 제시할 수 있다. 아이들이 가진 다양한 잠재력을 개성 있게 발휘하도록 돕되, 개성들 사이엔 서열과 우열을 허락치 않는 것! 대학 서열화가 사다리 구조라면, 개성 있는 평등화는 원탁 구조다. 초중고는 물론 대학에서조차 학생이 원탁에 둘러앉아 교육 문제, 취업 문제, 사회경제적 불평등 문제, 코로나, 기후 위기, 자원 고갈, 에너지 문제, 미세먼지, 쓰레기 문제 등 인간 삶의 복합적 위기에 대한 인간적 대안, 생태적 대안을 찾는 것이 교육과 학습의 내용이 돼야 한다. 자본과 권력을 동시에 넘어서려는 문제의식이 없는 그 어떤 운동도 헛발질로 끝난다.

둘째, 노동 차별화! 같은 맥락에서 노동시장에서의 차별(성별, 연령별, 규모별, 인종별, 고용형태별, 능력별, 노조 유무별 등) 역시 자본 입장에서는 필요조건이다. 왜 그런가? 하나는 비용 문제, 다른 하나는 통제 문제다. 노동시장이나 노동 과정에서 차별화와 경쟁을 강화해야 자본 입장에서 비용은 줄고 효율은 오른다. 더 중요한 점은 차별과 경쟁을 통해 분할 통치가 가능하다는 것. 노동자 개인은 경쟁에서 살아남기와 승진하기를 삶의 목표로 삼는다. 그러려면 아래로 '갈'구고 위로 '비'벼대는, '갈비 법칙'에 순응해야 한다. 노동(조합) 운동을 하는 경우에도 이런 경향성 자체를 버리기 쉽지 않다. 말로는 '만국의 노동자여, 단결하라!'고 외치지만, 현실적으론 노동자 간 연대가 힘든 까닭이다. 그러나 노동자에겐 연대와 소통이, 자본에겐 분할 통치가 결정적이다. 이 적대성의 지점을 정확히 읽어내야 연대와 소통의 필요성과 정당성을 느낄 수 있다.

그러나 이보다 더 중요한 점은, 한 아이가 일정한 공부를 한 뒤 자본주의 노동시장에 '성공적으로' 편입되어야만('노동력 상품화'를 해야만) 생계가 해결되는 프레임의 정당성 자체를 질문하는 것! 요컨대, 우리는 경쟁적인 노동력으로서의 삶이 아니라 자유로운 인격체로서의 삶을 상상할 수 있어야 비로소 대학이나 노동시장의 굴레로부터 해방될 수 있다. 허버트 마르쿠제의 일갈처럼 "노예 해방을 위해서라도 먼저 노예 스스로가 자유로워져야 한다." 가히 '나부터' 혁명의 원조 명제라 할 수 있다.

이런 면에서 현재 우리는 처음부터 자본 종속적인 삶을 전제로 학교와 노동 시스템을 유지하고 있음을 직시해야 한다. 실제로 우리가 초중고를 졸업하고 대학에 진학하는 것, 나아가 대학 중에서도 '일류대'에 진학한다는 것, 이어 '일류 직장'에 취업한다는 것이란 도대체 무엇인가? 이는 물론 개인적으로는 놀라운 성취이지만, 사회적으로 그것은 차별적인 노예제도에 종속되는 과정에 참여하는 일일 뿐! 그렇다면, 진정 우리의 교육과 노동은 '(삶의) 자유'를 위한 것인가 아니면 '(임금)노예'를 위한 것인가?

셋째, 자동 주체화! 가장 중요하고도 어려운 측면이다. 칼 마르크스는 1867년 『자본』에서 화폐와 상품이 서로 교환되는 과정을 지속하면서 스스로 자본의 몸(가치)을 불려 주는 "자동 주체"(ein automatisches Subjekt)로 변신한다고 보았다. 그러나 과연 화폐나 상품과 같은 사물이 어떻게 스스로 주체가 되는가? 결국, 화폐나 상품은 노동자나 소비자, 즉 사람을 매개로 자본 증식 운동에 참여한다. 역으로, 자본주의 시스템에서 우리 인간은 노동, 가치, 상품, 화폐 등을 매개로 자본의 자기 증식을 돕는 역할을 한다. 결국, 사람이 문제다. 겉보기엔 우리가 인격체의 얼굴을 하고 능동적으로 사는 듯

전혀 다른 길

보이나, 실은 자본의 시스템을 원활하게 작동하고 유지하는 톱니바퀴 역할을 하며 피동적으로 살 뿐이다. 이런 삶의 실상이 곧 "자동주체"다. 만일 '별생각 없이' 산다면, 우리는 상품, 가치, 노동, 화폐에 갇힌 자동기계로 작동(느낌, 사고, 행동)할 뿐이다! 스스로는 제대로 산다고 착각하기 쉽지만, 알고 보면 매번 헛발질이기 쉽다.

이를 좀 쉽게 보자. 갓난아기 때는 모든 아기가 어른들로부터 사랑을 듬뿍 받지만, 아이가 커서 일단 학교에 가기 시작하면 '평가'를 받기 시작한다. 가치 기준이 뒤틀린다. 부모건 교사건 높은 평가를 중시하고 우등생이 되길 바란다. 아이는 어른들 눈치를 보며 자란다. 공부를 잘해야 향후 일류 학교에 진학하고 일류 직장에 취업하기 때문! 고생하는 어른의 기대에 부응하지 못하면 아이는 죄책감을, 어른은 배신감을 느낀다. 설사 어른들 기대에 부응하더라도 그 방향이 아이가 진정 원하는 것이 아니라면? 성공해도 실패다. 다시 출발해야 하기 때문! 취업 후는 어떤가? 월급을 받고 저축이나 투자(또는 투기)를 하고 집을 사고 차를 사고 온갖 상품을 듬뿍 사고 소비(생활)한다. 은행 융자를 끼고 집을 사는 경우, 달마다 융자금을 갚아야 하니 성실 노동이 답이다. 바른말이나 저항이 어려운 까닭이다. 결혼을 하거나 아이를 낳아도 사랑의 공동체를 이루며 행복을 느끼기보다 더 많은 화폐와 상품을 소유하기 위해 더 많은 노동을 감수한다. 경쟁력 있는 노동력, 생존과 승진에 목매는 노동력! 설사 나를 고용한 자본이 인격이나 건강을 파괴해도 참고 참다가 결국 쓰러지기도 한다. 아니면, 자본이 더 이상 나를 필요치 않고 해고하면 "해고는 죽음"이라며 결사 항쟁한다. 쉽지 않지만, 만일 다시 고용되면 더 성실히 노동하고 그 대가로 임금을 받아 상품을 소비함으로써 다시 자본의 몸을 불리는 순환을 지속한다. 만일 실패하고 또 실패하면, 좌절과 절망을 견디지 못해 자살을 감행하기도 한다. 오늘날 사람들은 자본이 "쓸모 있다"며 고용을 존속하는 한에서만 자기 가치를 인정받는다고 느끼며, 반대로 자본이 무용지물이라며 해고하는 경우 존재 가치를 상실한다. '잉여'의 탄생이다. 이런 잉여가 대량으로 생산되는 사회가 오늘의 현실이다. 이런 모습이 곧 우리의 서글픈 "자동 주체"다. 과연 우리 교육의 실상은 이로부터 얼마나 자유로운가?

요컨대, 우리가 노동력 상품화를 전제로, 노동자로 사는 것, 그렇게 번 돈으로 소비자로 사는 것, 그리고 국가와 관련, 성실한 납세자로 살다가 주기적으로 오는 선거에서 유권자로 사는 것, 이런 식의 삶이 과연 사람답게 사는 삶인지 아니면 자본의 노예로 사는 것인지 근본적 성찰을 할 필요가 있다. 진정 교육이 자본의 도구로 남길 거부한다면, 더 이상 아이들을 노동자, 소비자, 납세자, 유권자, 투자자로 훈육할 일이 아니라 자신과 세상의 근본적인 관계를 성찰하게 도와야 한다. 이것이 노동력 관점이 아닌 인격체 관점으로 교육에 임하는 방법론이다.

'탈 자본 교육'이 지향하는 내용과 형식　　　　교육을 포함, 모든 사회적 문제에 대한 해법은 다양할 수 있으며 다차원적이기도 하다. 일례로, 학교생활이 재미없다고 하는 아이가 있다고 하자. 이 경우, 친구 관계(예, 왕따나 폭력)가 문제일 수도 있고, 성적이나 열등감 문제일 수도 있다. 아니면 수업 방식이 따분할 수도 있다. 이의 해법은 교우관계를 원만히 하는 것, 학습에 대한 흥미를 북돋는 것, 수업을 재미있게 디자인하는 것 등이 될 수 있다.

그러나 이런 해법들은 학교생활을 조금은 재미있게 변화시킬 순 있지만, 대학입시와 평가 제도에서 오는, 보다 심층적인 스트레스(두려움, 불안감)는 해소하지 못한다. 따라서 대입 전형을 다양화하고(예, 학종 내지 특기 적성 반영), 절대 평가를 전면화하며, 심지어 전국 대학을 K1에서 K100 대학까지 평등화함과 동시에 무상교육을 전면화하는 것이 보다 고차원적 해법이다. 물론 K1에서 K100 대학 사이에 서열화나 선입견이 없어지려면 제법 긴 시간이 필요할 것이다. 이렇게 되면 아이들은 자기 개성과 특기를 살리면서도 조금만 노력하면 '합격선'을 통과, 대입 자격을 얻는다. 1지망에서 5지망에 이르기까지 다양한 선택이 가능하면 누구나 가고 싶은 대학에 가서 배우고 싶은 걸 배울 수 있으니, 평소에 (초중고나 대학 모두) 학교생활도 재미있어질 것이다.

그럼에도 불구하고 여전히 남는 문제는 있다. 그것은 학교 졸업 이후에 노동시장에 나가 자신의 노동력을 상품화하는 데 성공(취업)해야 하고, 또 학력 간, 전공 간, 능력 간 차별구조도 감수해야 한다는 것이다. 취업을 해야 먹고살 수 있고, 취업을 해도 더 잘 대우받는 곳에 가야 상대적 박탈감을 느끼지 않는다. 결국, 취업 강박증과 우등 강박증이 부모나 교사로 하여금 아이들을 달달 볶게 만드는 근본 원인이다. 그 근본적인 뿌리는 결국 취업 강박증과 우등 강박증을 심층에서 조장하는 자본주의 삶의 방식 그 자체다.

만일 우리가 자본의 등가교환 법칙(사물들을 동일한 가치끼리 교환하는 것)과 노동 착취 법칙(노동력의 가치인 임금보다 더 많은 잉여 가치를 자본이 갖는 것)에 종속되지 않고 그를 넘어선다면, 그리하여 사회적으로 필요한 일을 상호 소통과 협력으로 해결하면서도, 모두가 생계 해결은 물론 갈수록 삶의 질을 고양할 수 있다면 우리는 비로소 근본적으로 자유롭고 평등하게 된다. 그러면 마침내 '노동력 상품화'의 굴레에서 벗어나 자유로운 인격체들의 조화로운 공동체를 이루며 살 수 있다.

그렇다면 오늘날 우리가 대체로 대학입시나 노동시장이라는 양대 장애물에 갇히게 된 근본 뿌리는 어디에 있을까? 그것은 '노동력 상품화'를 할 수밖에 없도록 만든 역사적 과정 속에서 찾을 수 있다. 자본주의의 원조인 영국은 물론 그보다 훨씬 늦게 시작한 일본이나 한국의 자본주의 생성의 역사를 보면 그 근본 뿌리는, 자연으로부터 인간이 분리된 과정, 공동체로부터 개인이 분리된 과정, 생산수단(토지와 도구들)으로부터 노동력이 분리되는 과정 속에 있다. 따라서 누구나 대학입시나 노동시장으로부터 해방되기 위해선 더 이상 노동력을 상품으로 팔 필요가 없는 사회, 즉 사람과 사람이 연대와 협동으로, 두레와 품앗이로, 상호 협의와 합심(민주주의)으로 삶의 문제를 해결하는 사회를 만들면 된다. 그런 방향으로의 '시스템 전환'을 위해 어떤 변화가 필요한지에 대해서, 즉 전반적인 구상은 물론 구체적인 방안에 대해 모두가 지속적으로 탐구하고 토론하며 만들어 가야 한다.

'나부터' 그리고 '더불어' 교육혁명이 목표로 삼는 '탈 자본 교육'(EBC, Education Beyond Capital)이란 바로 이런 내용과 지향성을 갖는, 근본적으로 새로운 교육이다. 이렇게 되면 아이들이나 어른들이나 더 이상 사람을 2세대 노동력으로 보지 않고 '인격체'로 볼 수 있게 된다. 그래야 차별적 시선도 극복하고 모두가 서로 존중하며 사는 세상이 열린다. 이제 교육이란 자본이 필요한 인적 자원을 양성하는 것(직업 훈련)이 아니라 사람과 사람, 사람과 자연이 더불어 사는 세상을 만드는 데 필요한 준비를 하는 것, 나아가 실제로 그런 세상을 만드는 실천에 동참하는 것이다. 한 걸음 더 생각하면, 행여 전쟁이나 생태계 위기로 지구와 인류에 파국적 상황이 닥친다 하더라도, 우리가 제대로 교육한 아이들 중 일부라도 살아남아 그 이후의 세상을 새롭게 열어갈 수 있게 잘 준비시키는 것도 우리의 숙명적 과제라 본다.

요컨대, 사람의 성장이 돈벌이를 위한 도구(자본을 위한 "자동 주체")가 아니라 그 자체로 '좋은 삶'(good life)이 되는 것, 즉 교육과 삶이 분리되는 것이 아니라 하나로 통일되는 것, 바로 이것이 '탈 자본' 교육의 핵심이다. 앞으로 이에 대한 논의와 실천이 민들레 홀씨가 퍼지듯 무수히 확산돼야 한다.

탈 자본 교육을 '나부터' 실천하기 위하여　　　누구나 자기 자녀는 행복하게 살길 바란다. 설사 부모 자신이 별로 행복하지 않더라도 자녀만큼은 행복하길 희구한다. 정당한 소망이다. 그러나 삶의 현실은 너무도 척박하다. 아이들은 아이들대로 힘들고 어른들은 어른들대로 힘들다. 왜 그런가?

흔히 생각하는 대로 아이들이 공부 잘하고 어른들이 돈만 잘 벌면 진정 행복할 것인가?

사람이 산다는 것, 행복하게 산다는 것, 지속 가능한 행복을 느끼며 사는 것, 이것은 공부나 돈의 문제로 해결되지 않는, 보다 깊은 차원을 내포한다. 그것은 작게는 개별 인간관계의 문제요, 크게는 사회적 관계의 문제이기 때문이다.

　친구나 동료끼리 소통하고 협력하기보다 경쟁하고 질투하며 살아야 하는 관계, 경쟁 회사보다 더 막강한 경쟁력으로 시장에서 싸워 이겨야 내 생존이 보장되는 관계, 노동력을 포함해 상품을 팔고 돈을 벌어야 생계가 영위되는 관계, 아래로 '갈'구고 위로 '비'벼야만 조직에서 생존하고 위로 승진할 수 있는 관계들(갈비 법칙) 속에서 과연 그 누가 지속적으로 행복할 수 있겠는가?

　따라서 교육과 생활 전반이 모두 행복해지려면 노동력 상품화가 더 이상 필요 없는 관계, 노동력 간 경쟁이나 차별, 억압, 착취가 없는 관계를 만들어 내야 하고, 그런 전제 위에서 교육 시스템과 내용을 전반적으로 재설계해야 한다.

　요컨대, 노동, (교환)가치, 상품, 화폐, 자본, 경쟁, 이윤 등의 범주 안에 갇혀 작동하는 사회 구조를 뛰어넘는 새 사회(생태 민주주의)를 만들어야 하고, 그러기 위해서라도 그런 가치관과 전망을 가진 주체들이 새로운 물결을 이루며 넘치도록 흘러나와야 한다. 이제 우리에게 인간적으로 필요한 대안적 범주는 공감과 소통, 우애와 환대, 연대와 협력, 나눔과 공존 등이다. 더 이상 상품, 가치, 노동, 화폐, 자본 등이 우리를 분열하고 파괴하게 둬선 안 된다. 아니, 그런 파괴의 과정에 더 이상 동참해선 안 된다. 이런 걸 하는 게 '탈자본 교육'이다.

　그러나 이런 근본 대안에 우리는 얼마나 많이 동의하는가? 오히려 더 많은 이들이 두려움과 거리낌을 느낀다. 진정 자유롭고 평등하게 살기 위한 교육과 생활 방식을 대안적으로 제시해도 이를 진심으로 반기기보다는 두려워하거나 불편하게 여기는 경우가 많다.

오히려 차별적이고 억압적인 현실에 재빨리 적응, 그 속에서 약삭빠르게 출세하고 성공하는 편이 낫다고 생각한다. 그 까닭은 무엇인가?

그것은 이미 '근본 대안'을 추구하던 세력들이 자본과 권력에 의해 무자비하게 탄압받고 죽임까지 당하는 걸 직간접적으로 잘 알기 때문이다. 이들은 자본주의 시스템을 최강자로 인정하고 수용하며 동일시한다. 그 외는 대안적 삶을 상상하지 못한다(체제 동일시). 또, 무수한 시험들과 경쟁 속에서 대다수는 '강자 동일시' 심리를 내면화하고 있다. 즉, 기존 시스템에서 내가 승자라면 승자로서 누리는 기득권의 달콤함을 자녀들에게 물려주고 싶어 하고, 패자라면 (사회적 경쟁과 폭력의 희생자로서 느끼는) 열등감이나 수치심에 시달리며 자식이라도 승자 그룹에 들게 만들기 위해 진력을 다한다. 이게 곧 '강자 동일시' 심리다.

요컨대, 폭력과 트라우마, 그리고 두려움, 이것이 우리의 느낌과 사고, 선택과 행동에 심층적인 장애물이다. 따라서 '탈 자본 교육'을 구현하기 위해서라도 우리(시민사회, 사회 운동) 스스로 깊은 마음속에 지닌, 트라우마와 두려움을 솔직히 고백하고 털어내는 일부터 시작해야 한다. 지금부터라도 삼삼오오 둘러앉아 마음을 열고 시작해야 하는 일이 바로 이 '두려움의 고백'이다. 그래야 주체의 변화가 가능하고, 주체가 변해야 대안도 열리기 시작한다. 과연 나는, 우리는 무엇이 두려운가? 오늘도 내일도 참 행복의 길을 외면하고 오히려 현실적인 길이라며 또다시 노동과 상품, 화폐의 굴레 속에 갇힐 것인가?

5부

나는 어떻게 하고 있나?

나는 오늘도 내 오줌통을 즐겁게 비운다

조치원 시절　　2003년 1월 3일부터 9일까지 폭설이 온 뒤 기온이 뚝 떨어지는 바람에 부엌 물이 얼어붙었다. 처음에는 온수만 얼더니 나중에는 찬물도 얼었다. 그리고 거의 동시에 실내 화장실의 온수도 얼었다. 유일하게 화장실 찬물만 나왔다. 그것만 나와도 얼마나 고마웠는지 모른다. (날씨가 확 풀린 12일이 되어서야 모든 물이 다 잘 나오게 되었다. 78세 어머니를 비롯한 여섯 식구는 환호성을 질렀다.)

그래서 한결이, 아롬이, 한울이에게 말했다. "너희들이 어른이 되면 진짜 물난리가 날지 몰라. 지금 우리는 물이 얼어 불편함을 느끼지만 나중에는 맑은 물 자체가 없어서 문제가 된단 말이야. 그러니까 물 한 방울도 소중히 생각하고 아껴야 해. 물이 평소에 얼마나 고마운지 잘 알겠지?" 이 말에 아이들은 제대로 아는지는 몰라도 "예!"라고 합창한다.

나는 이때를 놓칠세라 말을 잇는다. "아빠가 바깥에 화장실을 만든 데는 그런 까닭도 있는 거야. 그리고 오줌통을 만들어 방안에 놓는 이유도 알겠지? 가능하면 물 많이 쓰는 실내 화장실보다 물 안 쓰는 바깥 화장실을 쓰는 게 좋겠지?" 이 말에 아이들은 고개를 끄덕이면서도 "밖은 너무 추워요", "밖은 무서워요" 하면서 싫은 눈치다.

그래도 나는 아이들이 고맙다. 최소한 한결이와 한울이는 오줌통을 실내에 놓고 소변을 따로 받아내기 때문이다. 그래서 나의 아침 일과 중 하나는 오줌통 세 개를 들고 바깥 화장실(해우소) 가서 똥을 눈 다음 오줌통을 큰 통에 비우고 오는 일이다. 오늘도 나는 그렇게 하고 왔다.

하동 시절　　　2021년 2월 명예퇴직 후 1년이 넘은 2022년 3월, 세종시 조치원 생활을 접고 경남 하동으로 이사를 했다. 가재도구도, 책도 많이 버렸지만, 생태 화장실은 꼭 갖고 가고자 했다. 이삿짐 회사 팀장은 "익스프레스 이사 경력 10년에 화장실을 싣고 나르는 경우는 처음"이라며 내 얼굴을 다시 봤다. 공원용 임시 화장실을 나름 개조하여 똥과 오줌을 따로 분리해 받아 낸다. 똥을 누고 나면 왕겨나 톱밥을 뿌린다. '똥물'도 튀지 않고 구더기도 거의 없다. 외부 벽체는 햇빛에 바라지 않게 루바(인테리어용 얇은 목재)를 입혔다. 그래서 이 생태 뒷간이 내겐 정말 소중하다. 벌써 꼬박 1년이 지났지만 나는 하루도 거르지 않고 생태 화장실에서 똥을 눈다. 아무도 보는 이 없으니 중국 여행 때 본 것처럼 앞문을 연 채 볼일을 보는데, 자연 풍경이 참 아름답다. '밥이 똥이 되고 똥이 밥이 되는' 세상을 꿈꾸며, 나는 오늘도 내일도 똥오줌을 모아 퇴비 만드는 일을 기꺼이 한다.

불편함 속에 행복감이 함께 있다

나는 신문 가지러 매일 아침 1리를 걷는다

내가 1999년 9월부터 2022년 3월 초까지 살았던 곳은 (현 세종시) 조치원읍 신안리의 한 골짜기, 별칭 서당골이다. 풍수지리를 아는 분들은 우리 집터가 '좌청룡 우백호'로 둘러싸인 명당이라 했다. 연로하신 어머니와 우리 부부, 아이들 셋, 강아지 세 마리, 닭 두 마리… 모두가 '작은 대가족'을 이뤘다.

집 뒤는 온통 산이다. 저 멀리 비단결 같았던 금강의 지류인 미호천이 조용히 흐른다. 좌우의 산자락에는 복숭아 과수원이 아래쪽으로 쭉 뻗어 있으며, 중간 골짜기를 절묘한 곡선의 논들이 계단을 만들어 놓고 있다. 원래 고추와 들깨 농사를 지었던 우리 집 자리는 '푸성귀라도 자급해야 한다'는 생각으로 내가 텃밭을 일굴 때 간간이 기왓장 쪼가리를 주워낸 것으로 보아, 아주 오랜 옛날에 서당이나 절이 있던 곳이 아닌가 싶다.

그런데 가장 가까운 이웃이 500미터 이상 떨어진 아랫마을에 살고 있고 거기서부터 우리 집까지는 경사진 좁은 흙길이 이어져 있어, 겨울에 눈이 올 때마다 음지쪽으로 몹시 미끄러운 빙판이 생겼다. 하루는 손자 손녀와 함께 며느리 따라 시장 구경을 나섰던 어머니가 미끄러지는 바람에 손목이 골절되어 6주 정도 고생을 하시기도 했다(나는 어머니께서 우리를 위해 액막이를 하신 것 같다고 속으로 생각했다). 마침내 아침 신문을 배달하는 분도 "도저히 집까지는 배달이 어렵다"며 고개를 흔들고 말았다. 그 뒤부터 집에서 약 400미터 아래쪽 바위틈에 신문을 두고 간다. 미안했던지 신청하지도 않은 다른 신문을 한 장씩 더 놓고 가기도 했다.

아침마다 신문을 가지러 가는 길은, 내게는 신선한 공기를 쐬며 산책하는 길이요, 산새들과 즐거운 아침 인사를 나누는 길이다. 녹지 않은 눈과 빙판을 조심스레 밟다가, 붉은 무늬 옷을 입은 흰 딱따구리가 벌레를 파먹는 타악기 소리를 듣고는 모처럼 막내둥이 꼬마처럼 신기한 눈으로 물끄러미 쳐다보기도 한다. 추운 날에도 여전히 풋풋한 소나무들, 가시덤불 사이에 삼삼오오 놀다가 사람 발소리를 듣고 놀라 쪼르르 날아오르는 참새들, 파란 하늘을 여유로이 비행하는 매와 산비둘기, 꾀꼬리와 산까치들…. 별로 재미없는 기삿거리와 돈 냄새 물씬 풍기는 광고물로 얼룩진 대개의 일간 신문들보다 훨씬 더 소중하고 진지한 생명의 숨소리들이 나의 아침을 늘 풍요롭게 해 주는 것이다. 남들이 보기에 불편한 것도 사실이지만 '간단하고 편리한 것은 대개 생태적인 건강성에 배치된다'는 것이 이곳에 살면서 한 가지 깨달은 것이다.

「일 포스티노」와 우리 집 우편함

이탈리아의 한 아름다운 섬마을을 배경으로 한 영화 「일 포스티노」
에는 칠레에서 망명한 민중 시인 파블로 네루다와 젊은 우편배달부
사이의 감동적인 우정이 은은하게 그려진다. 특히 요란한 말보다는
조용한 눈빛, 많은 말보다는 필요한 말, 화려한 관광지보다는 평화
로운 바다 풍경 속에 서로 깊이 교감하는 두 사람의 관계는 마치 아
무 사족이 붙지 않은 깔끔한 시의 감동과도 같았다. 나는 바로 그러
한 관계를 우리 집 집배원과 맺고 싶었다. 그래서 서툰 내 솜씨로 큼
직한 우편함을 만들면서 '일 포스티노'를 상상했다. 자전거를 타고
즐거운 마음으로 나를 찾아오는 친구, 따스한 햇살을 받으며 차 한
잔 하는 여유를 나누는 친구, 때로는 감동적인 이야기를 들려주고
가는 친구….

그러나 현실은 현실이었다. 가을 햇살 아래 땀을 흘리며 서너 번
올라온 젊은 집배원은 "공기가 참 좋다"고 하면서도, 마침내 "여기
까지 올라오는 것은 너무 힘드니 혹 아랫집에 우편물을…" 하는 것
이었다. 'IMF 체제' 아래 진행된 공공부문 구조조정의 파도가 내가
사는 귀틀집 흙벽에까지 와락 부딪혀 갈가리 부서지는 순간이었다.
한마디로, 사람은 줄고 일거리는 늘어났기에 힘들다는 것이다. 게
다가 한 가구 때문에 추가로 500미터 골짜기 언덕길(그것도 비포장)
을 왕복하는 것은 이 집배원에게는 틀림없이 부담의 증대요, 노동
강도의 강화였다. 노동 강도 강화에 대해 일상적으로 부정적인 태
도를 가진 나로서는 집배원의 고충을 풀어 주어야 했다. 그렇다고
500미터 아랫집 이웃에게 적지도 않은 우리 집 우편물을 부탁하는

불편함 속에 행복감이 함께 있다

것도 이웃사촌에게 누를 끼치는 것 같아 마음이 내키지 않았다.

그래서 나는 아랫집과 우리 집의 중간 정도 되는 위치에 흙길 한쪽 옆으로 말뚝을 세우고 엉성하게나마 내 손으로 만든 우편함을 그 위에 반듯하게 올려놓았다. 또 우편물이 왔는지 멀리서도 확인하기 위해 그 뚜껑에다 작은 장난감을 올리고 가느다란 줄로 묶어놓았다. 집배원이 뚜껑을 열고 우편물을 넣으려는 순간 이 장난감이 무게 때문에 아래로 떨어지게 해놓은 것이다. 식구 중 누군가가 우편물을 꺼내면서 다시 원래 위치로 해놓으면 우편함이 비었다는 증거가 된다. 반가운 소식을 전하는 우편물이 왔는지 제법 멀리서도 확인이 가능하다. 시원한 통유리 한 장이 한쪽 벽면을 차지하고 있는 두레방(거실)에서 우편함까지는 대략 250미터쯤 되니 우편함위의 작은 장난감이 보일락 말락 한다. 그래서 산새들을 자세히 보기 위해 마련했던 작은 망원경을 가까이 걸어놓고 '장난감이 위에 있는지 아래로 떨어졌는지' 조심스레 살피기도 한다. 아이들 세 녀석 모두 서로 망원경을 통해 보려고 난리를 칠 때가 많더니 요즘은 좀 잔잔해졌다.

슬픈 것은 우편함이 멀리 떨어져 있다 보니, 이 집배원과의 인간적 교류가 거의 불가능하다는 점이다. 더욱 슬픈 것은 집배원이 일에 쫓기고 있다는 인상을 받았을 때였다. 지난 연말 때다. 집배원에게 주기 위해 카드와 함께 작은 선물을 우편함 속에 넣어둔 적이 있다. 그런데 하루, 이틀이 가고 일주일, 이주일이 가도 집배원은 이 선물을 가져가지 않았다. 겉에다가 '집배원 아저씨께'라고 크게 써 놓았는데도, 그리고 '포장'이 꽤 커서 잘 보였을 텐데도…. 혹시 선물 자체가 싫어 거부하는 것인가, 아니면 (우편함이 약간 깊어) 선물이 든 것을 못 본 것인가…, 여러 가지 의문이 들었다. 후자일 것으로 생각하고 마침내 나는 아예 뚜껑을 열고 선물이 밖으로 드러나게 해 놓았다(분실의 위험을 무릅쓰고). 효과가 있었다. 집배원은 그동안 거의 무감각하게 우편함 뚜껑만 열고 우리 우편물을 '툭' 집어던지고서는 가 버렸던 것이다. 생태적 건강성, 사회적 건강성은 약간의 불편함과 귀찮음을 기꺼이 감수할 수 있을 때 가능한 것이라는 것을 또다시 깨닫게 되었다.

나는 결단했다

이곳에 살면서 느끼는 점 중의 하나는, 우리나라엔 크게 두 종류의 사람이 있다는 점이다. 그 하나는 서울 사람이고 다른 하나는 시골 사람이다. 서울 내지 수도권 이외는 '시골'로 인식되고, 심하게 말하면 '아무것도' 아니기 때문이다. 그나마 이런 분류는 좀 나은 편이다. 사실상 대한민국의 축소판인 '서울'(또는 수도권)을 떠나 지방에 산다는 것은 대부분의 사람들에게 '대한민국'을 떠나 사는 것이나 다름없다.

가만히 보면 이것은 그 자체가 문제이기도 하지만, 사실은 여러 심층적 사회 문제들을 상징적으로 암시한다. 정치 경제적으로 서울은 중앙 집권주의, 권력 지향주의를 상징하며, 교육과 문화조차도 서울 중심으로 돌아가고 있다. 특히 직장 생활과 아이들 교육을 위해서는 '어쩔 수 없이' 서울에 살아야 한다는 것이 보편적 정서다. 현관문만 걸어 잠그면 자기 가족만의 개인적 공간이 확실히 보장되는 아파트의 편리한 생활은 그러한 의식을 더욱 강화한다. 그런데도 나는 왜 이 '시골' 조치원의 서당골이라는 촌구석에서 즐겁게 사는가?

아무래도 1997년 3월, 조치원에 있는 고려대학교 서창캠퍼스(현 세종캠퍼스) 경영학과에 전임으로 발령을 받은 것이 가장 직접적인 계기였다고 생각한다. 1989년 독일 유학을 가기 전에 2년, 유학을 갔다 온 이후 3년 가까이 과천에서 살았다. 과천은 서울도 가깝고 지하철도 잘 연결되어 있고 관악산과 청계산으로 둘러싸여 쉽게 등산도 할 수 있다. 또 도시 전체가 하나의 공원처럼 느껴지기에 대한민국에서 가장 살기 좋은 도시로 이름난 곳이다. 그럼에도 항상 마음속에 가졌던 불만은, 과천이라는 전원도시가 조금만 다르게 보면 하나의 거대한 콘크리트 복합물이라는 점이었다. 분당이나 일산과 같은 무시무시한 아파트 숲은 아닐지라도 콘크리트 건물이 도시 전체를 얌전하게 장식하고 있다. 그리고 콘크리트가 주는 답답함을 가리기 위해 돈으로 인공적인 자연을 만들어 놓았다는 것도 마음에 걸렸다. 게다가 갈수록 높은 건물이 들어서게 되면서 그 좋던 관악산도 자연스럽게 시야에서 사라졌다. 갈수록 차량 교통량이 늘면서 공기도 급속도로 나빠졌다. 더 심층적인 불만은, 그러한 삶의 조건의 악화에도 불구하고 무감각하게 아무 일 없다는 듯이 사는 나의 모습, 아니면 그래도 이 정도 되는 곳이 어디 있느냐고 자위하며 사는 나의 모습이었다. 그러던 차에 조치원에 새 일자리가 났으니 '서울을 건강하게 빠져나가기' 계획이 실현될 조건이 갖추어진 셈이다.

대개 사람들이 서울 생활에 미련을 두는 이유는 크게 직장(장사), 교육, 그리고 문화생활 정도이다. 그래서 흔히 서울, 경기 사람들은 수도권을 떠나면 '죽는 줄' 안다. 그런데 나는 오히려 직장이 '시골'에 생기자마자 얼싸 좋다 하고 서울을 미련 없이 버리게 되었다. 상당히 '엉뚱한' 사람이 된 것이다. 아이들 교육 문제 또한 서울에 종속시킬 필요가 없다고 본다. 오히려 진정으로 아이들을 위한다면 시골로 가라고 하고 싶다. 흙, 벌레, 풀, 나무, 꽃, 나물, 가축 등과의 풍부한 체험과 다양한 놀이, 그리고 자연스러운 인간미를 지닌 이웃들과의 교류, 이런 것이 진짜 교육에 필요한 것이 아닌가.

물론 이것을 몰라서 서울을 고집하는 사람은 아무도 없다. 대부분의 사람들은 '너도 아이가 커 봐라'라고 한다. 생각이 달라질 거라는 것이다. 그러나 나는 아니다. 그리고 내 아내도 아니다. 최소한, 아이가 원하지 않는다면 결코 서울을 고집하지는 않을 것이다. 문화생활 부분도 그렇다. 꼭 보고 싶은 연극이나 영화가 서울에만 있다면 서울이 천 리 아니 만 리라도 가야 한다. 그러나 이제는 웬만한 것은 지방서도 찾으면 보인다. 더 중요한 것은 문화생활이라는 것이 나의 외부에 있는 것을 돈으로 사서 즐기는 것이 아니라 오히려 스스로 삶의 자율성을 키워 가는 그 과정에 있다는 점이다. 그래야만 허전함이나 허탈감 없이 갈수록 더욱 풍성해질 수 있다. 작은 것 하나라도 직접 만들거나 고치는 것, 집이나 가구, 마당, 텃밭 따위를 스스로 아이디어를 내어 가꾸어보는 것, 식당에서 음식을 편하게 주문해 먹기보다는 여러 가지 요리를 직접 만들어 보는 것, 비싼 양주를 사 마시기보다는 과일이나 솔잎, 쑥 뿌리 등으로 술을 직접 담가보는 것 등, 돈으로 모두 해결하는 것이 아니라 일부라도 직접 해 보는 것 속에서 건강한 문화생활이 이뤄지는 것이 아닐까 한다.

대개 사람들은 '나도 나중에는 그렇게 살고 싶다'고 하며 매일매

불편함 속에 행복감이 함께 있다

일 '지옥같이' 산다. 언젠가 나는 "젊어서 죽도록 일하고 늙어서 인생을 즐기기란 꿈에 불과하다"는 말을 한 적이 있다. 이 말은 현재의 삶과 현재의 시간을 자기 것으로 만들지 못한다면 나중에 가서 자기의 시간을 찾는다는 것은 불가능하다는 뜻이다. 한마디로 잃어버린 '시간 주권'을 되찾자는 것이다. 그리하여 자신의 삶의 내용을 스스로 채워 나가자는 말이다. 이러한 삶의 자율성을 잃은 채 현재의 행복을 자꾸만 뒤로 유보하는 사람들은 그 허전함을 채우기 위해 일중독이나 쇼핑 중독, 게임중독 따위에 빠지기 쉽다.

결론은 '결단의 문제'다. 이런 식으로 살다가는 작은 행복도 결코 찾을 수 없다는 위기감, 그리고 내가 진정으로 살고 싶은 모습으로 살아야겠다는 단호함, 이런 것이 마침내 바른 결단을 내리게 하는 것이 아닐까? 이런 작은 결단들이 모이고 모이면 마침내 우리는 자본주의 삶의 방식과도 단호히 '헤어질 결심'까지 할 수 있다. 내 신념이다.

결단의 먼 배경

나는 1961년에 태어난 뒤로 고3이던 1979년까지 고향인 마산을 떠나 산 적이 없었다. '물 좋은' 마산은 내게 어쩌면 '생각의 고향'이기도 하다. 1970년 박정희 개발 독재 시절에 세워진 수출자유지역과 그 이후 중화학 공업의 요람으로 만들어진 창원 공업 기지는 내게 일하는 사람들의 삶과 고통의 문제를 소박한 형태로나마 깨닫게 해 주었다. 내가 뛰놀기도 하고 바지락을 캐기도 하던 바닷가 개펄과

가포 해수욕장, 그리고 노래 「가고파」에나 오는 그 푸른 마산 앞바다, 또 그 가운데에 '그림같이' 떠 있는 돝섬의 낭만 등이 산업화와 산업주의적 생활양식에 의해 무참히 파괴되어 가던 과정은 나에게 초보적인 생태적 감수성을 일깨워 준 듯하다.

1980년 종로학원 재수생 시절부터 시작된 나의 서울 생활은 독일 유학을 떠나던 1989년까지 10년 동안 내 삶을 '객관화'시켜 보는 계기가 되었다. 은혜로운 학원장학회의 한 선배님 댁(중앙대 근처 흑석동)에서 별다른 어려움 없이 생활하던 1980년, 나는 세 가지의 '작은 충격'을 받았다.

하나는 당시의 TV 드라마 「달동네」를 보며 "마산에서 내가 살던 곳이 바로 '달동네'였구나!"라는 것을 알게 된 것이다. 그 이전만 해도 물론 우리 집이 약간 가난한 줄은 알았어도, 그 집 모습이나 살림살이 등이 그렇게 '쪼들리는' 줄 몰랐으며, 친구들과 숨바꼭질하며 뛰놀던 우리 동네가 바로 쪼들리게 가난한 사람들이 모여 사는 '달동네'인 줄을 몰랐던 것이다.

두 번째 충격은 종로학원에서 같은 반이었던 서울 출신 친구들이 나를 '시골' 출신이라 부른 것이다. 당시 마산은 열 손가락 안에 드는 '큰' 도시이며 나는 그 마산의 '명문고' 출신이니까 함부로 나를 무시하지 못할 거라 생각하고 있던 차였다. 나를 '시골' 출신으로 대하는 친구들의 태도는 나의 자존심을 건드리기도 했지만, 동시에 그런 친구의 태도에서 '서울 아니면 모두 시골'이라는 서울 중심 의식이 강함을 발견할 수 있었다.

세 번째의 작은 충격은 저 유명한 1980년 '5월의 봄'이었다. 수천 명의 대학생들이 서울역 광장 앞에 모여 '독재 타도'와 '민주주의 만

불편함 속에 행복감이 함께 있다

세'를 외치며 무시무시한 전투 경찰들과 대치하던 모습, 그리고 나중에 안 일이지만 (시위대에 적대적인) 누군가가 버스를 탈취하여 불을 질러 마치 전쟁터를 방불케 하던 장면 등은 나에게 '어떻게 살아야 하는가?'라는 화두를 던져 주었다. 이른바 '명문고'의 '우등생' 출신으로 '일류' 대학입시에 낙방했다는 깊은 좌절감 속에 오로지 '합격'만을 위해 이를 악물고 다시 도전하는 자세로 생활하던 내가 '나는 왜 공부를 하며, 왜 일류 대학에 가려고 하는가?' 그리고 '출세해서 뭘 하려는 것인가?'라는 질문을 스스로에게 던지게 되었다.

당시로서는 이러한 '자기 객관화' 과정과 '자기 질문'들에 대해 별다른 해답을 찾을 수 없었지만, 4년간의 대학 생활과 '피라미' 학생운동의 경험 속에서 나는 절대 빈곤의 문제, 빈부 격차의 문제, 지방과 서울의 격차 문제, 사회 민주화 문제 등을 어떻게 해결하는 것이 올바른 것일지 되묻게 되었고, 결국 그러한 문제들의 핵심 중 하나가 '일하는 사람들이 잘 사는 것'이라 생각하게 되었다. 그런 맥락에서 마침내 '일하는 사람들이 잘 사는 사회'를 만드는 데 일조하는 것이 내 삶의 작은 보람일 거라 결심하게 되었다. 대학 졸업이 가까워지면서 진로 문제를 심각하게 고민하게 되었는데, 나는 솔직히 말해 화끈하게 'D를 치고'(데모를 주동하고) 강제 징집을 당할 용기도 없었고, 그렇다고 '현장으로' 가서 노동 운동을 조직할 용기도 없었다. (당시는 전두환 군부 독재 시설이었다.)

'출세와 돈벌이'를 원하던 부모님과 형님들의 기대를 저버리며 내가 마침내 선택한 '제3의 길'은, 보다 깊이 있는 '노사 관계' 분야 연구를 통해 일하는 사람들에게 빛이 되며 동시에 새로운 사회 창조의 길도 밝혀 보자는 것이었다. 1987년 4월 결혼 때까지 나를 먹여 주고 재워 주던 선배님 부부께서 언젠가 하신, "산 입에 거미줄 치랴"던 말씀은 이러한 나의 결정에 상당한 영향을 끼친 것 같다.

　대학 교수가 되어 조치원 서당골에 살면서 나는 이런 생각을 했다. 절대 빈곤과 궁핍은 극복되어야 한다. 그러나 바로 그 '가난'이야말로 인간을 진실로 성숙시켜주는 선생이기도 하지 않은가? 요즘은 산업주의와 물질 만능주의, 권력 지상주의 등에 대한 대안으로 '자발적 간소함' 내지 '스스로 청빈하게 살기' 등이 강조될 정도다. 쓰레기 문제나 미세먼지, 코로나 사태, 기후 위기 등을 생각하면 더 그렇다. 절대 빈곤, 궁핍은 당연히 극복되어야 한다. 그러나 부자가 되기 위해 사람과 자연을 무시하고 파괴하는 삶을 살지는 말아야 한다. 그러기 위해서라도 '맑은 가난'을 되찾아야 한다. 고르게 그리고 검소하게 산다는 것, 이것이 바로 우리를 구하는 길이다. 이런 가치관을 가진다면 아이들을 대하는 자세나 교육에 대한 태도도 바뀐다.

　나는 (당시는 몰랐지만, 결국은 가난한 상황 때문에) 부모님을 원망하던 철부지 시절도 겪었으나, 흥청거리는 서울 생활을 (직간접으로) 경험하면 할수록 가난하게 살아 본 경험이 매우 소중함을 거듭 깨달아 왔다. 아이들에게도 일부러 '가난'의 경험을 시켜 주는 것이 중요하다고 생각한다. 정전이 되었을 때 전깃불의 소중함을 깨닫고, 물이 안 나와야 물이 얼마나 귀중한지 알게 되는 것과 같은 이치다.

　사실 사회 전체적으로, 지구촌 전체적으로 절대 빈곤이 존속하는 것은 결코 총량적으로 적게 만들어서 그런 것이 아니다. 오히려 남아돈다. 문제는 집중과 독점이다. 그러한 독점과 불평등을 가능하게 하는 여러 사회관계들을 근본적으로 바꾸어야 한다.

불편함 속에 행복감이 함께 있다

그리고 하나 더. 우리는 효율적으로 만드는 데만 신경 쓴 나머지 불필요하고 해로운 것들도 (돈이 된다는 명분으로) 너무나 많이 만들고 있다는 점이다. 어느새 우리 속에 굳게 내면화된 이윤 논리, 간편주의, 생산력주의, 그리고 부자유와 불평등을 지탱하는 사회적 관계들을 철저하게 털어 내느냐 아니면 그대로 두느냐에 따라 사회적으로 '야만이냐 해방이냐'가 결정될 것이다. 이런 점에서 개인적 생활 방식과 사회적 변화과정은 결코 분리된 것이 아니다.

아내가 느끼는 시골 살림살이

기다리고 기다리던 봄이 왔다 싶더니 벌써 개구리가 와글와글 울어 밤에 시끄러울 정도다. 산수유, 진달래, 개나리가 화사하더니 자두꽃, 복사꽃이 피었다 졌다. 꽃잔디와 앵두, 살구꽃이 피더니 어느새 사라지고, 텃밭 한켠에는 모란이 부끄러운 듯 소담하게 피었다. 연산홍이 한창이고 카네이션이 어버이날에 맞춰 한 송이 꽃을 피웠으나 호기심 많은 고양이가 물어뜯고 말았다. 오늘은 전봇대 옆에 하얀 둥굴레꽃이 조롱조롱 매달려 있어 앙증맞다. 어제는 아내와 함께 지붕 위 돌기와 일그러진 데를 손보았다. 오랜만에 지붕 위에 오르니 사방에서 솟아오르는 신록이 더욱 가깝게 느껴진다. 초등 아이들을 가르치는 아내는 앞마당에서 날 올려다보며 "흙을 밟고 살며 사계절을 수시로 느끼는 게 너무나 좋다"며 아이들처럼 좋아했다.

시골 생활의 낭만과 나름의 소신에 도취됐으면서도, 처음에는 아이들 교육이나 출퇴근 문제, 시장 보기 따위에 걱정이 많았던 우리다. 그러나 내 직장이 이곳 시골로 정해진 것을 일종의 '천운'이라 보고 서로 단단한 결심을 했다. 조치원으로 오기 전 아내는 서울의 한 초등학교 교사였으나 내신을 낸 지 1년 만에 대전으로 발령을 받았다.

생태적으로 살기 위해 시골에 산다는 것은 여러모로 불편하다. 그러나 그 불편함도 나와 아내가 육아를 분담하고 팔순 가까운 노모와 함께 살기에 잘 이겨 낼 수 있다. 아내는 "보통 가정에서는 대개 여자가 다 해야 하는 것을 우리는 분담할 수 있어 덜 부담스럽다"고 말한다. 실은 내가 그리 많이 분담하지 못하는데 아내가 그렇게 말해 주니 고맙기도 하다.

내가 확실히 하는 일은 아침마다 둘째와 셋째 아이를 학교까지 태워다 주는 일이다. 방과 후에는 각기 배우고 싶은 태권도와 피아노, 무용을 배우고 학원 차로 마을 한복판까지 온다. 평일은 오후 4시에서 5시 내외가 귀가 시간이다. 거기서 약 1킬로미터를 아이들은 혼자 걸어온다. 오면서 이웃집 강아지와 놀기도 하고 길가의 꽃이나 새들을 보며 이름을 불러 보기도 한다. 또 오는 길 중간쯤 내가 만들어 놓은 우편함 속 우편물을 꺼내 오는 것도 아이들 일과 중 하나다. 중3 큰아들은 조치원 중학교를 자전거로 통학하는데, 자기가 알아서 잘하기 때문에 이제 거의 신경이 안 쓰인다. 보습학원 같은 데는 안 다니고 일주일에 두 번은 내가 일하는 캠퍼스에서 하는 영어 회화반에 나간다.

또 내가 하는 일은 아내가 남긴 설거지를 어머니가 보시기 전에 하는 일이다. 보시면 한사코 당신이 몸소 하시려 하기 때문이다. 또 말씀은 않지만 '아들'이 설거지하는 게 언짢으실지도 모른다. 그래

불편함 속에 행복감이 함께 있다

도 나는 어머니 앞에서도 자주 한다. "요즘은 모두가 함께하는 세상"이라고 말씀드리면, "참 많이 좋아진 세상이제?" 하신다. 옛날 할머니 치고 신식이다. 그래서 어머니도 나도 아내도 다 좋다. 물론 가끔 세대 차가 나타나지만 '세대 차'라 인정하면 별 무리 없이 넘어간다. 예컨대 오래된 음식 처리 문제 하나를 두고서도 어머니는 아까워서 내버리지 못하지만 우리는 '10원 아끼려다 1,000원 버리는 격'이라며 포기하자고 한다. 다행히 그냥 버리는 게 아니라 강아지, 고양이에게 주거나 정 안 되면 거름 밭으로 가니 덜 아까워서 좋다.

아침에 아내는 7시 30분경 열차를 타야 하니 7시만 되면 프라이드를 몰고 역 앞으로 부리나케 간다. 집으로 돌아올 때는 읍내에서 장을 보고 역 근처에 세워 둔 자동차로 온다. 가끔은 나랑 둘이 같이 가기도 한다. 아직 여기는 시골인 만큼 '5일장'이 있어 나름의 풍취가 있다. 또 읍내에는 비교적 큰 슈퍼가 있어 장 보는 일도 그리 힘들지는 않다.

채소류는 텃밭이나 들에서 나는 것들을 쌈으로 싸 먹지만, 아이들 과자나 손님 올 적에 필요한 안주나 과일 따위는 그때그때 필요한 만큼 사 온다. 그런데 농산물은 거의 쓰레기가 없지만 공산물은 겉 포장에서부터 속 포장이 모두 공해 덩어리다. 재활용 쓰레기는 따로 자루에 담아 매주 수요일 아침에 1킬로미터 떨어진 마을 큰길옆에 갖다 놓는다. 일반 쓰레기는 종량제 봉투에 담아 역시 마을로 내려가 한켠에 놓아 두면 된다. 음식물 쓰레기는 버릴 것이 없다.

나는 아이들이 숙제나 준비물을 잘 챙겼는지 확인한 다음 8시가 넘으면 나간다. 그래서 생태적 삶이란 말에 걸맞지 않게도 우리는 '어쩔 수 없다'는 핑계 아래 자동차를 두 대나 부린다. 물론 집과 역,

집과 학교, 학교와 역, 집과 터미널 사이가 주된 이용 구간이다. 자전거로 이동할 수도 있지만 '아직 아이들이 어려서'라는 변명 아래 '자동차 중독'에서 벗어나지 못한다.

그런데 이런 물리적 불편함을 무릅쓰고라도 과연 아이들 교육을 시골에서 할 필요가 있을까? 우리는 단연코 어릴수록 아이들 교육은 시골서 해야 한다고 본다. 가능한 한 고등학교까지는 말이다. 내가 강조하는 부모들의 '일류 대학 강박증'과 '조급증'만 버리면 아이들은 물론 부모까지 입시 지옥에서 '해방'된다. 이것은 아내와 내가 거의 확신을 갖고 있는 부분이다.

다음으로 아내가 강조하는 것은 시골 생활에 대해 미리 예단하는 것은 금물이라는 것이다. 가상 경험이나 피상적 이해로는 생태적 시골 생활이 불가능하고 불편할 것으로 보이기 쉽다. 하지만, 실제로 생활하다 보면 그 과정에서 두려움과 불편함이 신기하게도 "깨지고 없어진다". 직접 살아 보는 체험 속에서 자기도 모르게 두려움이 사라진다는 말이다. 생활 속에 소록소록 피어오르는 행복감이 불편함을 더 이상 불편함으로 느끼지 못하게 한다. 심하게 말하면 시골 생활에 '중독'된다고나 할까? 이것은 너무나 신기해서 직접 살아 보지 않으면 못 느낀다. 아내 말대로 "행복감이 불편함을 상쇄하고도 남는다". 예전에 이미 시골에서 생태적으로 사는 한 선배 교수께서 "시골 생활요? 혹시 듣는 사람이 시샘할까 봐 '행복하다'라고 말도 못 해요"라고 한 말이 실감이 난다.

그러면 불편함을 상쇄하고도 남을 정도로 아내가 느끼는 행복의 원천은 어디에 있을까? 아내는 간단히, "사람이 자연의 한 부분임을 느끼는 것 자체가 행복이 아니냐?"라고 한다.

불편함 속에 행복감이 함께 있다

그렇다. 사계절을 온몸으로 느끼면서 사는 것, 그중 겨울에서 봄으로 바뀌는 문턱의 봄을 기다리는 마음이 너무나 좋다. '꼭 봄이 올 거야!'라는 믿음을 갖고 사는 것, 이건 마치 힘든 세상에서 '희망'을 꿈꾸는 것과 통한다. 봄이 오면 저절로 기분이 좋아져 무조건 들로 산으로 나가 걷고 싶다. 문만 열면 땅이고 나무고 모두가 자연이니까.

　특히 나는 '땅을 밟고 사는 것'이 좋다. 아내는 "예전 만화영화에서 본, 너무나 과학적이어서 차갑고 칼 같은 미래 생활은 오늘날 먼지 하나 없고 회색으로 딱딱한 도시 생활을 비꼰 게 아닐까?"라고 했다. "부드러운 땅을 밟지 못하며 사는 도시의 삶은 내가 예전에 두려워한 차가운 미래 모습을 확인하게 해 준다." 반면에 "땅은 부드럽고 자연은 다채롭고 곡선이기에 편안하지 않느냐"는 것이다. 나는 이런 자연 철학이 좋다. 그런 사람과 살아 행복하다.

　자연이 주는 또 다른 기쁨은 동식물의 재롱과 변화이다. 까치, 딱따구리, 비둘기, 매, 재두루미, 참새, 휘파람새, 꾀꼬리, 청둥오리, 꿩, 청설모, 다람쥐, 노루 등 야생 동물은 너무나 활기차다. 집에서 기르는 고양이는 토끼와 친구가 되기도 하고, 새끼 낳는 모습도 보여 준다. 강아지 두 마리는 말하는 듯 쳐다본다. 이 동물들의 소리나 표정, 이것은 책을 아무리 많이 읽어도 느낄 수 없다. "가공된 드라마에서는 결코 못 느끼는 짜릿한 감수성을 자신 안에서 키우는 느낌이다. 사람은 신체만 자란다고 온전한 것은 아니다. 논리와 더불어 감성이 풍성하게 자라야 온전한 성장이 된다."

　그럼에도 불구하고 자식 교육 문제는 늘 사람들에게 가장 힘들게 느껴진다. "그러나 최소한 중학까지는 이곳 생활이 아이에게 더 좋다." 아이들이 자전거 타고 녹색을 많이 보고 동물들과 친하게 지내는 것, 자연을 소재로 소꿉장난하는 것, 연못에서 우렁이 잡고 땅속 지렁이도 만져 보는 것, 뱀을 보아도 죽이려 하지 않는 것, 애기똥풀 노란 즙도 내보고 네 잎 클로버도 찾아보는 것, 이 모든 것이 책보다 더 소중하다. 자연과 가까이 살면서 느끼는 이 정서가 나중에 커서 도 '마음의 고향'이 되어, 어려운 일이 있어도 기억할 수 있고 편히 쉴 수 있는 안식처가 될 것이다. 또 삶의 어려운 문제를 자연의 이치 로 풀어갈 지혜도 얻을 것이다.

맞다! 자연의 품에서 자라는 아이들은 아무리 도시 생활에 치이 고 자본주의 상품 사회가 냉혹하게 다가와도 버티고 이겨낼 '내면 의 생명력'이 있다. 그 힘으로 자기만의 멋진 인생을 살아낼 것이다. 마치 마산의 가난한 달동네와 집 뒷산과 들녘, 폭포수의 자연에서 뛰놀며 자라난 나 자신이 살아온 것처럼.

특히 아내는 교사이기에 시골 생활을 맘껏 즐기면서도 아이들 교 육에 잘 활용할 수 있다. 아내가 자연을 보고 만지고 느끼고 생각하 는 것이 모두 수업의 생생한 재료가 된다. 예컨대, 도시 생활하는 선 생은 애기똥풀 보여 주기, 봉숭아 물들이기, 도롱뇽알 부화시키기 등을 하기 어렵다. 아내는 "아이들에게는 책보다 자연을 직접 경험 하는 것이 백 배 중요하다는 생각이 든다"고 했다. "대개는 책을 많 이 보는 어린이를 이상적이라고 보기 쉽지만, 사실은 자연에 대한 직접 경험이야말로 최고 좋은 책이라 본다." 직접 느끼고 생각하게 하는 것, 이를 위해 아내는 올해도 반 아이들에게 '선생님 시골집 일 일 체험'의 시간을 선사했다. 나 역시 그 체험 수업에 일일 조교 역 할을 했다. 다소 불편함이 있지만 아이들과 행복감을 같이 나누기 위해 기꺼이….

불편함 속에 행복감이 함께 있다

밥이 똥이고 똥이 밥이다!

의식주라는 말보다 식의주 나는 언제부턴가 '식의주'라는 말을 쓴다. 먹는 것을 삶의 가장 기본이라 보기 때문이다. 그래서 경제를 1차, 2차, 3차 산업으로 나눠 놓고 1차보다 2차, 2차보다 3차가 커질수록 선진국형이 된다는 경제 이론(영국 학자 콜린 클라크)은 순 엉터리라 본다. 최소한 건강한 살림살이 원리에는 맞지 않는 이론이다. 2023년 현재 대한민국 역시 1차 < 2차 < 3차 산업의 구성을 보이고 국제사회에서 '선진국' 대접도 받긴 하지만, 곡물 자급률은 20% 정도라 아주 위험한 수준이고 도농 격차는 갈수록 벌어져 농촌 농민이나 노인들이 돌아가시면 공동화할 위험이 크다. 콜린 클라크의 이론은 당시 영국 제국주의 입장에서는 필요했을지 몰라도 나라마다 경제 자립과 건강한 살림살이를 중시한다면 결코 불필요하다.

그런데 먹는 것이 중요하다 해도 (우리의 일반적 회식 문화처럼) '배불리 많이' 먹는 것이 중요한 게 아니다. 진짜 중요한 것은 '건강하게' 먹는 것이다. 그러면 무엇이 건강하게 먹는 것인가? 그것은 첫째로 농약, 제초제, 화학비료, 방부제, 첨가제 따위가 들어 있지 않은 '자연식품'(유기농)을 먹는 것이다. 둘째로 천천히 먹는 것, 우주 만물의 이치를 생각하며 감사한 마음으로 먹는 것이다. 셋째로는 가능한 한 적게, 필요한 만큼만 먹는 것이다.

나는 우리 집 텃밭에서 가꾸는 채소를 너무나 소중하게 생각한다. 채소 기르는 과정도 소중하고 채소 먹는 기쁨도 크다. 누군가 손님으로 왔을 때, 우리 텃밭 채소를 내놓지 못하면 죄짓는 기분이다. 겨울철엔 어쩔 수 없는데도 그렇다.

최근 들어서는, 진짜 건강한 삶이란 내 가족만이 아니라 모든 이웃과 '더불어' 건강할 때 참된 건강이란 생각이 든다. 따라서 나부터 노력하되 더불어 건강해지려고 노력해야 한다.

이를 실천하려면 모두가 '텃밭'이나 '소박한 주말농장' 경험을 일상적으로 하는 게 좋다. 지자체마다 유휴 토지를 독일의 '클라인가르텐'(도시민들이 자연 속 삶을 즐기게 하는 주말농장)처럼 싸게 빌려주는 것도 방법이다.

여기서 잠깐 독일의 '클라인가르텐'(Kleingarten, 작은 정원)에 대해 좀 자세히 보자. 그 기원은 제법 오래되었다. 독일은 영국보다 늦은 19세기에 산업혁명이 시작되었는데, 경제적으로 가난하고 아이들이 많아 먹을거리가 부족했다. 1830년대 가난한 사람들의 작은 정원으로 시작된 것이 그 원조다. 한편, 이 '클라인가르텐'을 '슈레버가르텐'이라고도 하는데, 당시 라이프치히의 의사이자 교수였던 모리츠 슈레버(Moritz Schreber) 박사(1808~1861)는 평소 환자들에게 "무조건 햇볕을 많이 쬐고 맑은 공기를 마시며 흙에서 푸른 채소를 가꾸라"는, 다소 엉뚱한 처방을 곧잘 내렸다 한다. 평소에 작은 정원을 돌보는 것이 도시민 건강성 회복의 지름길이라는 철학이었다. 이 아이디어가 도시 계획에 구현된 것이 오늘날 클라인가르텐이다.

독일은 제2차 세계대전 후 클라인가르텐을 재정립한다. 정기석 박사의 『사회적 농부』(작은것이아름답다, 2022)에 따르면, 독일 연방 건축법 제5조에 지방 자치 단체가 지역 계획을 수립할 땐 일정한 '클라인가르텐' 부지를 반드시 확보해야 한다. 지자체에게 녹색 생태학 관점에서 공업 지구, 상업 지구, 주거 지역을 연계하도록 의무를 부과한 것. 1983년엔 아예 '클라인가르텐법'을 제정, 모든 계층의

불편함 속에 행복감이 함께 있다

사람들이 누구나 저렴한 비용의 임대계약으로 공동체 정원을 이용할 수 있게 정착시켰다.

지금도 독일에 가면 각 도시의 클라인가르텐 단지마다 동호인 협회가 조직되어 있다. 독일 전역에 클라인가르텐이 100만 개 이상일 정도다. 이 클라인가르텐은 도시민들에게 사랑받는 여가 시설인 동시에 일상생활에 지친 도시인들의 심신을 회복시키는 휴양지다. 나아가 가르텐 이웃들과 친교를 맺게 해 건전한 지역 공동체 형성에도 크게 기여하고 있다. 도시 계획 차원에서는 부족한 공공녹지를 보완해 주는 중요한 녹지 경관 자원이기도 하다. 다양한 식물, 새와 곤충 등의 서식지로서의 기능도 수행한다. 나아가 클라인가르텐은 도시에 신선한 산소를 공급하고, 온실가스인 이산화탄소와 미세먼지를 흡수, 흡착하며, 도심의 기후 및 공중 습도 조절에 기여한다. 기후 위기 대응에도 좋은 대안인 셈!

이렇게 독일처럼 지자체나 나라가 도와주면 일이 쉬워지지만, 설사 텃밭이나 주말농장 같은 게 어렵다고 하더라도 소비자-생산자 모임(생협)을 찾으면 좋다. 생협은 단지 유기농 농산물을 구입하는 곳에 그치지 않는다. 생협에서는 유기농 농민과의 만남이나 농촌 탐방을 조직하기도 한다. 그렇게 시골 생활을 만나도 좋다. 일단 흙과 친해지면 내 마음도 자연스럽게 된다. 자연은 열린 공간이므로 자연과 친해지면 내 마음도 열린다. 주말농장이나 텃밭을 가꾸는 사람들끼리는 편견이나 차별 없이 쉬이 친해진다.

만일 집 가까이 텃밭이 있으면 정말 좋다. 음식물 쓰레기나 종이 쓰레기가 모두 거름이 된다. 그래서 생태 순환형 살림살이가 가능하다. 밥이 똥이 되고 똥이 밥이 된다! 밥을 먹고 눈 똥이 거름이 되

300

어 마침내 동식물의 양분이 되고 이것이 또 밥상으로 되돌아오는 것, 나아가 우리조차 그 밥을 먹고 살되 죽으면 자연으로 돌아가 그 거름이 되는 것, 이것이 가장 건강한 삶의 방식이다.

이에 비해 대부분의 2차, 3차 산업은 순환되지 않는 공해 덩어리를 생산하는 것이라 결코 건강하지 못하다. 이렇게 건강하지 못한 것을 분별력 있게 새로이 재구성하는 것, 이것이야말로 '살림의 구조조정'이 아닐까 한다. 죽임이 아닌, 살림의 구조 혁신!

내 손으로 직접 만든 생태 뒷간　　　　2021년까지 내가 살던 본채 귀틀집은 1999년에 지었으나 이 '해우소'는 2001년 6월에 한 후배와 함께 지었다. 그 이전까지는 집 지을 당시에 목수와 일꾼들이 임시로 쓰던 재래식(푸세식) 뒷간을 썼다. 그때에도 어머니와 나는 이 푸세식 뒷간을 애용했다. 하루는 웅덩이에 고인 똥오줌을 퍼낸 뒤 학교에 가서 강의 때 "오늘 선생님이 똥을 퍼서 밭에 거름을 뿌리고 왔다. 냄새나지 않느냐?"고 능청을 떨었더니 "와-!" 하고 온통 웃음바다가 되었다. 웃음이 가라앉자 나는, "여러분은 '밥이 똥이고 똥이 밥이다'라는 말을 아느냐?"고 물으며, 왜 그런지 진지하게 설명했더니 모두 고개를 끄덕였다.

이어서 나는 "앞으로 우리 모두는 생태계 순환의 원리에 어긋나는 생산과 소비를 해서는 안 된다. 최소한 이것을 의식하며 살아야 한다. 출발은 '나부터'다. 일단 지금 여건에서 할 수 있는 것부터 하면서 점차 반경을 넓혀 보자"고 했다. 학생들이 제법 진지하게 들어주어 참 고마웠다.

2001년 이 새 뒷간을 지을 때 '뒷간 만들기' 관련 자료들을 여럿

불편함 속에 행복감이 함께 있다

뒤적이다가 마침내 결정한 것이 푸세식이 아니라 '부춛돌 식'이었다. 이것은 땅바닥에 적당한 크기의 돌이나 나무를 발받침으로 놓고 그 위에 올라앉아 대변을 보는 방식이다. 앞에는 소변 통을 놓고 뒤에는 못 쓰는 삽에다 톱밥이나 재를 올려놓아 똥을 눈다.

이 뒷간은 여러 가지 장점이 있다. 첫째, 푸세식이 주는 거북함 — 냄새, 똥물 튀김, 구더기, 빠지지 않을까 하는 두려움 따위 — 도 없고 설치도 간단하다. 둘째, 오줌은 앞으로 받아내고 똥은 뒤의 삽으로 받아 내니 거름 만들기 좋다. 셋째, 내 똥과 날마다 인사를 나눌 수 있어 좋다. "똥아, 안녕!" 하면서 매일 아침을 시작하는 것이 참 상큼하다. 넷째, (한 번에 약 10리터씩 쓰는) 수세식의 물 낭비를 안 해서 좋고, 앞산 경치 구경하며 '잠깐' 명상해도 좋다. 또 똥도 잘 나와 변비가 없어지며 하체가 튼튼해진다. 나하고 똑같이 할 필요는 없겠지만, 앞으로 다른 이가 바깥 화장실을 짓는다면 부춛돌 식을 권한다.

특히 페트병 윗부분을 잘라 만든 오줌통은 우리 집 '자랑거리'다. 옛날의 사기요강은 너무 무거웠고 그 뒤의 플라스틱 요강은 씻기가 불편했다. 그래서 나한테는 목 잘린 페트병이 딱 맞다. 어머니, 큰아들 한결이, 막내아들 한울이, 그리고 내가 쓰기에 최소한 네다섯 개는 필요하다. 아내는 한번 써 보더니 너무 불편하다고 포기했다. 아내와 둘째 아롬이(딸)는 안 쓰지만 다른 네 식구는 잘 쓴다. 그래서 우리 집은 '목 잘린 페트병'이 이리저리 굴러다닌다. 가끔은 아이들이나 내가 실수로 쏟기도 해서 온 방이 '난장판'이 되기도 하지만.

한편, 아침마다 나는 뒷간으로 가서 페트병 오줌통을 비우고 난 뒤 물로 헹군다. 이때 나는 집 앞 처마에서 떨어진 빗물을 모았다가 쓰든지 아니면 뒷산 도랑에 고이는 맑은 물을 쓴다. 그런데 지난겨울에는 폭설로 온통 천지가 눈으로 덮이고 얼었는데도 도랑에서 졸졸 나오는 옹달샘 물은 전혀 얼지도 않고 맑고 순순히 흐르는 것이 아닌가! 순간 나는 잊어버렸던 생각이 떠올랐다. "고인 물은 얼(썩)지만 흐르는 물은 얼(썩)지 않는다!"

이렇게 날마다 자연과 대화하고 자연의 이치 속에서 인간다움의 이치가 무엇인지 하나씩 배우는 즐거움이 나를 풍요롭게 한다. 고마울 따름이다. 물론 1킬로미터만 내려가면 마을 중심이고 거기서부턴 돈 냄새와 소비주의의 온갖 추잡한 냄새가 진동을 하지만 말이다. 사람들은 '당신 혼자 깨끗하다고 되는 것은 아니다'라고 말하지만 '나부터라도' 실천을 해 나가야지만 그것을 바탕으로 점점 크게, 점점 넓게, 그리고 구조적으로도 올바로 바꿔 낼 수 있지 않을까 한다. 우리 삶의 그 모든 것을 말이다.

시골 생활과 아이 교육 문제

줏대를 세워야 한다

시골 살면서 가장 골머리를 앓는 문제는 아마 자녀들 교육 문제일 것이다. 그런데 나는 제아무리 교육부 장관이 바뀌고 입시제도가 바뀌더라도, 우리 자신 즉 학부모가 바뀌지 않으면 아무것도 안 된다고 믿는다. 그렇다면 우리 자신의 주체적 문제는 무엇인가? 크게 세 가지다. 첫째가 일류 대학 강박증, 둘째가 조급증, 셋째가 옆집 아줌마(?) 이야기다.

먼저, 애들 교육 때문에 수도권, 도시권에 있어야 한다고 생각하는 이면에는 솔직히 '우리 아이는 일류대를 나와야 한다'는 강박증이 있다. 그러나 수도권에 산다고 일류대를 가는 것도 아니요, 일류대를 간다고 취업이나 행복이 보장되는 것도 아니다.

한 번 더 생각해 보면 최소한 고등학생(청소년기) 때까지는 시골서 자라야 균형 잡힌 인격이 형성된다. 사실 꼭 일류대를 나올 필요가 있는 사람은 극소수의 연구직 정도이며, 더 중요한 건 '일류대'가 아니라 '일류 스승'이 있는 곳으로 가야 한다는 점이다.

　물론, 오해를 방지하기 위해 이 말은 해야겠다. 일류대(SKY) 강박증을 버리자는 말이 반드시 '일류대를 가면 안 된다'는 말은 아니다. 만일 부모가 아니라 아이가 진정 스스로 원해서, 자기 삶의 목표나 꿈을 실현하기 위해서 꼭 가겠다고 하면 절대 말리지 마시라. 오히려 물심 양면으로 지원해 주시라. 그러나 아이의 의지나 능력과 무관하게 거의 전적으로 부모의 욕심 때문에 아이를 반드시 일류대에 보내려 한다면 그건 아니란 이야기다. 바로 이런 것이 일류대 강박증이다.

　그런가 하면 내 아이는 다른 아이보다 더 빨리 더 많이 가르치고 싶다는 부모의 조급증 역시 아이를 병들게 만든다. 아이들은 자라는 각 단계마다 느끼고 배우고 깨우칠 내용이 따로 있다. 학자들(J. 삐아제, E. 에릭슨, R. 슈타이너, L. 비고츠키 등)마다 조금씩 다르긴 하지만, 대체로 사람의 건강한 발달(성장) 과정은 이렇다. 유아부터 만 7세까지는 엄마 아빠와 친밀하고 안정된 관계 형성이 기본 신뢰 형성에 중요하며, 이와 동시에 다양한 감각(미각, 촉각, 시각, 청각)을 발달시키는 게 중요하다. 갈수록 또래와의 관계 형성도 중요해진다. 그 뒤로 만 14세까지는 감성(공감, 느낌, 희로애락의 감정 등) 발달이 중요하고, 특히 우호적 친구 관계가 중요하다. 그 뒤 약 21세까지는 논리적 사고력의 발달과 함께 소속감, 인간관계가 중요하다. 이런 발달 과정을 완전히 무시하고 ('선행 학습' 또는 '영재교육'에서처럼) 각 과정을 생략하거나 조급하게 뛰어넘으려 할 때 아이들은 스스로 일어설 힘을 기르지 못하거나 좌절감, 공허감만 크게 느낀다. 그렇게 되면 자율적이고 배려심 있는, 건강한 인격체로 성장하지 못한다. 오늘날 우리의 아이들이 예전 아이들에 비해 갈수록 주의력, 집중력, 공감력, 소통력이 현저히 낮고 친구 사귀는 데도 상당한 어려움을 겪는 것은 바로 이런 이유 때문이다. 아무리 아이들에게 물질적으로 잘 해 준들 부모와 자녀 사이에 친밀하고도 인간적인 관계를 형성하지 못하거나 앞서 말한 발달 단계를 완전히 무시하면 그 모든 게 헛수고가 된다. 자녀를 잘 키우고 싶은 부모라면 이를 꼭 명심할 필요가 있다.

한편, '참교육, 인간 교육'에 대해 제아무리 좋은 내용으로 강의를 듣거나 토론을 하고 와도 '옆집 아줌마'를 만나 커피 한 잔만 같이하면 말짱 도루묵이 된다. '옆집 아줌마'가 말한다. "참 한가한 소리들 하시네. 그거야 꿈이고 이상이지, 그러나 현실은 현실이야, 정신 차리시게." 이 말에 대부분 무너지고 만다. "아이쿠, 이럴 일이 아니지. 이러다간 나중에 아이한테 왜 엄마는 나를 더 열심히 공부하게 만들지 않았느냐는 원망을 들을 것 아냐?"라고 두려워한다. 이어 "우리 아이도 남들처럼 학원도 보내고 과외도 시켜야겠다"고 결심한다.

쉬운 문제는 아니다. 그러나 길은 있다. 우선, 흔들리지 말고 줏대를 세워야 한다. 진정한 교육은 이웃과 더불어 행복하게 살아갈 태도와 능력을 길러주는 것이라는 점을 기억해야 한다. 그래서 진정 아이들 교육을 생각한다면 덜 경쟁적이고 덜 파괴된 시골로 가야 한다. 건강한 자연과 인정스러운 마을 공동체가 가장 좋은 교과서다.

나의 경우 아이들 교육 문제는 일류대 강박증과 조급증을 버리면서 해결되었다. 큰아이 한결이는 조치원 중학교 3학년 시절, 날마다

시골 생활과 아이 교육 문제

자전거를 타고 다녀 몸도 튼튼하고 제 친구들과 축구도 자주 한다. 공부는 점수나 등수에 크게 신경 쓰지 않고 스스로 생각하며 할 수 있게 일러주는 정도로 그친다. 아이가 문제를 풀다가 질문하면 자세히 설명해 준다. 고등학교는 더 시골에 있는 대안학교 같은 곳에 보낼 생각이다. 한창 예민할 때인 고등학생 3년간의 시간을 가장 행복하게 지내게 해 주고 싶은 것이 우리 부부의 욕심이다.

그러고 나서 자기가 필요를 절실히 느껴서 하고자 한다면, 진학을 잘 준비하도록 도울 것이다. 초등 2, 3학년인 막내 한울이와 둘째 아롬이도 마찬가지다. 강아지와 닭, 고양이와 친구처럼 잘 지낸다. 뒷산의 청설모, 가끔 나타나는 노루, 강아지 밥을 훔치러 오는 까치들, 나무 홈

속 벌레를 잡는 딱따구리, 뚝방 연못 안 우렁이, 이 모든 것이 아이들의 친구이자 '호기심 천국'이다.

시골 생활을 결심할 때 또 중요한 것은 배우자의 동의다. 만일 배우자가 깔끔하고 세련되며 각종 문화적 혜택(쇼핑 포함)이 많은 도시 생활을 좋아한다면 시골 전원생활은 어렵다. 그러나 곰곰 따져 보면 우리는 편리함과 욕심을 추구하느라 건강한 인간관계나 자연 생태계를 망가뜨리고 결국은 자기 자신마저 망친다. 따라서 간편주의나 외형주의의 덫으로부터 빠져나와 자기 내면의 목소리에 가만히 귀를 기울일 수 있을 때 비로소 도시를 떠날 수 있다.

우리 부부는 둘 다 시골 생활을 스스로 원했기에 이와 관련해서는 '부부 싸움'이 없었다. 특히 둘 다 1960년대 초 지방 도시 출신이었던 점이 그 합의를 도운 것 같다. 사실 그 당시는 말이 도시지 농촌이나 시골의 정서가 매우 강하게 남아 있지 않았는가? 그래서 우

리 모두 서울(수도권)을 떠나 시골 생활을 갈망한 것 같다.

이것과 더불어 직장 문제 또는 먹고사는 문제도 고려해야 한다. 물론 유기농법 중심의 작물 재배를 본업으로 한다면 더욱 좋다. 직장이 시골과 가깝다면 이상적이다. 나의 경우 직장 문제는 1997년 고려대 서창(현 세종) 캠퍼스에 자리를 얻게 되면서 해결되었다. 사람들은 조치원이 '발전'이 안 되어 안타깝다고 하지만 나는 오히려 그래서 더 좋다. 평화롭고 여유가 있으며 공기 맑아 좋고 차가 막히지 않아 좋다. 16대 대통령 선거에서 노무현 당선자가 '행정 수도' 이전을 공약했는데, 나는 제발 그것이 '제2의 서울'로 가지 않았으면 한다. 그런 점에서 행정 수도 이전 얘기가 나온 뒤에 많은 이들이 내게 "땅값 좀 많이 올랐어요?"라고 묻는데 정말 불쾌하기 이를 데 없다.

이렇게 나는 비교적 원만하게 시골 생활에 익숙해졌다. 그럼에도 나와 아내가 이 모든 문제를 제대로 극복했다고는 볼 수 없다. 또 살다 보면 다른 문제들이 많이 생기기도 한다. 예컨대 나와 아내는 각기 자동차를 따로 쓴다. 아내는 대전의 초등학교로 출근해야 하기에 조치원역까지 자동차로 가서 기차를 타고 통근한다. 나는 아침마다 둘째와 셋째를 태워 초등학교에 내려주고 출근을 한다. 집에 올 때는 아이들끼리 오는데, 학원 갔다 오는 날은 마을 한복판에서부터 집까지 1킬로미터를 걷고, 그렇지 않은 날은 학교에서 집까지 10리 가까운 길을 걷는다. 덕택에 다리가 튼튼해졌다. 내 원래 소신은 자동차를 안 쓰는 것인데, 이미 나는 자동차 중독이 되어버린 듯하다.

또 한때는 아이들이 '학습지'를 하기도 했다. 물론 '1등'을 목표로 한 것은 아니다. 우리 부부가 직장 일로 바쁘다 보니 아무것도 안 하

시골 생활과 아이 교육 문제

고 그냥 놀기만 하라고 할 수는 없어 선택한 교육지책이다. 그나마 괜찮은 점은, 혼자서 공부할 수 있게 '적절한 과제물'을 내 주고 일주일에 한 번씩 담당 교사가 체크만 한다는 것이다. 완전히 '혼자서' 공부해 온 나는 사실 이런 학습지조차 맘에 안 들지만, 아내가 필요하다고 우기는 바람에 지는 척하고 묵인한다.

나아가 막내는 학교 끝나면 태권도 학원에, 둘째는 무용 학원과 피아노 학원에 간다. 물론 아이들이 하고 싶다 해서 하는 것이다. 꽤 즐겁게 배우는 것 같다. 사실 우리 부부가 아이들에게 진도나 수준에 대해 그리 꼼꼼히 요구하지 않기에 그럴 수도 있을 것이다. 그저 다른 아이들과 즐겁게 어울리며 흥미를 느낀다면 그걸로 족하다고 보기 때문이다. 그래서인지 피아노 치는 3학년 딸아이는 손 자세가 제대로 잡혀 가는 것 같다. 그럼에도 여전히 마음 한편에서는 '아이들이 학원에 가야지만 친구를 만난다'는 말도 마음에 들지 않고, 과연 아이들이 학원 간다고 해서 자기 소질을 제대로 계발하는 것인지 확신이 안 서기도 한다.

또 나는 시골에 산다면서 텃밭을 넘는 수준의 농사일도 못하고 사는데, 뭔가 죄짓는 기분이다. 그나마 80세 가까운 노모께서 앞장서서 하시니까 망정이지. 그래서 아직도 나의 시골 생활은 문제투성이다.

이 아이들을 어찌할 것인가

조치원으로 옮기기 전에 우리는 과천에 살았다. 큰아이 한결이는 OO초등학교를 1995년 봄부터 다니고 있었다. 나는 독일에서 박사

학위 공부를 마치고 1994년 여름에 귀국하여 1995년 봄까지 대학 강사 생활을 하고 있었다. 아내가 초등학교 교사인지라 1995년 봄에 내가 한결이를 데리고 입학식에 갔다. 멋도 모르고 좋아하는 아이를 데리고 가로수 길을 걸어가는데, 내 머릿속엔 '마치 송아지를 끌고 도살장으로 데리고 들어가는 듯한' 이상한 생각이 들었다.

도저히 스스로도 용납하기 어려운 이런 생각이 든 까닭은 과연 무엇인가? 나 스스로도 마산에서 초등학교를, 창원에서 중학교를, 또다시 마산에서 고등학교를 나름대로 잘 다닌 사람으로서, 왜 내 자식이 초등학교에 다니게 된 것을 그렇게 이상하게 받아들여야 했는가?

나는 언젠가부터, 아니 공부를 하면 할수록, 이 세상의 교육 체제가 아이들을 올바로 사는 인간(인격체)으로 기르는 것이 아니라 산업계가 써먹기 좋은 '노동력'을 기르는 역할을 한다는 점을 강하게 깨닫게 되었다. 요즘 같으면 높은 부가가치를 올리는 '신지식인'이 그 모델이요, 박정희 시절 같으면 일하면서 싸우고 싸우면서 일하는 '산업전사형'이 바로 그 모범이다.

그리고 나는 독일 생활을 하면서 그러한 노동력 기르기 모형으로부터 상대적으로 자유로운 새로운 교육 모형들을 보아왔기 때문에 (크게 보면 모두 마찬가지일 수 있지만) 더욱더 군대식의 한국 학교 체제에 아이를 맡기기가 싫었던 것이다. 우습게도 바로 내 아내가 초등학교 교사인데도 말이다. 물론 아내의 고민을 듣고 서로 토론을 하면서 최소한 초등학교만 해도 나름의 자율성이 있다고 느끼고는 있었지만, 그래도 초등학교를 그렇게 보내면 자연히 나중에 중고등학교도 그런 식으로 흘러갈 것이라는 두려움에 마음이 영 놓이지 않았던 것이다.

시골 생활과 아이 교육 문제

그러나 시간이 지나면서 나는 학교가 '도살장'이 아님을 깨닫게 되었다. 그리고 더욱이 아이들 스스로가 '도살당할 송아지'가 아님을 깨닫게 되었다. 선생님들도 예전에 우리가 만났던 분들보다 더 나은 분이 많았다. 나만 그런 문제를 고민하는 줄 알았으나 더욱 많은 사람들이 그런 고민을 하고 이미 실천도 하고 계시는 걸 보며 부끄러워졌다. 선생님들과 학교에 미안한 느낌이 들었다. 죄를 지은 기분이었다.

물론 그렇다고 해서 우리 사회의 교육 체제와 그 목적 자체가 변한 것은 아니다. 그리고 상당한 교육 관료들은 아직도 낡은 패러다임에 젖어 있다. 중요한 것은 갈수록 변하고 있다는 것이고 문제의식을 가진 사람들이 늘어나면서 상호 연결되고 있다는, 이 살아 있음의 느낌, 이것이야말로 희망의 원천이 아닐까 싶다.

큰아이 한결이가 초등학교 3학년까지 과천에서 다니다가 1998년 3월부터 온 가족이 조치원과 가까운 청주의 한 마을로 이사를 가게 되었다. 드디어 수도권을 벗어난 것이다. '수도권 벗어나기'는 아내와 나의 오래전부터의 소망이었다. 한결이는 거기서 4학년과 5학년 1학기까지 보냈는데, 등굣길에 소가 풀 뜯는 모습도 보고 풀이나 들꽃도 보면서 학교를 잘 다녔다. 선생님은 숙제를 많이 내 주는 편이었는데, 아내와 나는 솔직히 그런 선생님이 싫었다. 한결이는 서울 외곽인 과천보다 청주 외곽의 시골 학교가 왠지 더 좋다고 했다. 너무나 다행이었다. 다른 아이들은 학교를 마치고 학원으로 직행하는 셔틀버스를 탔으나 우리는 한결이에게 집에서 '숙제만 하고 실컷 놀라'고 했다.

내가 근무하는 대학의 여러 교수님들은 "아이들이 아직 어리니까 그래도 시골 학교에 보내는 게 좋지요?"라고 말씀하셨다. 이 말은 중고등학교로 갈 때가 되면 도시로, 서울 쪽으로 보내는 것이 좋다는 뜻이다. 사실상 많은 분들이 중고등학교 아이만 있으면 도시로 나가거나 도시에 머물러 계신다. 본인은 시골에서 여유롭게 살고 싶은데도 말이다. 그러나 나는 아이들이 어려서뿐만 아니라 중고등학교에 가더라도 시골에서 시골의 정서를 듬뿍 느끼며 크는 게 더 좋다고 생각한다. 그래서 "교육 문제를 생각하시거든 시골로 가야죠!"라며 단호히 말한다. 물론 대학생 나이가 되면 (자기가 원한다면) 그 어디라도 보내어서 서서히 독립적인 삶을 살 수 있도록 준비시키는 편이 좋을 것이다.

한결이가 5학년이 되던 1999년, 나는 조치원의 캠퍼스 뒤편에 전통 귀틀집을 짓기 시작했다. 물론 귀틀집을 지어 오신 목수님과 인부들이 와서 주된 작업을 하고 나는 먹을거리와 모든 자재를 사다 나르며 흙벽치기나 사소한 뒷일을 거들었다. 전체적인 일의 관장은 내가 했다. 당시 마산에 계시던 부모님을 하루빨리 모시고 싶은 강한 열망에 모든 것을 단호하게 결심하고 일을 '저질러 버린' 것이다. 나중에 깨달은 것이지만, 시골에 아담한 흙집을 짓고 텃밭을 일구며 사는 꿈은 결코 이런 식으로 '저지르지' 않으면 평생 꿈으로 남을 뿐이다.

여하튼 1999년 가을에 집을 다 지은 뒤, 한결이를 고려대 캠퍼스 옆의 OO초등학교로 전학시켰다. 과천에서 청주로, 청주에서 조치원으로, 보통 사람들이 가는 방향과는 '반대로' 옮겨간 셈이다. 집에서 학교까지는 10리(4킬로미터)가 좀 못 된다. 첫째 아이(한결) 학교와 둘째(아름) 및 셋째 아이(한울)의 어린이집에 왔다 갔다 하기

시골 생활과 아이 교육 문제

가 처음 1년간은 좀 힘들었지만 그 이후로는 나도 적응이 되었다. 아침에는 내가 출근하면서 데려다 주었지만 하교길은 한결이가 초 등학교 병설 유치원에 다니는 동생들을 데리고 저희들끼리 걸어왔 다. 그리고 한결이는 과천보다 청주, 청주보다 조치원 학교가 더 좋 다고 했다. 얼마나 다행스러운 일인가. 그리고 사실은 이 얼마나 자 연스러운 일인가. 우리 부부도 모두 그렇게 자라지 않았던가?

OO초등학교는 한 학년에 한 학급만 있는 '작은 학교'라서 더욱 좋다. 선생님들도 아이들을 공부 많이 시키느라 '갈구기'보다는 '같 이 놀아 주는' 스타일이라서 너무나 좋다고 본다(대부분의 조치원 사람들은 학급 수가 많은 큰 학교로 아이들을 보낸다. 마치 일류 대학 을 보내려면 초등학교부터 큰 학교로 가야 한다고 믿는 것처럼). 지금 은 막내 한울이가 2학년, 그 위로 말괄량이 딸 아름이는 3학년에 다 닌다. 얘들은 겨울철만 되면 손등이 거북이 등처럼 된다. 어떨 때는 손등 갈라진 틈 사이로 피가 흐른다. 흙과 뒹굴며 잘 놀기 때문이다. 선생님께 보이기가 다소 창피하지만 '그게 아이들 아닌감?' 하며 스 스로 위로하며 넘어간다.

한번은 딸아이의 담임 선생님께서 "아름이 아빠는 자연주의자니 까!"라고 말해서 다소 당황스러웠다. 다른 말로 "딸아이 손등이 갈 라져도 그냥 놔두는 아빠!"라는 것이다. 좀 부끄러웠지만 결코 기분 나쁘지는 않았다.

중3인 한결이는 동생들과 사소한 일로 다투기도 하지만 대체로 잘 데리고 노는 편이다. 학교생활과 취미 생활, 친구 관계, 가정생 활 등이 비교적 균형을 이루고 있다. 아침에 자전거로 등교하고 학 교 공부는 스트레스 받지 않을 정도로 하고 있다. 학원은 전혀 다니지 않고 일주일에 화, 목 이틀만 고려대 국제어학원에서 영어 회화를 배운다. 내 경험상 외국어는 회화 중심으로 배우는 것이 옳다고 본다. 그래서 2년 전에 한번 해 보라고 했더니 자기도 만족하며 계속 다니고 있다. 토요일은 가끔 친구들과 축구를 하거나 몸이 이상하면 혼자서 보건소에 다녀오기도 한다. 중1, 중2 때는 학교에서 특기 적성으로 사물놀이를 했다. 장구를 제법 친다. 어릴 적부터 조금씩 배운 피아노도 이젠 제법이다. 집에서는 동생들과 여러 가지 게임도 하고 퍼즐도 맞춘다. 가끔 어려운 문제를 내게 물어보면 같이 풀어 보기도 한다.

한번은 중학교 선생님께서 영재 교육과 관련해서 전화를 하셨다. 수학 영재 교육을 받게 하면 어떻겠느냐는 말씀이셨다. 나는 "선생님 말씀은 고맙지만, 그냥 평범하게 키우고 싶습니다"라고 공손히 거절했다. 중학교 시절에 공부에 찌들었던 나의 경험이 결코 좋은 기억으로 남아 있지 않기 때문이었다. 물론 한결이는 스스로 판단을 못 내리고 있었지만 그렇게 썩 하고픈 생각도 아니었다. 나와 한결이는 지금도 그런 판단에 아무런 후회가 없다. 그저 건강하게 잘 크는 것이 고마울 따름이다.

이런 식으로 우리 아이들은 조금씩 커 간다. 봄이면 새싹이 올라오는 것을 너무나 신기해하고 올챙이를 잡아 개구리로 키운다고 법석을 떨며 강아지와 닭들을 보고 만지면서 친구처럼 지내고, 여름이면 모기나 나방과 싸우면서도 자두와 복숭아를 직접 산지에서 사 먹거나 얻어먹고, 가을이면 도토리와 밤을 줍고 낙엽이 떨어지는 이치와 단풍이 드는 원리를 배우며, 겨울이면 눈썰매를 타거나 눈사람을 만들고 고드름을 따서 칼싸움을 하는 우리 아이들, 이 녀석들이야말로 세상에서 가장 행복한 축에 들지 않을까 한다.

2003년 5월에는 어린이날 전후로 아내가 둘째와 셋째 아이를 위해 장에 가서 토끼를 한 마리 사다 주었다. 마침 어디서 주운 새장이 있어 그 안에 넣었다. 강아지나 고양이 등쌀에 견디지 못할 것 같아서였다. 둘째와 셋째가 마치 어린 동생 하나 얻은 것처럼 신기해하고 좋아했다. 자기들이 '토미'라는 이름도 지어줬다. 애들은 눈만 뜨면, 밥숟갈만 놓으면 토끼 보러 간다고 문을 열고 마당으로 나갔다. 유채꽃 잎이나 토끼풀을 뜯어 주면서 아이들은 너무나 행복해했다. 그런데 한 일주일이나 되었을까? 아침에 토끼를 보니 숨이 넘어간 것 같았다. 막내는 무덤덤한데 둘째는 '마치 지 애비라도 죽은 듯' 엉엉, 흑흑 울어댔다. 아침밥도 안 먹고 울기만 하더니 좀 풀이 죽었는지, 나중에는 "아빠-, 엉엉, 아침에 토미 데리고 동물병원 갔다가 학교 가요!"라고 말했다. 그러면서 또 울어댔다. 토끼가 너무 불쌍하다고 했다. 나는 속으로 "그래, 이게 바로 아이들 마음이지" 하면서 "토끼가 아직 안 죽었다면 동물병원 갈 텐데 너무 늦었어"라고 아이를 도닥거렸다. "아빠도 토미가 죽어 너무 슬퍼," "나중에 너희 학교 갔다 오면 토끼가 하늘나라 가게 잘 묻어 주자"고 하며 (어찌할 수 없는) 현실을 받아들이도록 했다. 그날 저녁 무렵 아이들 둘과 나는 '토미'의 장례식을 잘 치렀다. 아이들에게 모든 생명체에게는 탄생과 죽음이 같이 있음을 쉽게 일러 주었다. 아이들은 "토미야, 하늘나라 잘 가거라"며 인사했다. 나는 아이들에게 "다음에는 토끼를 두 마리 사서 잘 키워 보자"고 약속했다. 그때야 비로소 아이들은 다시 밝은 얼굴을 되찾았다.

그런데 내가 이런 식으로 아이들을 키운다고 말하면 많은 사람들은 이렇게 말한다. "참 좋지요? 아이들은 그렇게 커야 해." 하지만 그다음 말이 대개 이렇다. "그런데 아이들이 더 크면 어떻게 하실 거예요?" 중고등학교는 어디로 보낼 것이냐는 말이다. 그러한 말 뒤에는 "일류 대학에 보내기 위해서는 대전이나 서울, 아니면 최소한 청주로라도 내보내야 하지 않을까?" 하는 생각이 깃들어 있다. 중·고교를 도시로 가야 일류 대학을 가고, 일류 대학을 가야 행복해질 것이라는 생각(착각)….

이러한 물음에 나는 (너무나) '쉽게' 대답한다. "한마디로, '일류 대학 강박증'만 버리면 학생과 학부모, 그리고 선생님이 모두 해방될 것 아니겠습니까?"

조급증을 버린다는 것

많은 교육 심리학자들의 연구에 따르면 아이들은 어릴 적부터 자신과 관계하는 모든 이들과의 친밀하고 솔직한 소통을 필요로 한다. 또 자라는 단계마다 습득하고 체험해야 하는 독특한 내용과 과정들이 있다. 그런데 만일 아이들이 경험하는 모든 관계들이 조급증에 의해 지배된다면, 비록 시장에 팔릴 수 있는 '상품'으로는 남보다 빨리 진출할 수 있을지 모르나 (건강한 인격체의 관점에서는) 그 내면이 부실하여 곧 쓰러지고 말 것이다.

막내아이 한울이가 글씨를 잘 모르는 채 초등학교에 들어간 지 벌써 1년하고도 몇 개월이 흘렀다. 받아쓰기 시험을 보면 어떨 때는 8, 90점을 맞으나 어떨 때는 40점을 받기도 한다. 둘째 아이 아름이는 2학년 때 받아쓰기를 하면 겨우 8, 90점을 받았고, 구구단은 아예 몰랐다. 3학년이 되니 좀 한다. 당시는 선생님께 창피스럽기도 하고 아이에게 화가 나기도 했다.

그러나 조금만 생각해 보면 그럴 일이 아니다. 따지고 보면 이 녀석들은 한글과 셈하기 등을 모르기에 그걸 배우러 학교에 가는 것이 아닌가? 그리고 하루에 하나씩이라도 배우고 오면 될 게 아닌가? 나아가 어제 배운 것을 오늘 까먹거나 어제 알던 것을 오늘 틀리게 썼다고 해서 무엇이 그렇게 잘못 되었는가? 어른들의 체면과 위신, 자존심 때문에 아이를 성급하게 닦달하는 것이 아닌가?

그럴 때마다 나는 나 자신 초등학교 2학년 때의 기억을 떠올린다. 담임 선생님이 산수 시간에 분수를 가르치신 것 같다. '1/2+1/3은 얼마?' 하는 것이었다. 통분 개념을 잘 이해하지 못했던 나로서는 분모는 분모대로, 분자는 분자대로 더하면 되겠지 생각해서 2/5라고 답했다. 선생님이 한꺼번에 모든 아이에게 물어보실 수 없으니 좀 잘하는 아이들과 둘씩 짝을 맺어주면서 귓속말로 답을 말하라 하고 답이 맞은 학생과 틀린 학생을 양편으로 갈라놓았다. 물론 나는 틀린 답을 말한 아이들 쪽에 서 있었는데, 그 당시는 창피한 줄도 몰랐다. 더욱이 내가 왜 틀렸는지도 몰랐다.

맞다. 바로 이것이 아닐까? 지금의 우리 아이도 자기가 쓴 글씨가 왜 틀렸는지 잘 모를 것이다. 그리고 왜 어른들이 화를 내는지, 또 왜 벌을 주는지, 왜 점수를 가지고 자기를 다르게 대우하는지 이해가 안 될 것이다(사실 이것이 아이들에게 '이해되기' 시작하면 바로 그때부터야말로 진짜 문제다. 점수로 사람을 평가하는 방식 자체를 아이들이 드디어 내면화하고 '자기 규율화'하기 때문이다).

사실, 한결이가 맨 처음 피아노를 배울 때도 아내와 나는 피아노 선생님께 "진도보다는 아이가 피아노를 즐길 수 있도록 지도해 주세요"라고 당부했다. 선생님 역시 활짝 웃으며 좋아하셨다. 흥미롭게도 2008년에 나온 영화 「벤자민 버튼의 시간은 거꾸로 간다」에서도 요양원의 한 할머니가 벤자민에게 피아노를 가르쳐 주면서 비슷한 말을 한다. "중요한 건 잘 치는 것보다 음악을 느끼는 거야. 느낌을 담아서 연주해 보렴."

악기나 음악만이 아니라 글씨나 셈하기, 그 외 대부분 우리가 학습하는 것은 시간이 가면서(체험과 대화, 자기 생각과 자아 성찰 등 다양하고 풍성한 삶의 과정들 속에서) 서서히 그러나 끈기 있게 학습하다 보면 자연히 알게 되는 것이 아닐까? 아마 이것은 우리가 엘리베이터를 탔을 때 가만히 기다리면 문이 닫히는데도 바로 그 몇 초를 참지 못해 닫힘 단추를 꼭 누르는 경우(때로는 여러 번 반복해서 누르는 사람도 있다)와 마찬가지이리라. 다시 한번 강조하건대, 인생은 속도나 높이가 아니라 과정과 느낌이다!

이런 맥락에서 나는 아이들의 성장 과정에서 '가족 회의'가 꽤 중요했다고 본다. 매주 목요일 저녁, 아내와 나는 아이들 세 명과 밥상에 앉아 자유롭게 이야기를 나누는 분위기를 만들었다. 아이들에게도 "무슨 얘기든 너희가 하고 싶은 말을 하라"고 했다. 불평, 불만, 소망, 요청 등 무엇이건 경청했다. 그리고 자상하게 소통했다. 일 주일, 이 주일, 한 달, 두 달이 가니 가족 회의는 너무도 자연스럽고 행복한 시간이 됐다. 아마 그 과정에서 아이들은 자기 내면과 정직하게 접촉하는 법을 배웠을 것이다.

시골 생활과 아이 교육 문제

대안 교육 운동과 아이의 성장

이런 관점에서 다시 아이들 교육을 바라보면 크게 두 가지 대안이 있을 것이다. 이것은 나의 경우, '과연 우리 아이들을 장차 어떤 학교로 보낼(또는 어떤 교육을 시킬) 것인가'라는 문제와 직결되어 있는데, 아직 결론은 내리지 못했다. 아이들과 함께 오랫동안 이야기를 나누면서 결정할 것이다.

두 가지 대안 중 하나는 현재의 제도 교육 안에서 참교육 운동을 더욱 왕성히 불러일으키는 것이고, 다른 하나는 공동체 마을 학교나 홈스쿨링, 이념형 대안학교 따위와 같이 아예 제도권 밖에서 완전히 대안적 개념으로 새로운 교육을 시도하는 것이다.

말할 필요도 없이 둘 다 쉬운 일은 아니다. 그러나 따지고 보면 둘 다 불가능한 것도 아니다. 수많은 선생님들이 밥줄을 걸고 싸운 결과 전교조 중심의 참교육 운동이 제도권 안에서 뿌리내리고 있고, 공교육 내부에서도 '작은 학교' 만들기 논의가 있다. 물론 아직도 많은 '꼴통'들이 윗자리를 차고앉아 무가치한 통제와 간섭만 일삼고 있음에도 현장은 서서히 그러나 끈질기게 변화하고 있다.

나아가 홍성의 풀무학교나 산청의 간디학교, 무주의 푸른꿈학교, 서울의 청소년작업장학교 하자센터처럼 제도권 밖에 대안적 개념으로 만들어진 학교들도 재원과 인력이 부족함에도 불구하고 나날이 더 큰 사회적 관심을 얻어 가고 있다. 그곳에서 배출된 학생들이 중고등학교 시절을 행복하게 보내면서도 바르고 성숙한 인간으로 자라는 모습을 잘 보여 주고 있다. 예컨대, 2003년에 고3이 되어 '오로지 대학을 가기 위한 공부'가 싫어 자퇴를 하거나 방송고등학교로 전학하려는 마음을 가지기도 했던 신 모 학생은 생각 끝에 부모님, 학교와 상담을 하여 교내 예체능 반에서 오전 수업만 받고 '하자센터'로 가서 영상 아카데미 강의를 즐겁게 듣고 있다. 이 학생은 "학교가 유연하지 않다면 갈등과 괴로움 속에서 학교생활을 마무리할 수밖에 없었을 것"이라 털어놓았다(『한겨레』, 2003. 3. 31).

물론 제도권 안의 참교육 운동의 경우 교육 관료들, 특히 일제 잔재가 청산되지 않은 교육 분야 전문가들의 간섭과 통제는 큰 벽이다. 그리고 아직도 교육이 '경쟁력 강화'의 도구라면서 교육을 경제의 수단으로만 바라보는 편협한 시각을 가진 사람들의 보수적 이데올로기를 내면화하면서 지속적으로 재생산되고 있는 후속 관료 세대들의 관성도 문제다. 이 모두를 극복하고 진정한 참교육을 구현하는 것은 결코 쉬운 문제가 아니다. 나아가 제도권 내 참교육 운동만으로 참교육 운동이 성공하기는 어렵고 정치경제적 체제를 변혁해야지만 비로소 참교육 운동이 성공할 수 있다는 지적과 비판도 거세다. 요컨대, 대학입시와 노동시장이라는 양대 장애물은 우리의 영원한 과제다.

다른 한편 자연과 어우러지는 곳에 세워진 대안학교 모델에 대해 많은 이들이 비판을 한다. 일례로, 중산층 이상의 돈과 시간이 있는 사람들의 자녀들만 혜택을 보는 것 아니냐, 결국 대안학교도 계급적 불평등을 재생산하는 데 기여하는 것이 아니냐 하는 비판이다. 심하게는, 바로 그런 관점에서 약육강식, 적자생존이라는 시장의 논리를 전면적으로 수용하는 신자유주의와 다를 바가 없지 않느냐 하는 비판도 있다. 이것도 맞는 말이다. '자립형 대안학교' 같은 모델들은 표면적으로 내세우는 '자율'과 '선택'의 구호와는 달리 높은

시골 생활과 아이 교육 문제

학비 부담을 질 수 있는 가진 자들만의 특별한 학교가 되어 새로운 엘리트 교육을 재생산하는 오류를 범할 수 있기 때문에 신자유주의 패러다임이라는 그런 비판이 가능할 것이다.

그러나 기존의 교육 제도를 사회-생태적으로 비판하면서 그 오류를 극복하고자 출발한 많은 이념형 대안학교들까지 그렇게 몰고 갈 필요는 없다. 물론 학비 부담은 일반 학교에 비해 더 크며 거리도 먼 것이 흠이다. 하지만 이것은 국가적(=전 사회적) 지원이 적거나 거의 없기에 그러한 것이며, 또 이제 갓 새로 만들기 시작한 것이기에 동네마다 만들 수 없기 때문에 그러한 것이다.

마치 땅과 사람을 모두 살리는 건강한 유기 농산물이 농약과 제초제로 길러진 일반 농산물에 비해 비싸다고 하여 중산층 운동이니 신자유주의니 하며 비판하는 것과 비슷한 오류를 범할 수 있다. 처음에는 비싸더라도, 아니 오히려 비싼(=정당한) 대가를 치러 가면서라도 올바른 일에 대해서는 신념을 갖고 일관되게 추진할 필요가 있다. 지금의 대량 생산 방식으로 지나치게 값싸게 생산한 상품들은 사실은 인간과 자연의 남용과 파괴를 대가로 해서 만들어진 것이기에 정당하지 않은 것이 대부분이다.

교육도 마찬가지다. 따라서 인간과 자연에 대한 파괴와 착취, 억압과 지배, 오만과 남용의 잘못된 패러다임을 근본적으로 극복하고자 하는 그런 대안 교육이라면, 그 어떠한 비판과 비난이 쏟아지더라도 절대로 '처음의 뜻'을 굽히지 말고 (물론 귀와 마음은 열어 놓고) '처음처럼' 줄기차게 밀고 나갈 필요가 있다.

그럼에도 이런 학교들조차 제도권 내 참교육 운동과 마찬가지로 사회 구조 전체가 변하지 않은 상태에서 마치 '섬처럼' 자기들끼리만 좋은 교육을 한다고 참교육이 되겠느냐 하는 비판은 정당하다. 따라서 자체적인 오류 점검과 더불어 일상적 자기 혁신이 필요하고, 나아가 제도권 내에서 보수 기득권 세력에 저항하면서 새로운 시도를 하는 모든 진보 세력들과도 '생동하는 연대'를 이루어 내야 한다. 이런 면에서 더 이상 교육을 하나의 학교 건물을 중심으로 생각하는 것을 탈피하는 것도 좋겠다. 그 대신 구심점은 있되, 마을, 도서관, 박물관, 전통시장, 놀이터, 논밭, 텃밭, 작업장, 문화예술 공간, 복지회관, NGO(시민사회단체), 공원, 광장, 의회, 산, 숲, 강, 바다 등 모든 삶의 공간을 유기적으로 연결하는 '배움과 성장의 네트워크' 형태로 교육의 패러다임을 바꾸는 것도 좋겠다. 그래야 비로소 이 모든 노력이 진정한 혁신으로 승화할 것이다.

그 뒤로 아이들 셋은 어떻게 성장했을까?

한결이가 일반 중학교 2학년이던 어느 날, "아빠, 제 꿈이 생겼어요." 했다. 평소에 꿈을 꾸는 게 중요하다고 했던 내 귀가 번쩍 열렸다. 무슨 꿈인가 물었더니 "중학교 교장 선생님이요!"라 했다. 참 특이하다 싶어 왜 그런가 물었더니, 이렇게 말했다. "지각한다고 종아리 때리지 않고 머리 좀 길다고 바리깡으로 밀어버리거나 시험 문제 틀렸다고 가슴 쥐어박지 않는 그런 학교를 만들고 싶어요."

그 말에 내 가슴이 먹먹해졌다. 이건 꿈이 아니라 고통(!)의 호소였다. 아들 손을 잡고 초등학교 입학식에 갈 때 '송아지를 끌고 도살장으로 가던' 느낌이 다시 살아났다. 곰곰 생각해 보니, 일반 고등학교로 진학하면 아이가 도무지 견디기 어렵겠다 싶었다. 잘못하면 애 죽일지 모른다는 예감마저 들었다. 그래서 일단은 중학교를 마치고 고교 진학 때 좀 색다른 곳으로 가고 싶은지 물었다. "그게 어디예요?" 그래서 내가 응원하던 간디학교(산청)의 여름 계절학교(4박 5일)를 추천했다.

그렇게 간디 계절학교를 다녀온 한결이는 "아빠, 제가 만들고 싶은 학교가 바로 거기였어요!"라며 정말 좋아했다. 그래서 고등학교는 대안학교인 산청 간디고로 갔다.

한결이는 거기서 사물패(장고)랑 축구에 흠뻑 빠져들었다. 우리가 수시로 "학교가 어떠냐?"고 물으면, 무엇보다 학생들의 인격을 존중하면서도 친구같이 대해 주는 쌤들이 좋고 학교 분위기도 자유로워서 좋다고 했다. 아이가 늘 행복하게 지내니 우리 부부도 늘 마음이 편안했다.

2006년, 아이가 고3이 되었을 때 자의 반 타의 반으로 학부모 회장과 동시에 운영위원장까지 맡게 되었다. 내가 '소띠'라 그런지 늘 일이 많이 따라다녔다. 당시는 마을 이장도 하면서 불법적 고층 아파트 반대 투쟁을 하고 있었기에 더 정신없이 1년을 보냈다. 졸업식날 아이들이 하나씩 무대 위에서 졸업 소감을 말했다. 한결이는 "엄마 아빠가 저를 믿고 간디학교에 보내 주셔서 정말 감사하다"고 울먹였다. 그 말에 나도 아내도 눈물이 고였다. 감사와 기쁨이 뒤섞인 눈물. 나는 속으로 "짜슥, 마이 컸네. 간디 쌤들 정말 고맙심더"라고 내뱉고 있었다.

간디학교를 졸업하기 직전에 한결은 장래 진로로 재즈 피아니스트가 되고 싶다고 했다. 처음엔 엉뚱했지만 찬찬히 듣고 보니 일리가 있었다. 초등 시절에 피아노를 진도 위주가 아니라 느낌 위주로 배우기 시작했는데 몇 년이 지나자 좀 지겨워서 그만하겠다고 한 적이 있었다. 그래서 나나 아내는 "그럼, 다음에 하고 싶을 때 하라"고 했었다. 그랬던 것이 간디학교에 다니면서 다시 '삘'을 받은 것 같았다. 한결이 말로는 간간이 음악실에서 흘러나오는 피아노 소리에 자기도 모르게 빨려 들어갔다고 했다. 그 정도면 우리 부부도 한결의 꿈을 밀어주는 게 좋겠다는 입장이었다.

그래서 어느 날 학교를 방문했을 때 음악 쌤께 여쭈었다.

"우리 한결이가 재즈 음악을 하고 싶다는데 어떻습니까?"

내 질문에 쌤은 "예사롭지 않습니다" 했다.

내가 (혹시라도 천재성이 있나 해서) 깜짝 놀라 "뭐가예?"라고 하니, 쌤은 "실력은 아니고요, 의지가 예사롭지 않던데예" 했다.

나와 아내, 그리고 쌤도 한바탕 웃었다. 그런데 웃으며 생각하니, 차라리 그게 잘 되었다 싶었다. 만일 실력은 있는데 의지가 없다면 아무 소용 없지 않은가? 의지가 강하다면 실력이야 시간을 두고 천천히 쌓으면 될 일 아닌가? 한 번 사는 인생, 까이 꺼 조급하게 덤빌 일이 있나 싶었다. 그래서 여쭈었다.

"그러면, 앞으로 우짜면 됩니꺼?"

쌤이 자상하게 말했다. "졸업하고 바로 재즈 음악을 하는 대학에 갈 수는 없으니 서울의 대학로에 있는 서울재즈아카데미(SJA)에서 1~2년 열심히 하면 실용음악학교에 진학할 수도 있고 현장 연주를 할 수도 있을 겁니다."

사실, 당시 한결의 실력으로는 서울재즈아카데미에 들어가는 것도 불가했다. 한결이는 좋은 선생님을 소개받아 열심히 준비했다.

내가 한 일은 원룸 하나 전세로 얻어 주고 학비를 내 준 것. 한결이는 자기가 선택한 일이니 진짜 몰입했다. 마침내 서울재즈아카데미에 입학했고, 눈에 불을 켜고 피아노를 쳤다. 그사이에 군 복무도 마치고 꽤 시간이 흘렀다.

어느 날 전화가 왔다. "아빠, 저 합격했어요."

"어디에 말인가?"

"버클리 음대요."

"뭐? 샌프란시스코 근처의 버클리대학교 음대?"

나는 미국 서부 캘리포니아대학 버클리(UC, Berkeley) 캠퍼스 외에 그 반대편 동부 보스턴에 버클리(Berklee) 음악대학이 있는 줄 처음 알게 되었다.

"대체 우째 된 일이고?"

"원래 버클리 음대 사람들이 한 번씩 전 세계를 다니며 신입생 오디션을 보는데, 제가 뽑힌 거예요."

"아따, 잘 됐다. 그런데 학비는 우짜노? 많이 비싸제?"

"비싸긴 한데, 장학금도 좀 받게 되었어요."

그렇게 해서 한결이는 서울재즈아카데미를 거쳐 보스턴의 버클리 음대로 가서 재즈 피아노와 작곡을 공부했다. 열심히 한 덕에 등록금의 절반을 장학금으로 받기도 했지만, 내 월급이 상당 부분 한결이 아래로 들어갔다. 자기가 꿈꾸던 길을 가겠다니, 끝까지 밀어주는 수밖에.

보스턴에서 졸업한 뒤에는 OO대 대학원에 가서 석사 공부까지 하고 싶다고 했다. 석사 과정을 밟으면서 조교도 했는데, 학부 학생들 개인 레슨을 수업으로 해 주기도 했다. 나는 한결이더러 이왕 내

친김에 석사를 한 뒤 박사까지 하고 싶으면 다 하라고 했다.

그러나 한결은 미국 생활에 지쳤는지 석사까지만 하고 귀국하고 싶다고 했다.

그렇게 해서 한결이는 간디학교를 졸업한 지 10년 만에 꿈꾸던 재즈 피아니스트가 되어 돌아왔다. 지금 한결이는 피아노 쌤으로 열심히 산다. '느낌'을 중시하는 한결이의 피아노 철학은 "피아노를 잘못 치는 일은 없다. 모두 피아노의 다른 소리일 뿐"으로 요약된다. 서울의 연습실 두 군데에서 "자기만의 스타일"을 원하는 사람들을 위해 개인 레슨을 한다. 동시에 주 3일 정도 국제학교의 음악 교사로 나간다. 짬이 나는 대로 맘이 맞는 밴드와 공연도 한다. 이렇게 자기 하고 싶은 일을 하면서도 생계를 해결하니 이보다 더 좋을 순 없다.

둘째 아름과 막내 한울은 초등 시절부터 간디학교를 다니던 한결이가 행복한 모습을 보고 늘 "우리도 간디학교 갈래요"라며 노래를 불렀다. 그래서 초등학교만 동네에서 다녔고 중학교부터는 제천 간디학교로 가게 되었다. 입학 초기에는 주말마다 집에 오더니 시간이 갈수록 간격이 뜸해졌고, 나중엔 방학 때만 집에 왔다. 아름이는 간디학교에서 다양한 경험을 하면서 대체로 동생 한울이랑 행복하게 보냈다. 물론, 학교에서 스스로 정한 규칙상 금지된 일(예, 치킨사 먹기)을 한 덕에 반성문을 쓰고 울다 웃다 하기도 했다.

"죄송합니다. 학교 식구들과의 약속을 어겼습니다. 치킨이 너무 먹고 싶어서 노작 시간에 학교를 빠져나와 마을회관 옥상에서 먹었습니다. […] 식구들에게 진심으로 사과드리고 진심으로 반성하고 있습니다."

시골 생활과 아이 교육 문제

그런데 이 '치킨 반성문'에서 아롬이가 억울한 데가 있다 했다. "(치킨 두 마리) 돈은 2만4천 원이었는데, 아롬이는 돈이 없었고 종화, 경란, 다모가 8천 원씩 모아서 돈을 냈습니다." 남호섭 쌤의 시집 『이제 호랑이가 온다』 78쪽에 이 '치킨 반성문'이 나온다. 여기서 아롬이가 "돈이 없었"던 이유는 원래 학교 규칙상 매월 용돈 3만원(주말용 내지 차비용)을 부모에게 받더라도 일단은 쌤한테 맡겨놓아야 했기 때문! 결론: 용돈과 관련, 아롬이는 모범생이었다.

한편, 아롬이는 고1 시절 필리핀 이동학습(한 달 내외)을 생생히 기억한다. 오전에는 영어, 인문학 등을 배우고 오후에는 지역 봉사, 공연예술, 그리고 시장이나 마을 구경 등을 했다. 아무래도 친구들끼리 맘대로 돌아다니며 새로운 것을 느끼고 배우는 체험활동이 좋았을 터.

아롬이는 초등생 때부터 무용을 하고 싶다 해서 꽤 오래 했는데 제천까지 학교를 다니니 방학 때만 조금씩 했다. 학교에서는 춤 동아리('미지정')와 빵 만드는 동아리 '빵아저씨' 등에 관심을 갖더니 결국 제과제빵사가 되는 걸 자기 꿈으로 삼게 되었다.

자기가 원하는 것을 목표를 세우니 무엇을 할지 자연스레 정해졌다. 제천 간디학교는 비인가 학교라 대학 진학을 위해선 중학교 검정고시도 봐야 하고 고교 검정고시도 봐야 했다. 엄마 아빠가 책만 사 주니 자기가 알아서 공부했고 거뜬히 합격했다.

마침내 제과제빵을 공부할 수 있는 전문대학에 가서 1년간 열심히 하더니 어느 날 캐나다로 가서 공부를 하고 싶다고 했다. 왜 느닷없이 캐나다인가 했더니 내가 2011년 토론토 대학에서 1년간 연구를 할 때가 생각났다. 아롬이도 엄마 아빠랑 거기서 1년간 현지 고등학교를 다닌 적이 있었다. 센트랄텍 고등학교였는데, 한국식으로 일종의 특성화 학교였다. 좀 더 자세한 내용은 내가 『더불어 교육혁명』에 소개한 바 있다. 그때 아롬이가 경험한 토론토 분위기도 좋았고 향후에 공부하러 오고 싶다는 마음이 싹튼 것 같기도 하다. 그러나 무엇보다 현지 친구들을 두루 사귀었는데, 아마도 아롬이와 계속 연락을 하면서 지낸 듯하다.

생전 영어 공부라 하면 고개를 흔들던 아롬이가 캐나다로 공부하러 가겠다고 결심을 하니 자기가 먼저 가방을 싸 들고 서울 강남 학원가를 찾아갔다. 인근 유학원을 통해 어학 준비랑 제과제빵 분야 전문대학 지원 서류랑 코칭을 받았다. 그렇게 나름 열심히 하더니 마침내 토론토의 한 전문대에 합격했다고 연락이 왔다.

그렇게 해서 아롬이는 토론토의 한 전문대에서 나름 열심히 제과제빵을 배웠다. 졸업 후엔 몇 군데서 파트타임 일을 하다가 (토론토에선 꽤 알려진) 프랑스식 제과점에 취업을 했다. 내가 은근히 걱정되어 어떻게 일하는지 물어보면, 빵 만드는 일은 그리 힘들지 않은데, 사람 관계가 쉽지 않다고 했다. 특히, 함께 일하는 동료나 선배들 중에 가끔 자기 일을 아롬에게 미루듯 하는 것이 너무 짜증 난다는 얘기였다. 나는 딸에게 처음이라 그러니 좀 지나면 나아질 거라고 토닥였다.

그래도 좋은 점은 출퇴근 시간이 명확하고 휴가도 원하는 때에 챙기는 것! 특히 한국의 제과제빵점과 달리 새벽 일찍 출근할 필요가 없어 좋아 보였다. 월급이 많진 않지만 간디학교 졸업 후 5년 만에 자기가 원하던 공부를 한 뒤 꿈꾸던 일을 하며 살게 되었으니 나름 성공한 셈이다.

시골 생활과 아이 교육 문제

아롬이는 이제 제빵제과에 자신이 붙은 모양이다. 현지의 친구나 지인 들을 위한 생일 케이크를 직접 만들기도 하고, 엄마에게 집에서 먹을 건강빵을 만드는 방법을 가르쳐 주고 가기도 했다. 딸 덕에 나와 아내는 가끔 건강빵으로 아침 식사를 하며 행복감에 젖는다. 최근에는 아롬이가 웹디자인 분야에 관심이 생겨 신나게 배운다고 한다.

흥미롭게도 아롬이는 운이 좋아 토론토 도심지에 있는 일종의 사회주택에 제법 오래 살았다. 어쩌다 빈집을 검색했는데 비정부기관에서 운영하는 '여성의 집' 같은 게 있었던 모양이다. 거기서 아롬이는 비교적 싼 월세를 내며 빵 만드는 직장에 나갔다.

그러던 어느 날 아롬이는 인생의 동반자를 만나게 되었다. 아내와 나는 좋아하면서도 은근히 걱정스러웠다. 다른 무엇보다 사람 그 자체, 즉 인성이 좋으면 좋겠다고 생각했다. 그 뒤에 영상 통화를 하면서 표정을 보니 인상이 좋았다. 아롬이도 좋다고 하고 서로 좋아하니, 서로 존중하며 잘 사귀다가 나중에 결혼하고 싶으면 하라고 했다.

그렇게 해서 (한결이가 2018년에 결혼한 데 이어) 아롬이도 2022년, 양가 부모와 형제들을 모시고 한식 음식점에서 상견례 겸 간소 결혼식을 조촐하게 올렸다.

막둥이 한울은 '막내의 이점'을 맘껏 누리며 자랐다. 유치원 시절부터 한 살 위인 누나(아롬) 덕을 톡톡히 보았다. 유치원생임에도 누나는 누나였다. 가방이나 신발도 잘 챙기고 집과 학교를 오갈 때도 손잡고 다녔다. 내가 대학 연구실에 있을 때에는 방과 후에 연구실로 와서 숙제를 하곤 했다. 당시 고려대 직원이나 학생들 중에는 아롬이와 한울이를 익히 아는 이가 많았다. 어떨 때는 아이스크림 같은 걸 물고 들어왔다. 어떤 언니(형)가 귀엽다고 사 준 것.

초등학교를 졸업한 한울이도 한 해 뒤에 누나를 따라 제천 간디학교로 갔다. 아마도 누나가 1년 먼저 졸업한 뒤엔 많이 허전했을 것이다. 늘 같이 지내다가 누나가 훌쩍 떠났으니, 마치 시집간 누나를 둔 동생처럼 가슴 한켠이 휑~했을 터. 그런 상태에서 제천 간디학교에서 오누이가 다시 만났으니 얼마나 신이 났을까? 게다가 남녀 공간은 다르지만 같은 기숙사 생활을 하니 집이나 학교나 별반 다르지 않았을 게다. 중간중간에 제천에서 조치원까지 오갈 때도 오누이가 함께 다니니 나도 아내도 든든했다.

한울이는 간디학교에서 '축구에 살고 축구에 죽을' 정도로 축구를 좋아했다. 동아리 활동을 세가지나 했는데, 축구, 밴드(드럼), 커피 동아리였다. 한울이가 '돼지띠'라 그런지 어릴 적부터 먹성이 좋았는데 그래서인지 음식에 관심이 많았다. 중학 과정을 마치고 고교 과정에 오르기 전에 소논문을 발표하는데 한울이가 정한 주제는 '유기농 천연 재료로 소스 만들기'였다. 형식상으로는 교과 담당 쌤이 지도교사였지만, 실질적인 지도는 영양사 쌤한테 거의 다 받은 냄새가 풍겼다.

그렇게 잘 먹고 운동도 많이 한 덕에 큰 스트레스 없이 학교생활도 잘 해냈다. 키도 쑥쑥 자라 180센티미터가 넘었다. 170도 안 되는 아빠가 보기에 한울이는 약간 돌연변이다. 매우 바람직한 돌연변이!

간디학교를 졸업한 뒤 2014년 한 해 동안 한울이는 제주도로 가서 빈 땅을 빌려 유기농 농사를 지었다. 아마도 농사 수업 시간에 담당 쌤이 일을 재미있게 하면서도 농사가 얼마나 중요한지 '세뇌'를 잘 시킨 모양이다. 무슨 마음에서인지 제주도까지 가서 농사를 짓고 싶다 해서 내가 제주의 '언니네 텃밭' 아지매들께 물어물어 빈 땅을 찾았다. 만 20살도 안 된 애송이가 홀로 농사를 짓겠다고 나섰으니 현지 농민들이 신기하게 여겼고, 그것도 대학교수 아들이 농사를 짓는다 하니, 다들 혀를 껄껄 찼으리라.

그러나 나와 아내는 우리 막둥이가 참 대견하다며 전폭 지지했고, 한두 차례 제주도를 방문, 한울이가 어떻게 지내는지 둘러보기도 했다. 주변에서 한울이를 보살펴 주던 '언니'들을 만나 식사를 대접하며 얘기를 들으니 한울이는 묵묵히 일도 잘하고 가끔 마을 어른들 일을 잘 거들기도 한다고 했다.

만일 정말 먹을 게 없어 농사를 짓겠다고 했다면 팔을 걷어붙이고 말렸겠지만, 그렇게 안 해도 되는데 그렇게 한다 하니 오히려 더 느긋한 마음으로 응원을 해 줄 수 있었다. 사실, 평소에 나는 농사야말로 모든 경제 분야 중 가장 기본이라 생각하고 있었기에 만약 한울이가 농사 전문가의 길로 가겠다 하면 힘껏 지지해 주어야겠다고 생각 중이었다. 농사 전문가를 위한 '(국립)한국농수산대학교'도 있지 않던가. 지금의 기후 위기가 더 심각해져 그야말로 '6차 대멸종'이 온다면, 그리하여 완전히 새 세상을 다시 만들어야 한다면 농사를 알아야 생존이 가능하다는 점에서도 농사는 과거가 아니라 미래를 위해 필요하다. 나라 정책도 이런 시각을 바탕으로 나와야 한다.

마침내 한울이가 농사지은 소출이 있어, 전국 각지의 지인들에게 한울이가 직접 재배한 옥수수나 당근, 감자를 사 달라고 알렸다. 많은 지인들이 '격려와 응원'을 보냈다. 농산물도 작고 귀여웠지만 택배 속 쪽지 글도 일품이었다. "파종을 하고 날마다 밭에 가서 하루가 다르게 자라는 옥수수를 보며 뿌듯했습니다. 드디어 옥수수가 태풍을 이겨내고 수염이 마르기 시작했습니다. 농사꾼으로 첫 수확이에요. 가끔가다 꿈틀거리는 벌레가 있을 수도 있습니다. 살아 있는 유기농 인증 마크라고 생각해 주세요. 우리도 지구한테는 벌레 같은 존재 아니겠습니까? 초보농부 강한울."

그렇게 1년간 농사 체험을 한 뒤 2015년 여름부터 한울이는 2017년 초까지 군 복무를 하게 되었다. 흥미롭게도 한울이는 군대 내무반 생활을 하면서 고교 검정고시에 합격했다. 아마도 중대장은 자유시간에 공부하는 한울이가 기특했을 것이다. 이런저런 책도 사 주고 마음으로 격려도 많이 했다고 한다. 무엇보다 내무반 생활이 같은 계급 동료들끼리 하게 되어 이른바 고참의 갈구기가 없어 너무나 편했다고 한다. 그런 식으로 군대도 민주화가 되면 좋으련만.

그렇게 군 생활을 마치고 제대하자마자 한울이는 경로 변경을 해서 다른 꿈을 꾸었다. 자기가 좋아하는 축구도 즐기면서 생계도 해결할 길을 찾은 것이다. 그것은 축구 선수들의 다리 부상을 치료해 주는 물리치료사! 그렇게 방향타를 잡으니 한울이 역시 누나처럼 자기가 하고 싶은 분야를 찾아 전문대에 진학했다.

나중에 알고 보니, 키다리 한울이가 농사일을 하느라 매일 오랫동안 허리를 구부린 바람에 허리나 골반이 좀 뒤틀렸던 모양이다. 그래서 내심 다른 걸 찾던 중 평소에 좋아하는 축구와 연관된 물리치료의 길을 찾았던 것.

목표 의식이 있으니 한울이는 뒤늦게나마 대학 공부를 열심히 했다. 전문대 졸업 후에는 일반대로 편입하고자 했다. 나와 아내는 경제적 지원을 하면서, 한울이가 하자는 대로 무한 지지를 보냈다. 한

시골 생활과 아이 교육 문제

울이는 '간디학교가 네게 준 가장 큰 의미가 뭐라 보느냐?'는 내 질문에 "어떻게 살아야 할지 고민하는 시간을 준 것 같다"고 했다. 그래서인지 한울이는 다소 똥고집도 세지만 늘 '내면의 느낌'에 충실하게 산다.

그 뒤 한울이는 병원이 딸린 일반 대학에 편입한 뒤 1년이 지나자 코로나 사태가 터져 온라인으로 수업을 듣기도 했다. 2020년 코로나 초기에 엄마가 다리를 다쳐 수술 후 회복 중일 때, 한울이가 그간 배운 걸 응용, 재활에 도움주기도 했다. 엄마가 아들 덕을 톡톡히 본 셈! 그 뒤 졸업반 시절엔 강릉시 축구팀 소속의 물리치료사를 보조하는 인턴십도 했다.

그런 경력이 인정되었는지 2022년 1년 동안은 대학 축구팀에서 물리치료사로 일했고, 2023년부터는 다른 소도시 축구팀에서 일한다. 이렇게 한울이 역시 자기가 좋아하는 일을 찾아 공부를 하고 생계도 해결하니 이 정도만 해도 작은 성공 아닌가?

게다가 한울이 역시 간디학교에서 만난 여자친구랑 오랫동안 교제 중이다. 이렇게 아이들 셋 모두 자기가 좋아하는 일을 찾고 또 서로 좋아하는 짝을 만났으니, 나도 아내도 행복하지 않을 수 없다.

다르게 산다는 것의 의미

베크 부부의 아담 이야기와 우리 부부

'녹색평론사'에서 나온 『아담을 기다리며』는 나에게 '신선한 충격'을 주었다. 이 책은 하버드 대학의 박사 과정 학생 부부인 마사 베크와 존 베크가 뜻하지 않게 두 번째 아기를 임신한 뒤 학문적(세속적) 성공과 생명 존중이라는 갈림길에서 고뇌하는 과정을 그린 책이다. 생명체를, 그것도 다운증후군을 가진 아기('아담')를 낳자니 박사 되기를 포기해야 하는 상황에서 그들은 긴 고민 끝에 지혜롭게도 성공보다는 생명이라는 길을 택했다. 일단 이런 단호한 결단을 내린 뒤에 그들은 아기가 배 속에 있는 동안 진정한 평화와 사랑을 누렸으며, 출산 무렵에는 지금까지 그들이 살아온 것과는 전혀 다른 안목으로 세상을 보게 되어, 과연 무엇이 소중하고 무엇이 하찮은 것인지에 대해 근원적 깨달음을 얻게 되었다고 한다.

그것은 한마디로, 삶의 속도를 늦추어야 할 필요성을 깨달은 것이었으며, 우리들 안팎에 있는 '작은 것들' 속에 아름다움과 진리가 있다는 깨우침이었다. 이러한 깨달음의 결과 그들의 삶은 지금까지와는 전혀 다른 방식으로 풍요로워지고 진정한 내면의 행복을 얻게 되었다. 마사 베크는 미국 『마드모아젤』지의 칼럼니스트이며 '인생 설계상담소'라는 조직을 만들어 상담을 하고 있다고 한다. 그리고 이들 부부는 세 아이들 및 친한 친구 하나와 함께 행복하게 살고 있다고 한다.

이 교훈적인 이야기는 사실상 하버드 대학으로 상징되는 엘리트주의적이고 일류 지상주의적이며, 시장 경쟁적인 세계관이 얼마나 보잘것없으며 비인간적인가 하는 것을 뼈저리게 그러나 감동적으로 비판하고 있다. 김종철 선생의 소개 글처럼 "무지의 세계에서 지혜의 세계로 나아가는 과정을 감동적으로 묘사하고 있는 이 회상록을 통해서 우리는 진실한 인간 기록만이 베풀어 줄 수 있는 깊은 고양감을 느낀다". 나도 마찬가지다.

나는 이 책을 보고 매우 놀랐다. 학문적 성공이냐 새로운 생명이냐를 놓고 갈등한 베크 부부가 학문적 성공보다는 새로운 생명을 택했다는 용기와 슬기 때문만은 아니다. 베크 부부의 이야기가 바로 나 자신의 이야기이기도 했기 때문이다.

나는 1989년 9월에 아내와 함께 독일로 유학을 떠났는데, 당시 10개월 된 첫째 아이 한결이를 가슴 포대기에 안고 비행기를 탔다. 초기 유학 생활에 적응하랴, 아이 돌보랴(당시 한결이는 감기와 열로 고생을 많이 했다), 어학 코스 들으랴 정신이 없는데 몇 개월 뒤 어느 겨울날, 아내가 '임신한 것 같기도 하다'며 말을 꺼냈다. 뱃속 느낌이 다르며 생리도 나오지 않는다는 것이다.

바로 그때부터 우리는 앞의 베크 부부처럼 엄청난 고민에 싸였다. 아직 박사 과정에 들어가지도 못한 애송이 유학생이 곧 둘째 아이를 낳는다면 아무도 도와주지 않는 외국에서 아이들 뒤치다꺼리하다가 세월 다 보낼 거라는 두려움이 엄습했다. 우리는 당시 독일에서 갓 첫돌을 보낸 한결이를 바라보며 한숨을 푹푹 내쉬기도 했다. 어느 가족계획상담소를 찾아갔다가 마침 상담 시간이 아니라 문이 닫혀 있어 그냥 돌아오기도 했다(속으로 '이 나라 사람들은 언제 일하나?' 하며 불평했다).

공부가 손에 잡히지도 않았고 짜증도 많아졌다. 사소한 일로 둘이 다투는 경우도 많아졌다. 한편 나는 속으로, 둘째 아기를 낳더라도 설마 '하늘이 무너지'거나 '산 입에 거미줄 치랴'는 생각을 하기도 했다. 그러면서도 '아니야, 아직은 안 돼!'라는 생각이 더 강했다. 이런저런 생각을 하는 사이 제법 시간이 지나갔다. 우선은 확실히 임신이 맞는지 확인할 필요가 있었다. 그래서 병원을 찾았다. 아내가 '이상하다'고 말한 지 한참 뒤였다. 그런데 검진을 마친 의사 선생님 왈, "아이가 생기다가 잘못된 것 같습니다. 남은 찌꺼기를 청소하는 수술을 해야겠습니다"라는 것이었다.

이 말에 우리 부부는 속으로 '환호성'을 질렀다. 의사 선생님 앞에서는 거짓으로 안타까운 표정을 지었으나 기숙사로 돌아와선 서로 껴안고 기뻐했다. (뭔가 죄스러운 느낌도 있었지만) 정말 다행이라고 생각했다. 새로 생길 아기가 우리의 사정을 잘 알고 너무나 고맙게도 자기가 먼저 사라졌구나, '아가야, 정말 고맙다'라고 인사했다. 눈물이 나왔다. 그러면서도 아내와 나는, 서로 말은 안 했지만, 생기다가 만 아기에게 너무나 미안했다. 지금처럼 근본적으로 생각하진 못했지만, 사실은 우리의 마음이 새로운 생명을 기쁘게 맞이하려

337
다르게 산다는 것의 의미

하기보다는 '제발 없어졌으면', '하필이면 왜 지금 생기느냐'하는 식의 반 생명적인 마음을 갖고 있었기 때문이다. 고마움과 죄책감이 동시에 드는 것이었다. 그것은 『아담을 기다리며』에 비추어 볼 때 생명의 탄생보다는 세속적 성공을 택하려 했던 우리 부부(특히 나)의 태도 때문이었다. 결국 우리의 이런 태도가 막 생기던 뱃속 아기를 죽였는지도 모른다.

여하튼 그 뒤 우리는 베크 부부의 감동적인 선택과는 반대로 '학문적 성공'을 위해 '(최소한 지금) 둘째 아이를 가져서는 안 된다'며 더욱 조심하였다. 마침내 1994년 여름, 내 공부가 마무리되어 귀국을 하게 되었다. 그래서 첫째 아이 한결이와 둘째 아이 아롬이 사이에는 6년 정도의 나이 차이가 생기게 되었는데, 그동안 그 일을 잊고 있다가 『아담을 기다리며』라는 책을 보는 순간 지나간 일들이 어렴풋이 나의 뇌리를 스친 것이다.

사람들은 베크 부부와 우리 부부 사이에 누가 먼저 깨닫느냐 하는 시간 차이가 있을 뿐 별로 다르지 않다고 생각할지 모른다. 그리고 더욱 실용적으로는, 일단 학문적 성공 이후에 생명에 대한 근원적 자세를 취하는 것도 나쁘지는 않다고 말할 수 있을 것이다.

하지만 솔직히 나는 베크 부부와 비교가 안 될 정도로 엉터리로 살고 있다. 비록 내가 세속적인 의미의 '학문적 성공' 이후에 시간이 갈수록 더욱 사회 생태적인 패러다임의 전환을 강하게 추구하며 살고 있지만, 깨놓고 말해서 훌륭한 사람들 '흉내만 내며' 살고 있는 게 아닌가 싶다. 베크 부부의 용기와 슬기에 다시 한번 존경심이 솟아오른다.

한편, 베크 부부의 사랑 이야기야말로 우리가 고민하는 교육의 문제를 제대로 푸는 열쇠가 아닐까 한다. 아기가 태어날 때부터, 아니 배 속에 있을 때부터 '우리 아기는 이 세상에서 가장 똑똑한 아이로 기르고 싶다'거나 '나보다는 더 공부 잘하고 더 좋은 학교를 다니게 해야지'라는 생각을 하는 사람은 아이를 '사랑의 결실' 관점에서 보는 것이 아니라 '경쟁적 노동력'의 관점에서 보는 것이다. 그리고 자신의 노동력 가치를 높이기 위해 아이의 행복한 삶을 포기하거나 사랑으로 잘 보살피지 못한다면 그것만큼 반교육적인 것은 없다.

생각건대, 정말 사랑하는 두 사람이 순수한 사랑의 결실로 아이를 낳고 사랑으로 아이를 대하며, 또 그 아이는 사랑을 머금고 자라면서 자연스레 사랑을 배우고 그 힘으로 또 다른 이를 사랑하고 그래서 또 사랑의 결실을 맺고…, 이런 식으로 인생이 돌아가야 하고 이런 식으로 사회가 돌아가야 한다. 그래야 세상이 살맛이 난다. 사실 그 외에 무엇이 필요할까? 여기에는 일류 대학이니 이류 대학이니 하는 것이 끼어들 자리가 없다.

높은 지위, 많은 권력, 큰 명성 따위는 이런 관점에서 보면 허망하기 그지없는 것이다. 이런 것들은 인간을 효과적으로 지배하기 위해 그리하여 그를 통해 더 많은 부를 축적하기 위해 괜스레 인위적으로 만들어 놓은 것들이 아닌가? 또 이런 관점에 서면, 우리 아이가 다른 아이보다 더 빨리 더 잘해야 한다는 조급성도 필요 없어진다. '옆집 아줌마'가 무슨 소리를 해도 흔들릴 필요가 없다. 궁극적으로는 그런 옆집 아줌마가 사라질 것이다. 모두가 그런 관점을 나누어 가진다면 말이다.

그래서 사랑에서 사랑으로 순환되는 삶의 구조, 이것을 만들어내야 한다. 그래야 정치·경제, 사회·문화, 교육·종교, 그 어느 분야든 건강하게 발전할 수 있다. 우리가 어릴 적부터 아이를 '노동력' 관점으로 보기 시작하는 순간 이 세상은 차별과 위계, 점수와 경쟁으로 얼룩지고 마침내 지배와 억압, 착취와 파괴가 강화된다. 결국 삶이 아니라 죽음을 낳게 된다. 경쟁과 분열을 강조하는 신자유주의는 더욱 그러하다.

요컨대 복잡한 교육 문제, 골치 아픈 삶의 문제들, 이 모든 것의 근본적 열쇠는 '사랑'이라 확신한다. 사랑의 관점에서 보면 일류 대학 강박증도, 조급증도, '이웃집' 이야기도 모두 이겨 낼 수 있다. 오늘 나는 우리 아이들을 더욱 따뜻한 마음으로 껴안아 줄 것이다. 아이들과 내가 모두 행복해지기 위해서 말이다. 그리고 내일도 마찬가지로 ….

나의 꿈 — 조화로운 삶과 아름다운 마무리

세상에서 가장 자본주의적인 미국에서 역설적이게도 가장 비 자본주의적으로 살다 간 헬렌과 스콧 니어링은 『조화로운 삶』이란 책에서 과연 어떻게 사는 것이 '건강하고 여유롭게' 사는 것인지 분명히 보여 준다. 스콧은 경제 대공황이 세상을 휩쓸던 1932년, 대학교수 직을 버리고 헬렌과 함께 미국 동북부 버몬트의 숲속으로 들어간다. 두 사람은 올바로 살기 위해 몇 가지 '삶의 원칙'을 정한다.

첫째는 먹고사는 데 필요한 것을 최소한 절반 정도는 스스로 해결하는 자립적 살림살이를 한다는 것이고, 둘째는 한 해를 살기에 충분한 정도의 노동을 하고 양식을 모았다면 그다음 수확기까지는 돈 버는 일을 하지 않고 사회 활동이나 독서, 글쓰기 같은 활동에 관심을 기울인다는 것, 그리고 셋째는 필요에 맞게 쓰고 남으면 무엇이든 이웃과 친구들에게 나누어 줄 것 등이다. 나아가 이들은 가축도 기르지 않고 가축을 잡아먹지도 않으며 가축을 착취하지 않는다는 원칙을 정하는 한편, 뭇 생명체들에게 가장 적게 피해를 주면서도 가장 많은 생명체들에게 행복을 주기 위해 채식주의자가 되기로 마음먹었다.

또 부인 헬렌이 쓴 『아름다운 삶, 사랑 그리고 마무리』라는 책에 따르면, 남편 스콧은 세상을 떠나기 20여 년 전에 벌써 자신이 어떻게 죽을 것인가를 준비하였다고 한다. 그는 죽음의 병에 걸리더라도 병원이 아니라 집에서 자연스럽게 있기를 바라며 단식을 하면서 죽음을 맞이하고자 했다. 또 의사나 종교인의 도움이 없이 '죽음의 과정'을 스스로 예민하게 느끼면서 조용히 가고 싶다고 했다. 따라서 그가 숨을 거두어도 주위 사람들은 슬픔에 잠기지 말길 빌며 오히려 마음과 행동에 조용함, 위엄, 이해, 기쁨과 평화로움을 갖춰 죽음의 경험을 '공유'하기를 바랐다. 절대로 장례업자의 도움을 받지 말고 오직 친구들이 그 몸에 작업복을 입혀 침낭 속에 넣은 뒤 보통의 나무 상자에 넣어 화장하되 어떠한 장례 행사도 하지 말고 그 태운 재를 그가 살던 땅의 나무 아래 뿌려 주기 바랐다.

1983년, 스콧은 100세의 나이로 평온하게 죽어갔으며 부인 헬렌도 그의 '행복한' 죽음을 함께 느꼈고 자기 차례가 되면 자기 또한 그렇게 하기로 작정했다. 스콧과 헬렌은 이렇게 삶의 과정 그 자체에 큰 고마움을 느끼면서 살았고 또 죽음이 삶을 아름답게 마무리할 수 있게 해 준 데 큰 감사를 느꼈다. 그들에게는 죽음조차 아름다운 '생명의 흐름' 속에 있었던 것이다.

이런 이야기를 우리는 어떻게 받아들일 수 있을까? 어떤 사람은 "나도 열심히 돈 벌어서 한 30년 뒤에는 니어링 부부처럼 살고 싶다"고 할지 모른다. 우리들 대부분은 자신의 삶에 대해 이런 식의 태도를 지니고 있다. 우선은 돈을 벌고 '나중에' 여유롭게 산다는 논리다.

그러나 나는 이런 구상이 생각만큼 잘 실현되지 못할 것이라고 본다. 왜냐하면 '열심히' 돈 버는 사이에 세상도 변하고 자기도 변해서 '30년 뒤'가 생각처럼 쉽게 오지 않을 것이기 때문이다. 세상이 변한다는 말은 갈수록 먹고살기가 힘들어지게 된다는 말이다. 따라서 대부분의 사람들은 돈을 아무리 열심히 벌려고 해도 결코 '여유롭게' 살 만큼 '충분히' 모을 수가 없다. 또 자기가 변한다는 말은 돈을 모으는 과정에서 삶에 대한 태도가 변해서 더 이상 예전의 자기 모습을 지켜나가기가 힘들어진다는 말이다. 적자생존의 논리와 일류주의, 경쟁력 지상주의 등을 내면화하면서 여유롭게 더불어 산다는 꿈 자체를 스스로 포기하거나 부정하기가 쉽다는 것이다.

그런가 하면 니어링 부부와 같은 삶의 모습을 "현실 도피형"이라고 욕하는 사람도 있을 수 있다. 그러나 그들이 분명히 밝히듯 그리고 그 삶이 뚜렷이 말해 주듯, 그들은 "비뚤어진 세상에서도 바로 살 수 있다는 본보기로서" 전혀 다른 삶의 형태(모델)를 실천한 것이다. 현실을 도피한 것이 아니라 처절하게 현실을 꿰뚫어 보는 삶을 살았던 것이다.

그럼에도 불구하고 우리들 머릿속에는, 현재의 삶의 형태를 과감히 포기하고 완전히 새로운 원리 위에서 '다르게' 살아간다는 것이 거의 불가능하지 않을까 하는 생각이 지배적이다. 특히 하루하루를 영리 추구적 기업 생존에 기대어 먹고사는 보통 사람들의 입장에서 볼 때, 그러한 삶의 모델은 좋게 보아 동경의 대상은 될지언정 사회적 실천 모형이 되기는 어렵다. 이런 점에서 우리들이 니어링 부부의 삶을 참고로 하면서도 현실적인 타개책을 찾는다면 그건 과연 어떤 것일까?

첫째, '한 30년 열심히 번 다음에 나중에 나도 산골로 들어가겠다'는 식의 막연한 자세를 일단 버리자. 최소한 마음만큼은 '지금 당장부터라도' 자주적이고 자율적이며 책임성 있게, 건강하고 여유롭게 살겠다는 결단을 내려야 한다. 그러한 삶의 방식을 옭아매는 조건이나 상황이 있다면 더 이상 구차하게 '상황 논리'를 펴지 말고 일단은 주체적으로 '내면적 사표'라도 내던져야 한다. '내면적 사표'란 비록 몸은 구속되어 있더라도 마음만큼은 보이지 않는 감옥을 탈출해야 한다는 말이다.

둘째, 바로 그러한 결심과 각오를 자기 혼자만 지니지 말고 옆에 있는 이웃이나 친구들, 그리고 마음이 통하는 사람들과 많이 나누고 공유해야 한다. 그러나 결코 성급하게 도전해서는 안 된다. 하나씩 차분히 생각하면서, 그러한 마음에서 비롯된 색다른 경험과 느낌, 색다른 체험들을 서로가 서로에게 말해야 한다. 개인적인 탈출이 아니라 집단적인 탈출이 일어나도록 해야 한다는 말이다.

셋째, 탈출의 비상구를 찾아야 하는데, 나는 과감한 노동시간 단축을 그 하나로 꼽고 싶다. 우리는 그동안 자동화 기계와 컴퓨터, 그리고 네트워킹 덕분에 엄청난 생산성 향상을 이루어왔다. 예전에 일주일 걸리던 일을 이젠 하루 만에 해치울 수 있다. 과거처럼 하루 종일 일자리에 구속되지 않아도 된다는 말이다. 하루에 한나절

다르게 산다는 것의 의미

(3~4시간)만 노동해도 먹고살 수 있다는 말이다. 그리고 모두가 조금씩 일한다면 실업 문제도 해결된다. 나아가 조금씩 일하니까 더 건강해지고 더 여유로워진다. 아이들이나 이웃들과 함께하는 시간이 많아질수록 왜곡된 관계들을 고칠 수 있는 가능성도 그만큼 커진다. 자연과 자주 접하면서 자연의 시간, 생명의 소리를 느낄 수 있다. 그러한 새로운 관계들과 새로운 경험들을 다시금 생산과정 속에 적용시키면 '파괴성'이 강한 생산과정도 건강하게 되돌릴 수 있다. 이게 '탈 자본'의 삶이다.

넷째, 바로 그런 맥락에서 '노동 내용'을 바꾸어야 진정 건강하고 여유로울 수 있다. 우리 주위에는 '삶의 질'(건강과 여유, 존중과 평등, 인정스러운 공동체, 조화로운 생태계) 향상에 도움이 되지 않은 상품들이 우리를 지배한다. 공해 상품, 환경 호르몬, 쓰레기, 살상용 무기, 농약과 제초제, 화학비료, 향락·퇴폐 산업 등등, 건강에 해롭고 공동체를 망치는 이런 것들을 만드느라고 직업병을 무릅쓰고 잔업과 특근까지 하며, 또 그런 상품의 판매를 위한 수억대의 광고비를 소비자들이 지불하고 있다. 이것은 분명히 미친 짓이다. 사회적 욕구 충족과 삶의 질 향상에 꼭 필요한 것만 생산해서 고루 나눠 쓴다면 그렇게 오래 일할 필요도 없다는 말이다. 그래야 모두가 건강해진다.

요컨대, 하루 한나절 정도로의 과감한 '노동시간' 단축과 건강한 방향으로의 '노동 내용' 혁신은 보이지 않는 감옥으로부터의 건강한 탈출을 위한 등대일 뿐만 아니라 감옥 그 자체를 걷어내는 훌륭한 분수령이 되지 않을까? 그런 조건에서라야 우리의 아이들도 더 이상 대학입시나 노동시장의 감옥에 갇히지 않고 자기만의 아름다운 꿈을 꾸며 행복한 인격체로 살아갈 수 있지 않겠는가?

에필로그 아들이 아빠가 되다

2018년 10월, 큰아이 한결이가 결혼을 했다. 한결이는 초등과 중학 시절을 일반 학교에 다녔다. 그러나 사랑이 아닌 통제로 학생을 다루는 시스템을 고통스러워했다, 그래서 고등학교는 산청 간디학교 (특성화 학교)로 진학했다. 자기 짝도 같은 학교 동기다. 재학 중엔 많이 친하지 않았으나 졸업 이후 사귀게 됐다고 한다.

결혼식은 간소하게 했다. 일반 예식장이나 호텔을 빌리지 않고 대학 부속 건물의 아담한 웨딩 홀을 빌렸다. 하객들의 축하 속에 신랑 신부가 다정하게 손잡고 입장했고 신랑 신부가 서로에게 하는 '약속'을 하객들 앞에서 공개 낭독했다.

통상적인 경우엔 주례 선생님이 '혼인서약서'를 낭독하고 신랑과 신부의 의례적인 답을 듣는다. 그런데 한결이의 결혼식은 달랐다. 주례 선생님 없이 신랑과 신부 스스로가 배우자에게 하는 약속을 낭독했다.

"나 강한결은 오늘 세상에서 가장 소중한 당신을 평생의 반려자로 맞이합니다. 10년 동안의 남자친구 역할을 마치고 오늘부터 남편으로서 남은 일생 동안 당신 옆에 있을게요. 그동안 내 꿈을 위해 당신을 너무 오래 기다리게 해서 미안해요. 이제 남은 생애는 당신의 꿈을 위해 나의 모든 걸 다 바칠게요. 항상 당신을 믿고 지지하고 도울게요. 내가 할 수 없는 건 당신에게 강요하지 않고, 내가 할 수 있는 건 내가 할게요. 진심으로 사랑합니다. 당신을 만난 나는 또 운이 좋았어요. 항상 내 옆에 있어 줘서 고마워요. 당신을 정말 사랑해요. 신랑 강한결."

하객들의 박수가 쏟아졌다. 의례적이지 않고 감동이 담긴 박수였다. 이어 신부도 나름의 언약을 또박또박 읽었다.

"나 OOO은 오늘 세상에서 가장 소중한 당신을 평생의 반려자로 맞이합니다. 10년 동안 함께 하면서 한순간 타버리는 불꽃같은 사랑이 아닌, 오랫동안 열기를 전하는 장작 같은 사랑을 알게 해줘서 고마워요. 나를 믿고 언제나 그 자리에 있어 준 당신에게 지금까지 그랬던 것처럼 앞으로도 응원하고 지지하며 살게요. 당신이 힘들 때도, 기쁠 때도, 늘 옆에서 힘이 되고 기댈 수 있는 마지막 한 사람이 될게요. 이제 우리 은은하게 서로의 삶에 녹아들어 사랑하고 사랑받으며 오늘의 다짐을 잊지 않도록 해요. 그 어느 때보다도 더 사랑해요. 신부 OOO."

멋진 공개 서약이었다. 역시 감동의 박수가 풍성하게 나왔다.

다음 순서는 '성혼 선언문' 낭독이었다. 관례적으로는 주례가 하지만, 주례 없는 결혼식이기에 양가 어머니들이 같이 나섰다. "(신랑 어머니가 낭독) 신랑 강한결 군과 (신부 어머니가 낭독) 신부 OOO 양은, (신부 어머니) 신랑 신부의 첫걸음을 축하하는 소중한 인연들이 모인 이 자리에서 일생을 함께할 부부가 되기를 진실한 마음으

에필로그 ─ 아들이 아빠가 되다

로 서약하였습니다. (신랑 어머니) 이에 증인이 되어 주신 양가 가
족분들과 하객 여러분 앞에서 두 사람이 부부로 맺어졌음을 엄숙히
선언합니다. 신랑 한결 어머니 OOO, 신부 OO 어머니 OOO." 또다
시 큰 박수가 터져 나왔다. 아마도 이런 방식은 처음일 것이다. 양가
어머니 두 사람이 성혼선언문을 함께 나눠 고하니 분위기가 고조되
었다. 하객들도 고개를 끄덕이며 박수를 쳤다.

끝으로, 통상적으로는 주례사가 이어지지만, 이날은 내가 '덕담'
을 했다. 요지는 대체로 이랬다. "첫째는 오늘은 두 사람의 독립기
념일이다. 신랑 신부가 부모에게서 독립하는 날이자, 동시에 그 부
모들이 자녀로부터 독립하는 날이기도 하다. 둘째는 관계가 확장되
는 날이다. 이제 신랑 신부 모두 새 가족의 일원이 된다. 그 확장된
관계를 바탕으로 더 넓은 세상과 멋지고 행복한 관계를 맺기 바란
다. 셋째는 새 인생 여행의 시작일이다. 신혼여행만이 아니라 삶 자
체가 완전히 새로워진다. 두 사람이 힘을 합해 멋진 인생 체험을 하
기 바라고, 그로부터 나오는 행복의 기운을 주변의 이웃들에게도
많이 나눠 주기를 바란다." 하객들은 짧은 '강연'을 듣는 것 같았다
며 내 손을 잡고 축하해 주었다.

이런 식으로 한결이 부부는 특색 있게 결혼했고 전셋집을 얻어
신혼살림을 차렸다. 그렇게 약 3년이 흐른 2021년 6월, 힘든 과정을
거쳐 손주(선율)를 낳았다. 나로서는 내 '아들이 아들을 낳은' 숭고
한 순간이었다. 선율이 덕에 한결이 내외는 부부에서 부모가 됐고,
나와 아내는 부모에서 조부모가 됐다. 그렇게 시나브로 세대가 이
어진다.

우리 아이 셋을 키울 때만 해도 그런 생각을 못 했는데, 손주를 두

팔에 안고 보니 정말 '하늘의 선물' 같았다. 이제 한결이 부부도 선율을 사랑으로 키우면서 뒤늦게나마 깨닫게 될 것이다. 자기들이 어렸을 적에 얼마나 부모의 사랑을 많이 받고 자랐는지 말이다. 선율이는 그런 걸 알려 주려고 태어났는지 모른다. 고마운 일이다.

나는 결혼식 때의 '덕담'에서도, 또 명절 때 일가친지가 모인 자리에서도 "아이를 언제 낳을 거냐?"고 묻지는 않았지만, 아내나 나나 마음속으로 딸아들 가리지 말고 손주가 얼른 태어나길 은근히 바랐다. 그렇게 소망한 아이가 진짜 태어났으니 신기하고도 고마울 수밖에.

그런데 선율이는 무엇이 그리도 급했는지 예정일보다 약 한 달 일찍 태어나 산과 전문 병원에서 인큐베이터 신세를 져야 했다. 출생 후 엄마 품에 포근히 안겨야 할 갓난아기가 얼마나 외롭고 무서웠을까? 그런데다 2021년이면 한창 코로나19가 기승을 부릴 때 아니던가? 그래서 아가도 산모도 한동안 병원 신세를 져야 했다. 나와 아내도 그랬지만, 처음으로 아빠가 된 한결이도, 그리고 처음 엄마가 된 며느리도 얼마나 무섭고 힘든 과정이었을까 싶다. 다행히 지금까지 별 탈 없이 모두 건강하게 잘 지내니 정말 행운이고 고맙다.

달랑 둘만 살던 신혼집에서 새로 아기 하나가 태어났으니 한결이 내외는 정신이 하나도 없었을 것이다. 그런데 무엇보다 다행인 것은, 그동안 국가나 지자체에서 출산 장려를 위해 산후 도우미 지원 등 공적인 뒷받침을 꽤 한다는 점이다. 예컨대, 선율이 출산 후 며느리는 산후도우미 지원(60%)을 3주일 받을 수 있었고 꽤 오랫동안 우유나 채소, 과일 등 음식물 배달 서비스도 받았다. 영유아 보육료(어린이집) 지원도 있는데, 아이 출생 직후엔 매월 약 48만 원, 2세부터는 35만 원, 3~5세는 26만 원 받는다. 매달 아동수당 10만 원도 지급된다. 여전히 부족하지만 그래도 예전에 비하면 상당히 좋아졌다.

여기서 잠시 우리나라 출산율 현황을 보자. 일반적으로 가임 여성 1명이 한평생 낳을 것으로 예상되는 평균 출생아 수라는 뜻에서 '합계 출산율'을 따진다. 과거 50년 동안 한국의 합계출산율은 1970년 4.53명에서 급격히 감소하여 1983년엔 대체 수준(2.10명) 아래인 2.06명으로 떨어졌다. 특히, 2000년대 들어 독신 내지 저출산 현상이 가속화, 합계 출산율은 2000년 1.48명, 2010년 1.23명, 2021년 0.81명, 2022년 0.78명으로 계속 낮아졌다. 선진국 클럽인 경제협력개발기구(OECD) 38개 회원국 중 출산율 1명 미만은 한국뿐(꼴찌)이며, 회원국 평균(2020년 1.59명)의 절반 수준이다. 기후 위기도 문제지만 인구 위기 역시 문제다. 물론, 그 근본 뿌리는 경쟁과 이윤을 핵심으로 하는 (따라서 사람을 인격체로 보지 않고 노동력으로 보는) 돈벌이 경제 시스템이란 점에서 절대 임기응변(대증 요법)으로는 해결하기 어렵다.

아기(선율)가 집에서 엄마나 도우미 아주머니의 지극한 보살핌을 받을 때 나와 아내도 한 달에 한 번꼴로 손주를 보러 갔다. 오랜만의 '1박 2일' 서울 나들이. 코로나 상황에서 모두 얼굴에 마스크를 쓰고 다녔다. 우리도 매우 조심스러웠다. 행여 우리가 코로나에 걸려 아기에게 옮기면 큰일이니 대단히 조심해야 했다. 손주를 웃기려고 할매할배가 온갖 재롱을 떨었다.

그렇게 한 달이 가고 두 달이 가고 백일이 되었다. 한결이 내외는 백일 상을 간단히 차려서 선율이를 축하해 주고자 했다. 요즘은 그런 상을 차리는 것도 대행사가 있어 비교적 적정 비용으로 할 수 있다고 했다. 행여 아이가 아프기라도 할까 봐 노심초사하던 상황이라 예전처럼 집에서 직접 모든 걸 준비하기 어려워 우리도 대행사에 부탁하는 것을 찬성했다. 간단하게 차린 백일 상을 배경으로 사진도 두루 찍었다. 무엇보다 선율이가 크게 아프지 않고 백일을 잘 넘겨 고맙고도 행복했다.

또 시간이 흘러 2022년 6월, 선율의 첫돌이 다가왔다. 한결이 내외는 마치 결혼 잔치라도 하는 듯 첫돌 기념식을 마음 바쁘게 준비했다. 그 사이에 나랑 아내는 세종시 조치원을 떠나 경남 하동으로 이사를 했기에 서울 한 번 다녀오기가 예사롭지 않았다. 그래도 손주 보는 기쁨, 손주랑 눈빛을 나누는 기쁨에 전혀 힘들지 않았다. 다만 코로나 마스크가 정말 답답했다. 수시로 미세먼지까지 '나쁨'으로 나오니 어쩌면 마스크 쓰는 생활이 영원히 지속될까 두렵기도 했다. 동시에 환갑 넘은 우리는 그렇다 치고 아들 내외나 손주 선율의 미래는 어떻게 될까 생각하니 가슴이 먹먹해지기도 했다. 이런 저런 걱정을 하면서도 선율의 첫돌 기념식은 행복하게 치러졌다. 며느리 친정어머니와 동생도 다녀갔다. 선율의 얼굴은 모든 아가들이 그렇듯 날이 갈수록 예뻐졌다.

첫돌이 지나고 여름휴가 때 아들, 며느리, 손주가 하동으로 와서 모두 남해 바닷가로 갔다. 해수욕장에서 나는 마치 어린 시절로 돌아간 듯 선율이랑 모래밭에서 놀았다. 마침 날씨도 화창했고, 물도 맑으며 바닷바람도 시원했다. 선율은 나랑 생전 처음으로 바닷물에 발을 담가 보았고 처음으로 바닷모래를 만져보고 또 그릇에도 퍼 담기도 하고 쏟아붓기도 하며 재미있게 놀았다. 아마도 그런 체험의 시간이 온몸에 각인이 되었는지 그 뒤로 선율은 거의 매일 '할뷔'

를 찾는다. 영상 통화를 할 때도 할미보다는 할뷔를 더 찾는다. 사실, 할미가 더 많이 업어주었는데 할뷔를 더 많이 찾으니 아내가 서운할지 모른다. 여하튼 손주 하나가 할미 할뷔의 행복감을 더 증폭한 것은 틀림없다.

한편, 이렇게 귀엽고도 어여쁜 아가가 자라고 자라나서 2027년경 초등학교에 가게 되면, 1995년 3월에 내가 했던 고민("마치 송아지를 몰고 도살장으로 데려가는 듯한 느낌")을 또다시 한결이 내외가 갖게 될지 모른다. 물론, 비슷한 고민을 전국의 엄마 아빠들이 반복할 것이다. 과연 이 치열한 '경쟁 교육' 속으로 아이를 밀어 넣을 것인가, 아니면 시스템과 무관한 듯 아이의 행복만 생각하며 '줏대 교육'을 시킬 것인가?

바로 이때 『'나부터' 교육혁명』이 작은 길잡이가 되면 좋겠다. 일류대 강박증을 버리고, 조급하지 말며, '옆집 아줌마'를 조심하면 된다. 일반 학교에 가더라도 성적표에 지나치게 신경 쓰지 말고 굳이 성적표를 본다면 아이가 뭘 잘하고 뭘 좋아하는지 확인하는 정도만 하시라.

정작 부모가 신경 쓸 일은 아이의 몸과 마음이 건강하게 자라는지, 아이들과 함께 놀아주는 시간이 얼마나 되는지, 아이랑 친밀한 대화를 얼마나 자주 하는지, 아이가 또래 친구들과 원만한 관계를 형성하는지, 행여 아이가 꿈이 생겼다거나 하고 싶은 게 있다고 하면 "쓸데없는 소리 말라"며 무시하지 않는지, 이런 것이다. 아이를 미래의 노동력으로 볼 게 아니라 초지일관 '인격체'로 본다면 가정마다 알콩달콩 행복이 넘칠 것이다.

만일 아이가 꿈이 생겼다고 하면 환하게 웃으면서 그 꿈의 자세한 내용이나 배경을 물어볼 일이다. 행여 '생계' 걱정이 되더라도 걱정을 앞세우지 말고 먼저 '꿈'을 지지한다고 말해 주는 것이 좋다. 나아가 처음의 꿈은 얼마든지 변할 수도 있음을, 아이 자신이 얼마든지 자유롭게 선택할 수 있음을 알려 주자. 그러면서도 그 꿈이 사회적으로도 의미 있는 것이 되도록 조언을 아끼지 않으면 좋겠다. 이런 '사회적 꿈'을 가진 아이들은 눈빛이 다르다. 의욕도 넘친다. 자기가 스스로 선택한 길이니까.

여기서 잠깐, 인생에는 크게 두 갈래 길이 있는데, 생계의 길과 꿈의 길이다.

'생계의 길'을 걷는 이는 본인이 진정 원하지 않는데도 생계를 위해 어쩔 수 없는 선택만 하다가 인생 종 치는 경험을 한다. 생계 전선에서 성공한다 해도 꿈은 자꾸 뒤로 밀리고 끝내 이루지 못하니 인생 실패다. 만일 생계 전선에서 실패하면 모든 걸 잃으니 진짜 낭패다. 성공해도 실패요, 실패하면 낭패인 게임을 왜 아이들에게 강요하는가?

반면, '꿈의 길'을 걷는 이는 본인이 원하는 길을 가기에 매 순간 행복하다. 힘들고 복잡한 과정이 있어도 하나씩 극복하는 과정에서 기쁨을 느낀다. 누구나 먹고는 살아야 하니 꿈의 길을 가면서도 당연히 생계 걱정도 한다. 그렇게 고민하다 보면 꿈도 이루면서 생계도 해결하는 방법을 찾는다. 굳이 호텔식 뷔페를 매일 먹을 필요는 없지 않은가? 현미밥 한 그릇에 된장찌개 하나라도 사랑하는 이와 함께 한다면 행복하다. 게다가 자기가 진정 원하는 꿈의 길을 걸어 가니 늘 마음 설렌다.

이런 면에서 나는 우리의 아이들이, 또 그 후손들이 생계의 길(노동력 관점)을 걷기보다 꿈의 길(인격체 관점)을 가기를 바란다. 그게 개인적으로나 사회적으로도 바람직하니까.

끝으로 나는 이 '나부터' 교육혁명이 '더불어' 교육혁명으로 승화하기를 바란다. 그 핵심은 우리 스스로 '사회적 부모'로 거듭나는 일이다. 사회적 부모 되기는 크게 두 가지를 실천하면 된다. 첫째, 내 아이만 쳐다보지 말고 다른 아이들도 내 아이처럼 보는 것. 쉽지는 않지만, 그런 관점으로 보아야 결국은 내 아이 문제도 잘 풀린다. 둘째, 내 아이 교육 문제를 잘 풀기 위해서라도 사회 전반의 구조 변화를 꿈꾸고 요구하고 참여하는 것이다. 한마디로, (각자도생의) 경쟁 사회를 (서로 돕는) 연대 사회로 바꾸는 데 힘을 보태는 것! 결코 쉽지 않은 길이지만, 함께 가면 즐겁다는 말도 있지 않은가? 이런 식으로 우리 모두가 '사회적 부모'로 거듭난다면 삶에 대한 행복감도 훨씬 높아질 것이 틀림없다. 또, 그렇게 살아야 가끔 우리가 자기 인생을 돌아볼 때 별 후회가 없지 않겠는가?

에필로그 — 아들이 아빠가 되다

부록 1 참된 변화를 위한 7가지 지침
―교육과 삶의 균형 회복을 위하여

1. 부모가 먼저 변해야 아이들이 산다

· 일류대 강박증을 버려라. "공부해라" 소리 제발 그만하라.

· 조급증을 버려라. 큰 그릇은 천천히 이루어진다. 장기적 안목에
  서 아이의 적성을 함께 찾아보라.

· 경쟁 심리에서 벗어나라. 우리 아이는 다른 애보다 특출해야 한
  다고 생각지 마라.

· 어릴 적부터 아이들이 욕구를 솔직히 표현하도록 들어 주고 받아
  주라. 아이가 진정 좋아하는 것을 찾아라.

· '밥상 혁명'부터 시작하라. 아침에 가능한 한 현미 잡곡밥을 먹고
  등교하게 하라.

· 학교에 가서도 올바르게 사는 법을 배우도록 가르쳐라. 집에 일
  찍 오고 싶은 분위기를 만들라.

· 아이의 담임은 어떤 분인지, 친한 친구가 누군지 등에 관심을 보
  여라. 아이들이 공부에만 신경 쓰면 나중에 '지식 기사'가 된다.

- 아이들이 병나기 전에, 시키면 시키는 대로 애들이 뭐든지 될 것 같은 착각을 버려라.

- 부모의 마음을 먼저 열어라. 아이들의 고민을 차분히 들어주라. 함께 놀기도 하고 문화생활도 함께하라.

- 아이들이 정말 흥미를 느끼는 것을 하도록 도와주라. 단 개인적 취향과 사회적 의미를 조화시키도록 함께 의논해 보라.

- 일류 대학이 아니라 일류 스승을 찾아 전국을 누비게 하라.

2. 학교와 일터가 모두 변해야 교육이 산다

- 학교와 직장이 모두 조금씩 일하는 방향으로 가야 한다.

- 공부 시간과 노동시간을 줄여야 모두가 인간답게 살 수 있음을 명심하라. 야자와 야간 노동을 없애라.

- 점수로 사람을 평가하고 선발하는 제도 자체를 없애라.

- 사람을 단순한 인적 자원이나 노동력으로 보는 눈을 버려라.

- 교사의 잡무를 없애야 교육이 산다.

- 새로운 시설 등을 위해 절대로 학부모의 돈을 거두지 말라.

- 교장과 교사의 관계가 바뀌어야 한다. 교장·교감은 명령-지휘가 아니라 직능별 역할 분담 차원으로 변해야 하고, 학과장처럼 돌아가면서 해야 한다. 선진국 교장은 대변인 또는 심부름꾼임을 명심하라.

- 학교 급식을 유기농산물로 바꾸라. 교육혁명을 비롯한 모든 변화는 밥상 혁명에서 시작된다.

- 교사는 일단 학생을 대할 때 '학생은 나의 하수인'이란 생각을 버려라. 교사는 학생한테 서비스를 제공하는 존재임을 명심하라. 학생이 있기에 내가 존재함을 매일 되새겨라. 학생들이 교사를 받들어주어야 한다고 생각하면 안 된다. 원래 청소 같은 일도 '애들한테 시킨다'가 아니라 '애들과 같이 하면서 애들 스스로 깨닫게' 하라. 학생을 일종의 볼모로 삼지 말라.

- 학생과 선생이 평등하다고 느끼게 하라. 선생은 늦게 와도 '새치기하면 된다'는 생각을 버려라.

- 선생 말에 모두가 귀 기울여 주는 것이 당연하다는 생각을 버려라. 서로 귀 기울여야 한다.

- 학내·외의 모든 수직관계를 타파하라. 장학사와 교장, 교장과 교감, 교장과 교사, 교감과 교사, 교감과 주임, 교사와 학생, 교사와 학부모, 학생과 학생 사이의 수직관계를 타파하도록 힘을 합쳐라.

- 10년 뒤에도 학생들이 '존경하는 선생님'으로 기억하도록 땀 흘려라. 즉, 지식보다 삶의 지혜를 가르쳐라.

3. '인적 자원' 개념을 포기해야 창의성이 생긴다

- 교육부의 중심 과제를 노동력 관점이 아닌 인격체 관점으로 바꾸라.

- 교실마다 아이들의 수를 꾸준히 줄여 학생 개성을 살리는 교육이 가능하게 하라. 교과서와 교과과정을 홀가분하게 하라.

- 교육부, 교육청, 교장, 교사, 학부모들은 아이들을 처음부터 끝까지 사랑으로 대하라.

- 소수만을 위한 입시제도를 없애라. 모두가 나름의 적성을 살리도록 '개성 있는 평등화' 교육을 실행하라.

- 대학을 안 가더라도 자긍심을 가지고 인간답게 살 수 있는 사회 경제 구조를 만들라.

- 아이들이 움직이며 능동적으로 학습할 수 있도록 바꾸라. 방법만 가르쳐주고 학생 스스로 찾게 하라. 지금의 교육제도는 컨베이어 라인 위를 흐르는 표준화된 제품처럼 인적 자원을 대량 생산하는 비인간적 시스템이다.

- 장학사도 인적 자원의 효율적 육성이라는 관점을 버리고 교사의 교육 활동을 도와 주라. 학교나 교장, 교사를 상대로 성적을 매기지 마라. 학교 평가하지 말라. 필요 없는 문서는 만들지 마라. 학교나 교사가 자료를 요청하면 줄 수 있는 전문직으로 특화하라. 간섭이나 지시 같은 것 없애라.

4. '국기에 대한 맹세'와 대학입시를 없애야 자율성이 생긴다

- 일제와 군사 문화 잔재인 '애국가 제창', '맹세'나 '선서' 따위를 없애라.

- 아이들이 풀과 흙과 나무를 더 많이 접하게 하라.

- 어려운 이웃들을 자주 만나게 하라. 스스로 문제를 발굴하고 해결책을 고민하게 하라.

- 나라의 자립과 자주, 자율이 왜 소중한지 느끼게 하라.

- 나라가 시키는 대로 하라고 하지 말고, 자율적 개인들이 연대하여 좋은 나라를 만들어 가도록 교육하라.

- 수직적인 위계가 아니라 수평적인 소통의 문화를 만들어 가라.

- 주요한 교육 현안에 대해 학생들이 발언하고 토론할 기회를 만들어 주라. 학생 자치가 민주주의를 강화한다.

- 모두 다 일류 대학으로 만들라. 그래서 일류 대학을 없애라.

- 일류 대학 대신 일류 스승을 장려하라.

- 대학은 배우고 싶은 모든 사람이 들어가게 하되, 정말 제대로 배운 사람만 졸업하게 하라.

- 제대로 배운 사람이라면 모든 일자리에 차별 없이 인간적 대우를 하라.

- '군사부 일체'(국가, 교사, 부모) 대신 '학사모 연대'(학생, 교사, 부모)를 추구하라.

- 위로부터의 변화가 아닌 아래로부터의 변화를 추구하라.

5. 교장이 바뀌어야 교육이 바로 선다

- 교장은 출세를 위한 자리가 아님을 명심하라.

- 교장은 보스가 아니라 리더임을 명심하라.

- 교장은 각 학교마다 전인교육을 이끌 리더에 적합한 후보 3명을 뽑은 뒤에 '제비뽑기'로 결정하라.

- 더 이상 '사회가 필요로 하는 인재'를 강요하지 말고, 아이들을 있는 그대로 존중하라.

- 더불어 건강하게 사는 사람이 바람직한 모습임을 보여 주어라.

- 한 사람 한 사람이 소중한 존재임을 일깨워라.

- 자신이 살고 싶은 모습을 그려보도록 자주 자극하라.

- 학생 각자의 개성과 소질, 적성을 발굴하도록 도와 주라.

- 교장은 학생에게 질 좋은 교육 서비스를 제공하는 책임자임을 명심하라.

- 교장은 교사들에게 사령관이 아니라 심부름꾼임을 명심하라.

- 자기가 가진 잣대를 교사나 학생에게 강요하지 말라.

- 연구하는 교장, 토론하는 교장이 되도록 노력하라.

6. 아이들 입장에 서야 아이들이 바로 선다

- 어른들의 관점을 주입시키지 말라.

- 아이들의 잠재력을 키우고 발휘하게 도와 주라.

- 아이들이 하고 싶은 것을 하게 선택권을 주라.

- 아이들과 함께 토론하여 바람직한 진로를 선택하게 하라.

- 아이들과 함께 원칙을 세우고 균형 있게 행동하게 도와 주라.

- 스스로 책임성 있게 판단하며 자율적으로 생활하게 조언하라.

- 다양한 경험의 기회(독서, 영화, 동아리, 여행, 전문가 초청 강연 등)를 만들어 주라.

- 흥미를 못 느끼는 분야는 강제하지 말라.

- 아이들의 좌절과 고민을 함께 해결하도록 자리를 박차고 일어서라.

7. 내면의 소리에 귀를 기울여야 모두가 행복해진다

- 외형적인 잣대로 평가하지 말라.

- 점수나 학벌이 행복의 원천이 아님을 인정하라.

- 자기 필요, 자기 발견을 소중히 생각하라.

- 마음의 평화, 자기 책임성, 더불어 행복하기 등이 중요함을 느껴 보라.

- 자신과 다른 존재가 결코 둘이 아님을 명심하라.

- 이 세상 만물이 서로 협동해야 진정한 행복이 옴을 명심하라.

- 모든 문제의 출발과 끝은 '자기 내면의 목소리를 들을 수 있는가' 에 있음을 기억하라.

- 구조적인 문제조차 내면의 목소리에 따라 해결하도록 나서라.

- 자기의 내면적 목소리뿐만 아니라 사회의 내면적 목소리도 들어라.

- 문제 해결을 위한 실천은 다시금 '나로부터' 시작함을 기억하라.

부록 2 변화를 도와 주는 참고 사이트

1. 삶과 교육을 새롭게 정리하고 싶다면

가톨릭농민회   ccfm.modoo.at

공동육아와공동체교육   www.gongdong.or.kr

교육공동체벗(오늘의교육)   communebut.com/magazine

귀농귀촌종합센터   returnfarm.com

녹색평론   www.greenreview.co.kr

대안교육교사양성입문과정   anar2002@hanmail.net

대안교육연대   www.psae.or.kr

또하나의문화   tomoon.eco

문탁네트워크   moontaknet.com

민들레(대안 교육 공간)   www.mindle.org

인드라망생명공동체   www.indramang.org

한겨레교육   www.hanter21.co.kr

한국생태유아교육학회   www.ecoece.or.kr

한국슈타이너인지학센터 steinercenter.org

한국발도르프교육협회 www.waldorf.or.kr

한살림(생협) hansalim.or.kr

2. 아이들 교육을 이대로 두어서는 안 되겠다 싶다면

육아

공동육아 www.gongdong.or.kr

초등학교

고양자유학교 www.kyfreeschool.org

과천무지개학교 www.moojigae.or.kr

광명구름산초등학교 www.grs.es.kr

꽃피는학교(서울, 하남, 대전, 부산) peaceflower.org

꾸러기학교(사랑방교회부설) www.sarangbang.org

꿈틀자유학교(경기 의정부) www.ggumtle.or.kr

다물자연학교(강원도 홍천) www.damool.or.kr

닻별학교(경기 하남) cafe.naver.com/anchorstar

더불어가는배움터 길(경기 의왕) thegil.org/2014

도시속작은학교(서울 서대문) www.fun1318.or.kr/2021/alternative

동림자유학교(경기 용인, 분당) drfreeschool.kr

두밀리소나무자연학교(경기 가평) www.sonamoo.or.kr

들꽃피는학교(경기 안산) www.wahaha.or.kr

맑은샘학교(경기 이천) www.eduspring.or.kr

무지개학교(경기 과천)   moojigae.or.kr

발도르프학교(서울, 성남, 안양, 광주, 양평, 청계, 대전, 담양, 부산)

백둔리자연학교(경기 가평)   natureschool.com.ne.kr

벼리학교(안양 YMCA)   www.byuri.org

볍씨학교(광명 YMCA)   www.byeopssi.org

산골아이들 놀이학교(강원 강릉)   www.sangoli.co.kr

산어린이학교(경기 부천)   san.gongdong.or.kr

산울어린이학교(경기 군포)   cafe.naver.com/kidshope

수원칠보산자유학교(경기 수원)   www.7bofree.or.kr

수지꿈학교(경기 수지)   cafe.naver.com/sujichildschool

자유학교 물꼬(충북 영동)   www.freeschool.or.kr

진솔대안학교(전북 진안)   www.jinsolms.com

파주자유학교(경기 파주)   www.pajufreeschool.org

푸른숲발도르프학교(경기 광주)   www.gforest.or.kr

하늘땅학교(경남 창원)   www.open-edu.co.kr

한걸음학교(경기 고양) one-step.kr (발달장애아)

중학교

금산간디학교(충남 금산)   www.gandhifree.net(중고교)

변산공동체(전북 변산)   전화: 063-584-0584(bs0584@hanmail.net)

불이학교(경기 고양)   burischool.org(중고교)

산돌학교(경기 남양주)   sandol.or.kr (중고교)

산청간디마을학교(경남 산청)   gandhivillage.net

상주중학교(경남 남해)   school.gyo6.net/sangjum

샨티학교(충남 서산) cafe.daum.net/shanthi(중고교)

성지송학중학교(전남 영광) sjsh.ms.jne.kr

실상사작은학교(전북 남원) www.jakeun.org

용정중학교(전남 보성) www.yongjeong.ms.kr

우다다학교(부산 금정) www.udada.or.kr(중고교)

이우학교(경기 분당) www.2woo.net(중고교)

제천간디학교(충북 제천) gandhischool.org(중고교)

지평선중학교(전북 김제) school.jbedu.kr/jipyeongseon-m

헌산중학교(경기 용인) www.heonsan.ms.kr

고등학교

금산간디학교(충남 금산) www.gandhifree.net(중고교)

꽃우물 대안학교(경기 안산) www.withlive.or.kr

동명고등학교(전남 광주) kdm.hs.kr

두레자연고등학교(경기 화성) www.doorae.hs.kr

들꽃온누리학교(경남 마산) www.onnurischool.com

보물섬고등학교(경남 남해) bomulseom-h.gne.go.kr

불이학교(경기 고양) burischool.org(중고교)

산돌학교(경기 남양주) sandol.or.kr (중고교)

산청간디고등학교(경남 산청) gandhi-h.gne.go.kr

산마을고등학교(인천 강화) www.sanmaeul.org

샨티학교(충남 서산) cafe.daum.net/shanthi(중고교)

세인고등학교(전북 완주) www.seine.hs.kr

양업고등학교(충북 청원) yangeob.hs.kr yssj.hs.kr

영산성지고등학교(전남 영광)　yssj.hs.kr

원경고등학교(경남 합천)　www.wonkyung.hs.kr

우다다학교(부산 금정)　www.udada.or.kr(중고교)

이우학교(경기 분당)　www.2woo.net(중고교)

제천간디학교(충북 제천)　gandhischool.org(중고교)

지평선고등학교(전북 김제)　school.jbedu.kr/jipyeongseon-h

태봉고등학교(경남 마산)　taebong.hs.kr

푸른꿈고등학교(전북 무주)　www.purunkum.hs.kr

풀무농업고등기술학교(충남 홍성)　poolmoo.or.kr

하자작업장학교(서울 영등포)　school.haja.net

한마음고등학교(충남 천안)　hanmaeum.hs.kr

한빛고등학교(전남 담양)　www.hanbitschool.net

화랑고등학교(경북 경주)　www.hwarang.hs.kr

그 외

꿈틀리 인생학교(강화도)　blog.naver.com/ggumtlefterskole

난나공연예술아카데미(서울 강북)　www.nanna.seoul.kr

느티나무 교육문화 협동조합　www.nutinamu.org

마루(서울 YMCA문화공간)　www.maroo.or.kr

미지(서울 청소년 문화센터)　www.mizy.net

민들레사랑방　sarangbang.activelearning.or.kr

(사)부스러기사랑나눔회　busrugy.or.kr

서남재단　www.seonam.org

서울시대안 교육센터　www.activelearning.or.kr

수서디딤돌학교 www.activelearning.or.kr

스스로넷미디어학교 www.mediaschool.co.kr

하자센터 www.haja.or.kr

대안대학, 대안학교 특별전형 대학

국립한국농수산대학교 www.af.ac.kr

녹색대학 www.ngu.or.kr

건양대 angel.konyang.ac.kr

나사렛대 dove.nazarene.ac.kr

상지대 www.sangji.ac.kr

서울여대 www.swu.ac.kr

성공회대 www.skhu.ac.kr

지식순환협동조합 www.freeuniv.net

한국예술종합학교 www.karts.ac.kr

한신대 www.hanshin.ac.kr

3. 변화를 위해 직접 참여하고 싶다면

교육희망네트워크 www.eduhopenet.org

대안교육연대 www.psae.or.kr

대안 교육 교사 양성 입문 과정 anar2002@hanmail.net

사교육걱정없는세상 noworry.kr

전국교직원노동조합 moim.ktu.or.kr/eduhope

평등교육실현전국학부모회 parents.jinbo.net

참교육전국학부모회 www.hakbumo.or.kr